U0906606

南宁统计年鉴

NANNING STATISTICAL YEARBOOK

2021

南宁市统计局　编

图书在版编目（CIP）数据

南宁统计年鉴 . 2021 = Nanning Statistical Yearbook. 2021 : 汉英对照 / 南宁市统计局编. -- 北京 : 中国统计出版社, 2021.12
ISBN 978-7-5037-9760-6

Ⅰ. ①南… Ⅱ. ①南… Ⅲ. ①统计资料 - 南宁 - 2021 - 年鉴 - 汉、英 Ⅳ. ①C832.671-54

中国版本图书馆 CIP 数据核字 (2021) 第 252416 号

南宁统计年鉴—2021

作　　者 / 南宁市统计局
责任编辑 / 钟　钰
装帧设计 / 李朝晖　韦　丹
出版发行 / 中国统计出版社有限公司
地　　址 / 北京市丰台区西三环南路甲 6 号
邮政编码 / 100073
电　　话 / 邮购（010）63376909　书店（010）68783171
网　　址 / http://www.zgtjcbs.com
印　　刷 / 广西瑞丰印务有限公司
经　　销 / 新华书店
开　　本 / 890mm × 1240mm　1/16
字　　数 / 420 千字
印　　张 / 20.25　彩色 1.5
版　　别 / 2021 年 12 月第 1 版
版　　次 / 2021 年 12 月第 1 次印刷
定　　价 / 300.00 元　Price：300.00 yuan（RMB）

如有印装差错，由本社发行部调换。

《南宁统计年鉴—2021》编辑委员会及编辑人员

编 者 说 明

一、《南宁统计年鉴—2021》是一本经济信息资料性年刊。本书全面系统地汇集了2020年南宁经济数据，以及历史重要年份的主要统计数据，是党政领导和各部门了解市情，进行定性定量分析、预警预测、宏观规划、宏观调控、科学决策的重要依据；是研究机构和各企业事业单位了解社会经济基本情况、进行微观策划的重要依据；也是社会各界了解南宁经济状况的指南。

二、本年鉴内容分两大部分。（一）特辑：包括政府工作报告、统计公报。（二）统计资料：内容分为12个篇目，1. 综合；2. 国民经济核算；3. 人口、劳动力和职工工资；4. 农业；5. 工业；6. 运输、邮电；7. 固定资产投资；8. 能源购进、消费与库存；9. 商业、旅游、物价；10. 服务业、科技；11. 财政、金融、保险；12. 广西及省会城市主要统计指标。为方便读者使用资料，附有主要统计指标解释。因政府工作报告、统计公报为年初发布，故使用的是初步统计的快报数，如有冲突，以第二部分统计资料的数据为准。

三、本年鉴所采用的广西及各省会城市数据均为年快报数。

四、本年鉴历年全市口径数据中，2000年以后均为现行行政区划的数据，其余年份数据统计口径请注意各页的注脚。

五、本年鉴中符号使用说明：表内“空格”表示该项指标无数据；“…”表示该数据极小，不足计量单位；“#”表示其中的主要项。

六、本年鉴中由于小数位四舍五入，某些指标分项合计数与总计数尾数略有出入。

七、《南宁统计年鉴》公开出版以来，得到广大读者的关心和支持，对此我们深表谢意。限于我们的水平，年鉴中的错误和不足之处，恳请广大读者给予批评指正，同时竭诚欢迎对本年鉴的结构、指标体系提出宝贵意见。

GDP总量（亿元）

GDP指数（%）

三次产业增速（%）

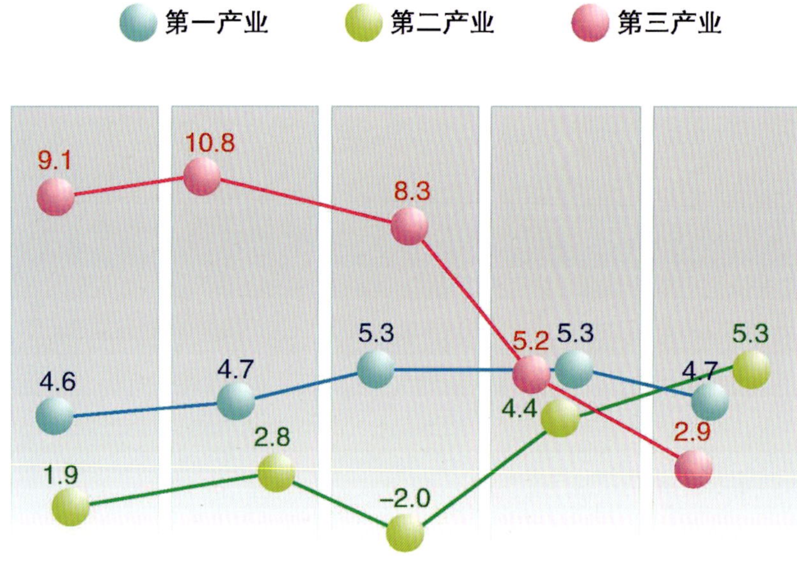

三次产业构成（%）

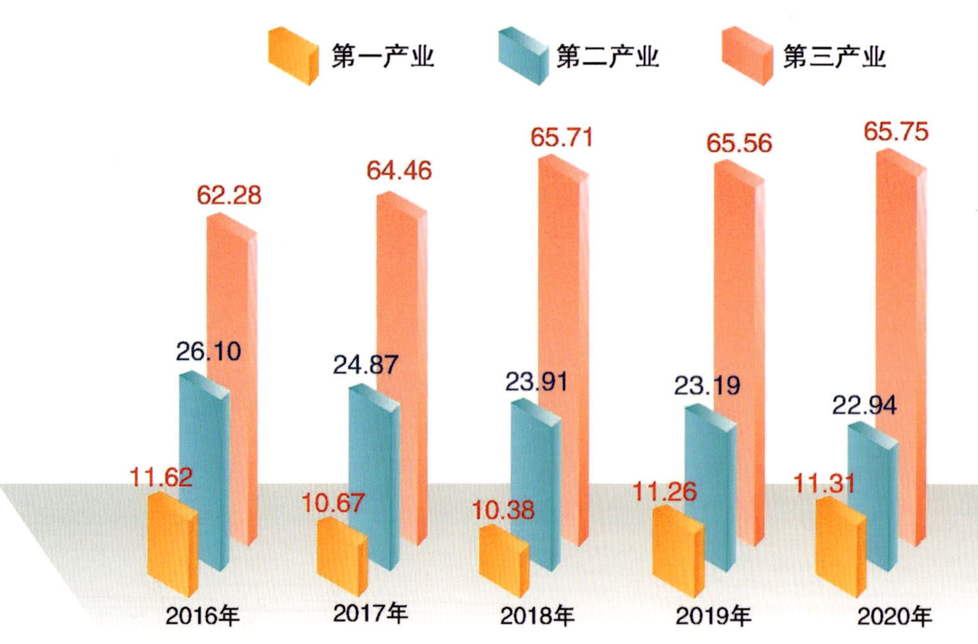

财政收入（亿元）

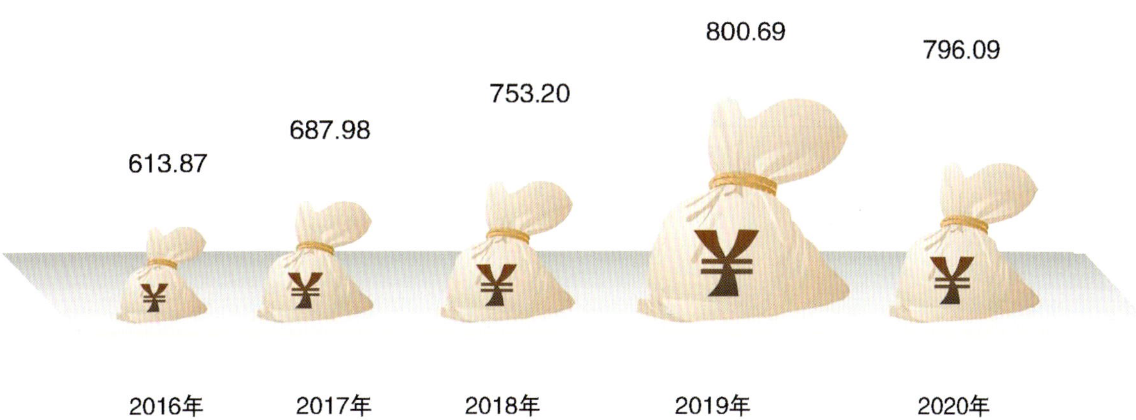

金融机构贷款余额（亿元）

城乡居民储蓄存款余额（亿元）

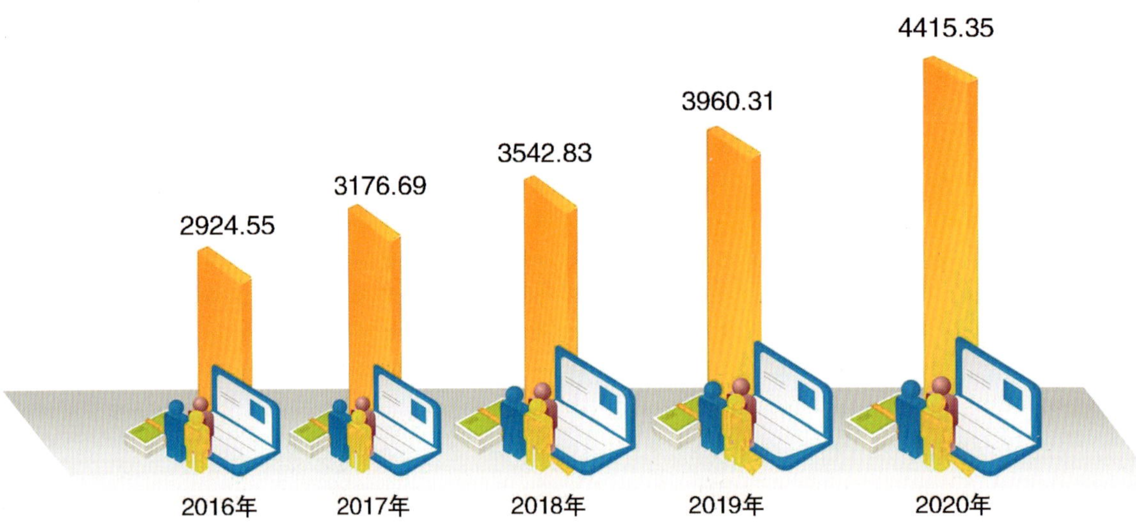

农林牧渔业总产值（亿元）

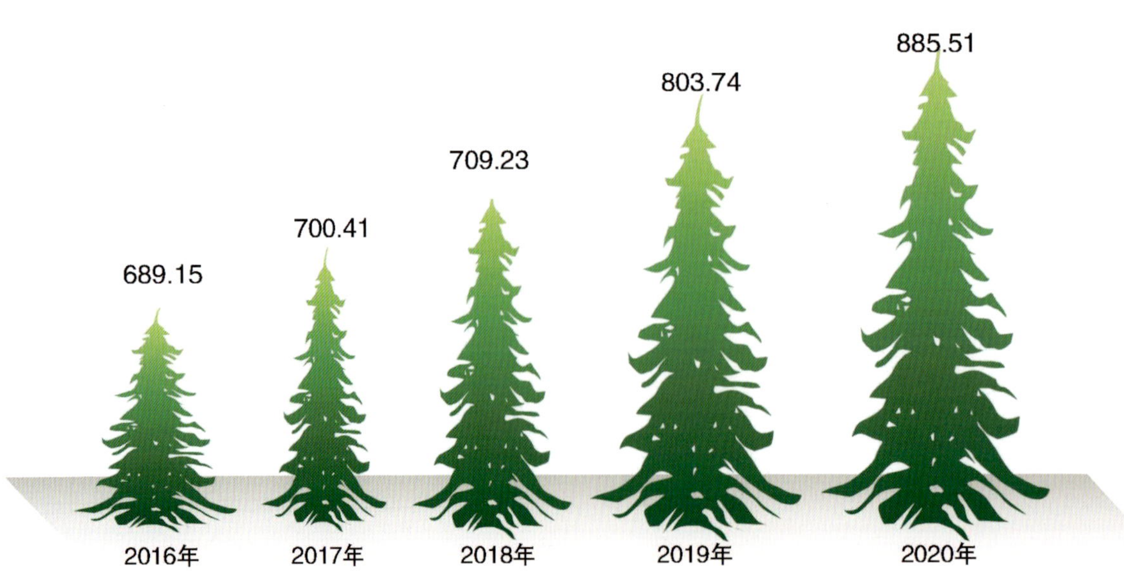

农林牧渔业总产值构成（%）

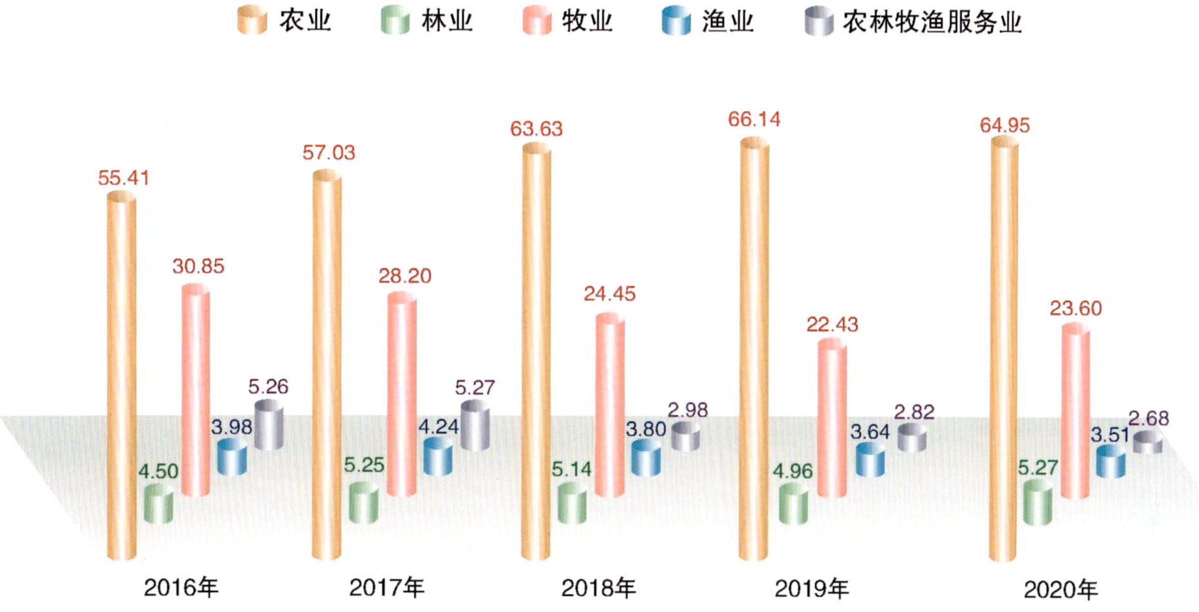

全部工业增加值（亿元）

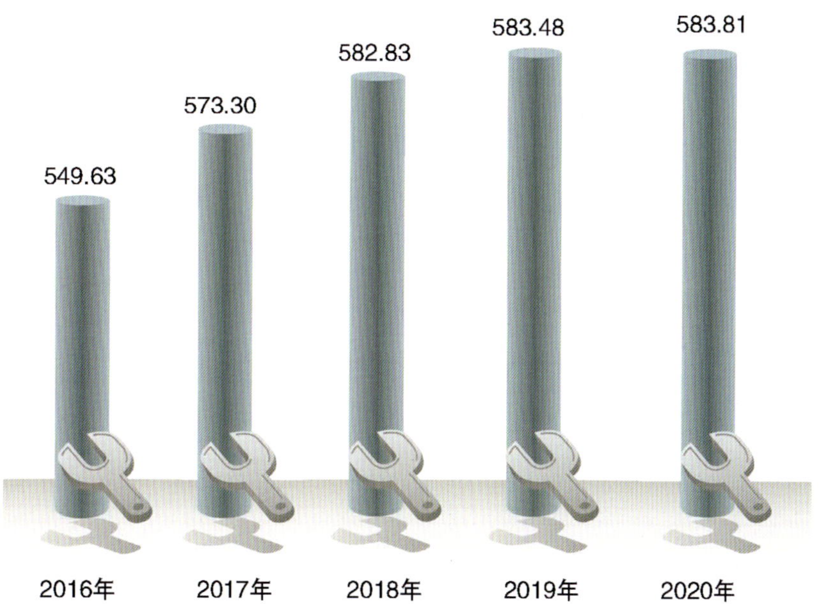

全部工业增加值指数（%）

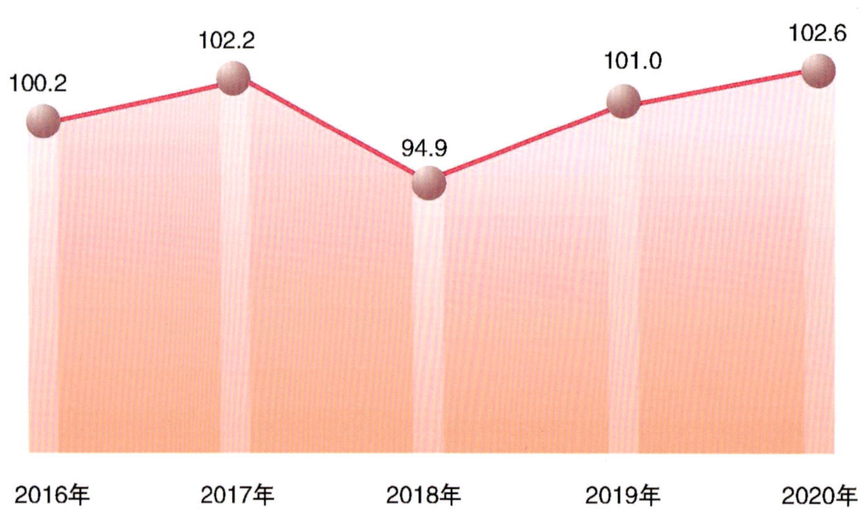

固定资产投资总额（亿元）

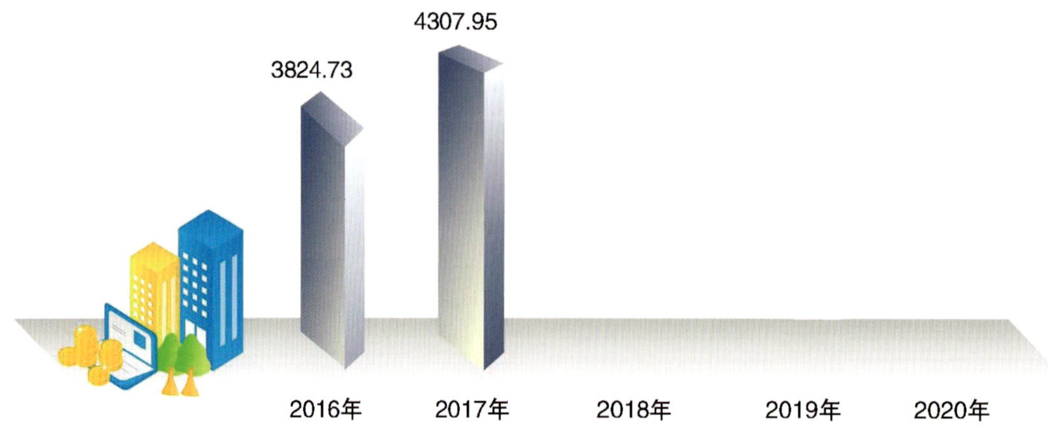

固定资产投资总额增速（%）

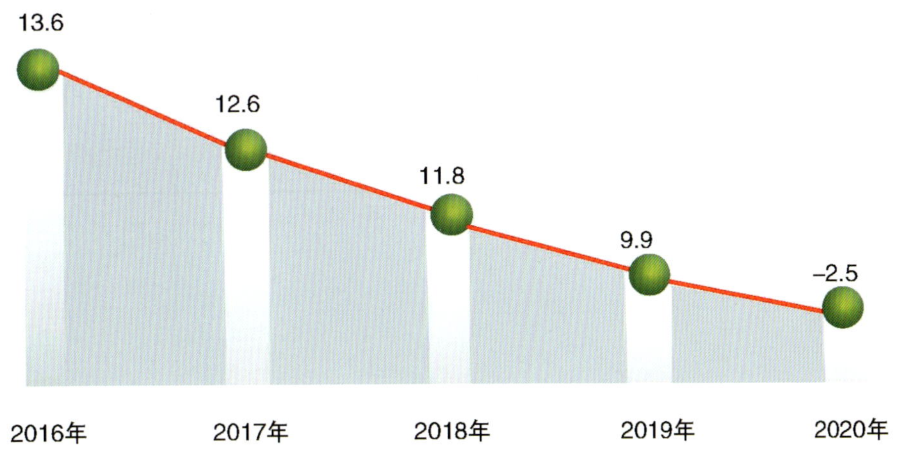

社会消费品零售总额（亿元）

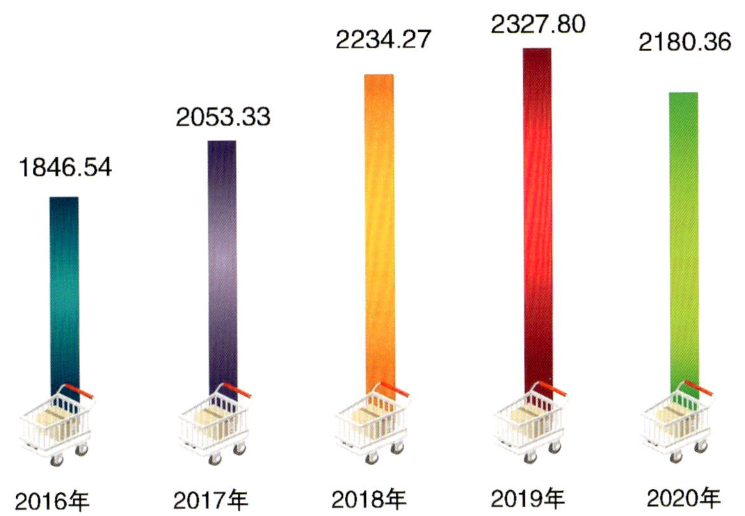

进出口总值（亿元）

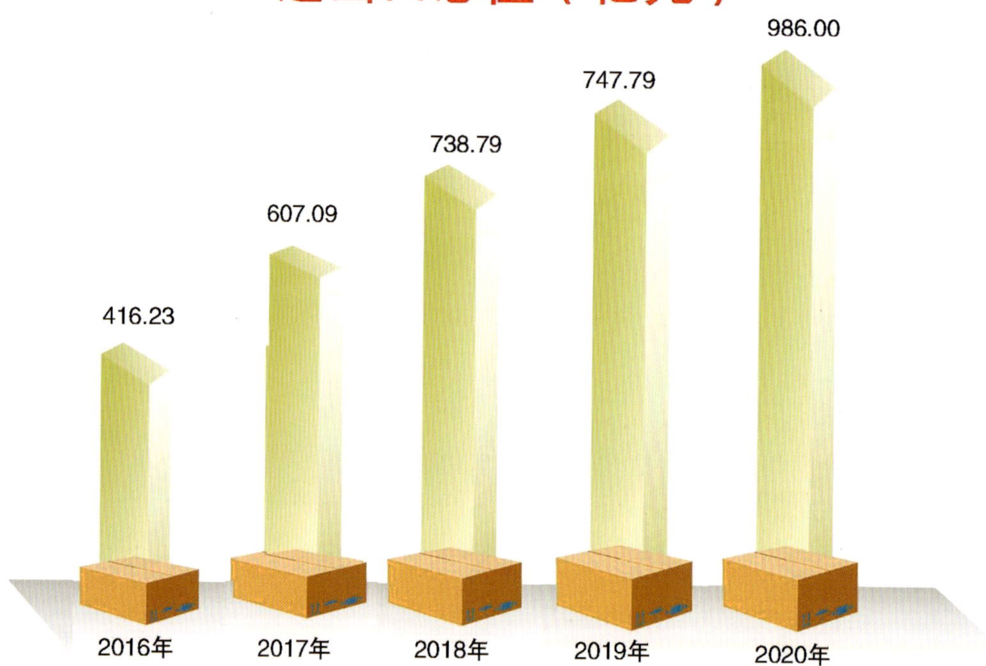

居民消费价格指数（%）

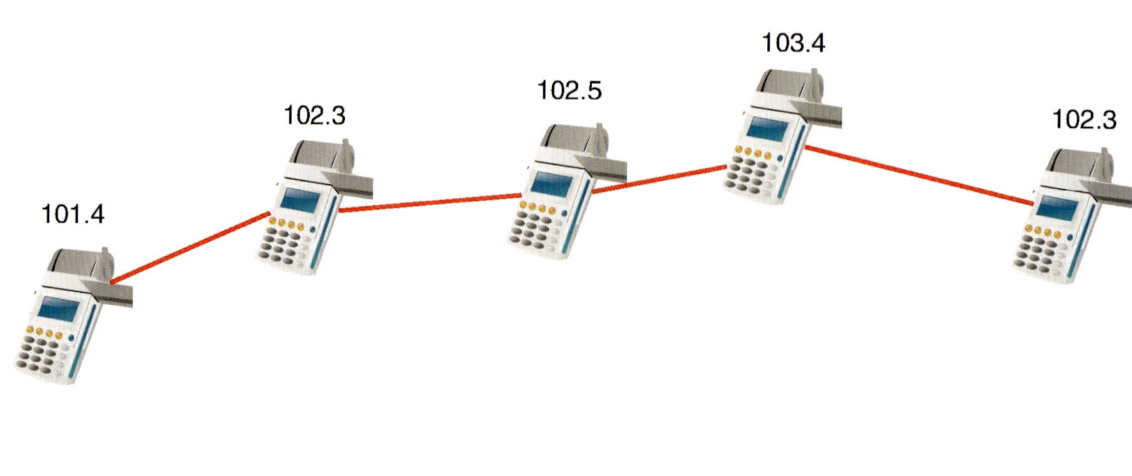

旅游人数(万人次)

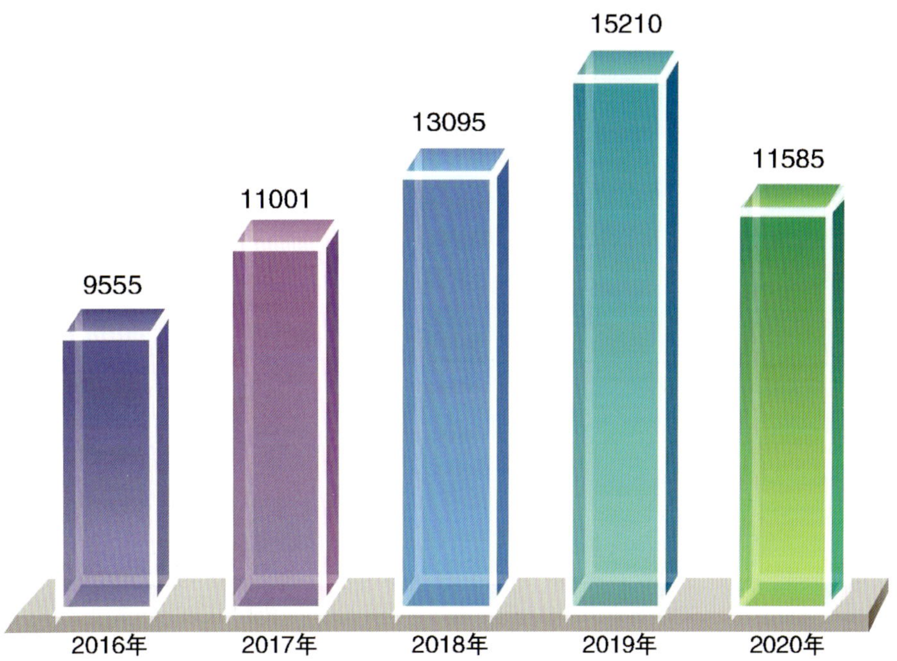

入境旅游人数(万人次)

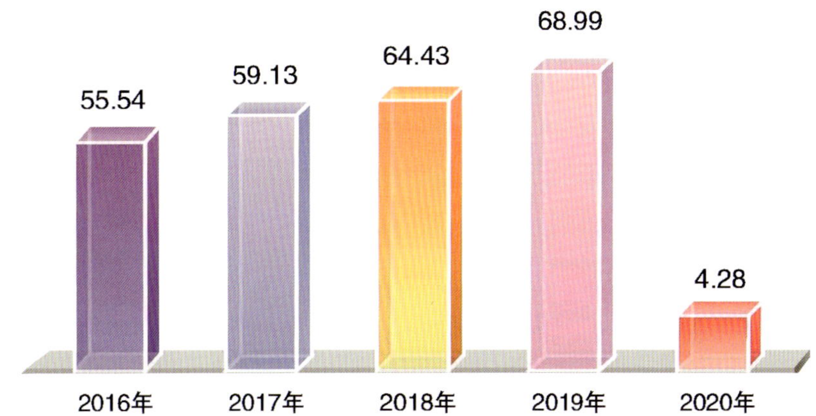

旅游收入（亿元）

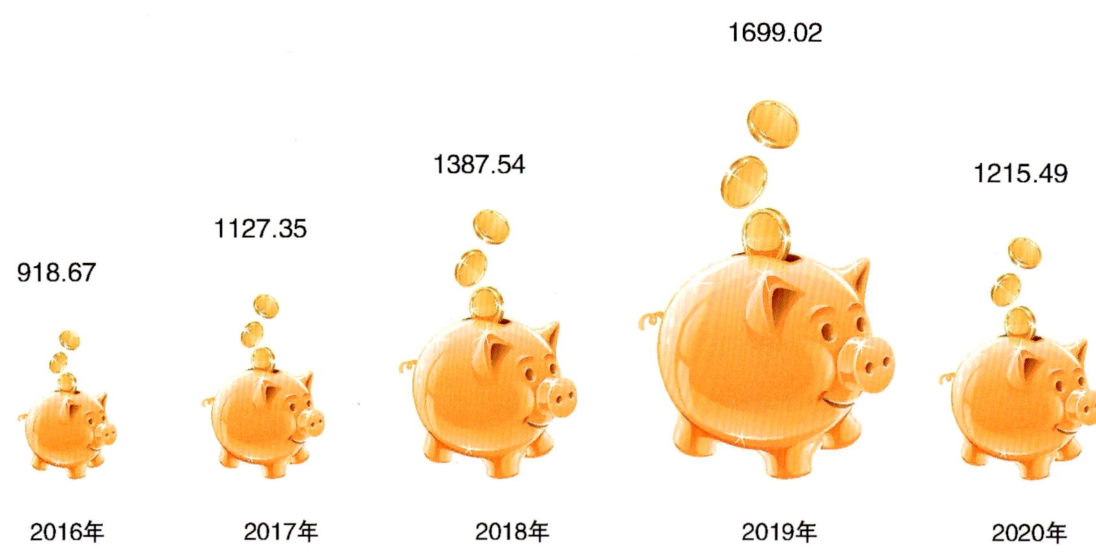

国际旅游收入（万美元）

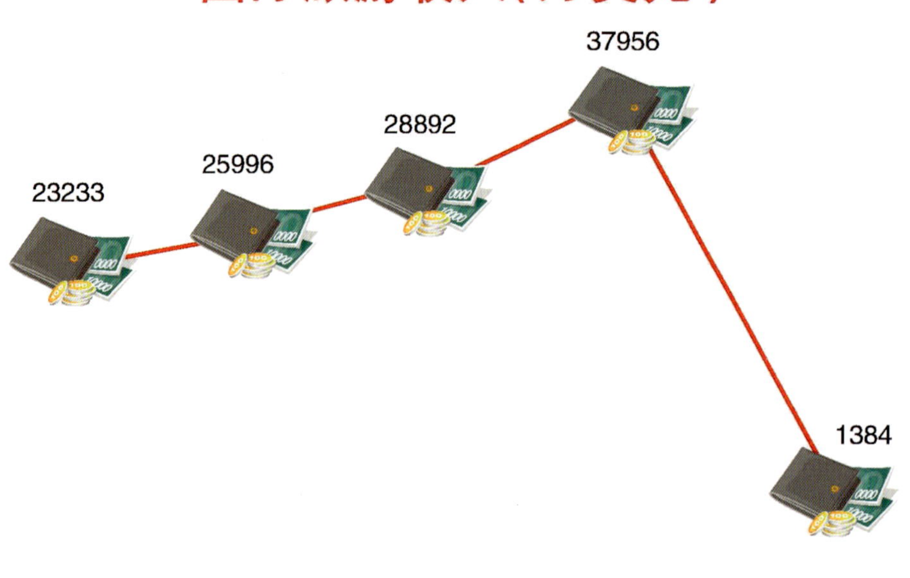

年末户籍人口(万人)

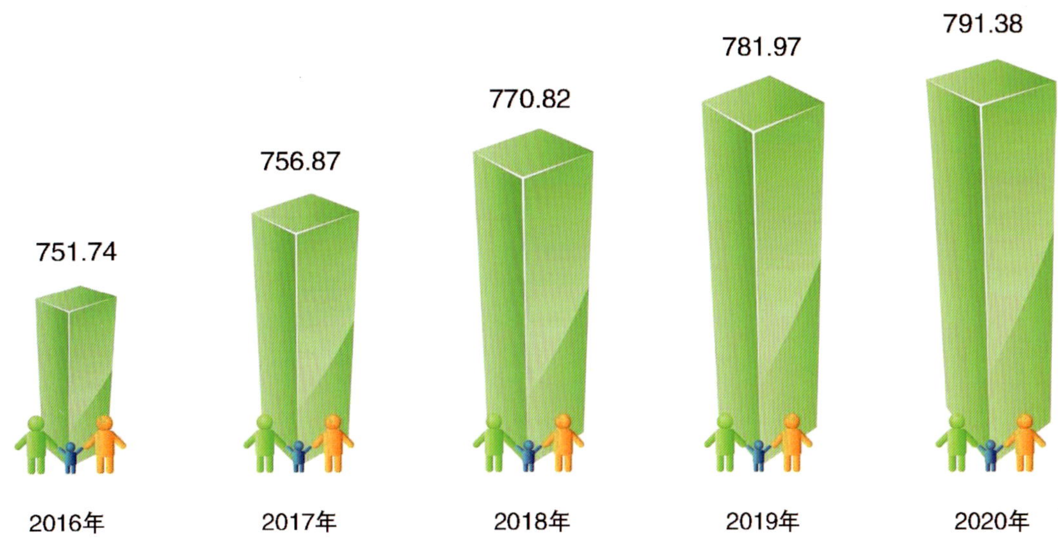

城镇化率(%)

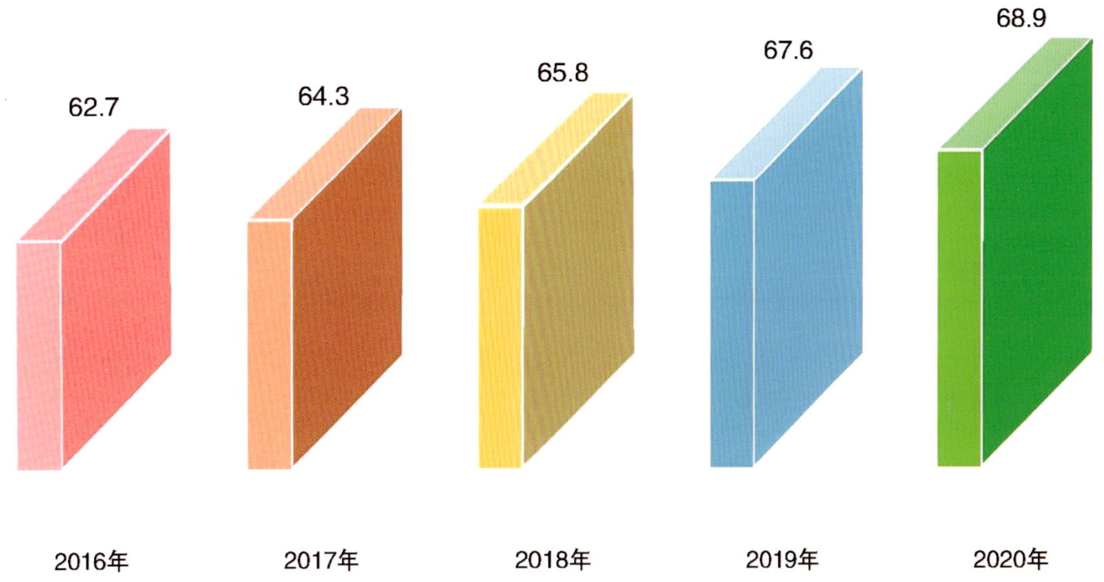

粮食总产量（万吨）

甘蔗产量（万吨）

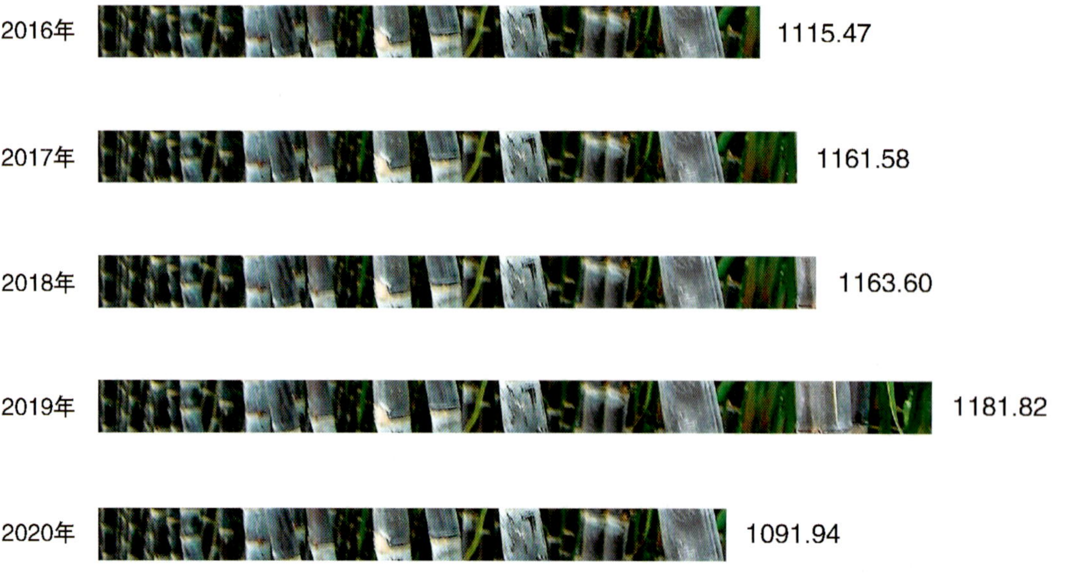

水果产量（万吨）

蔬菜产量（万吨）

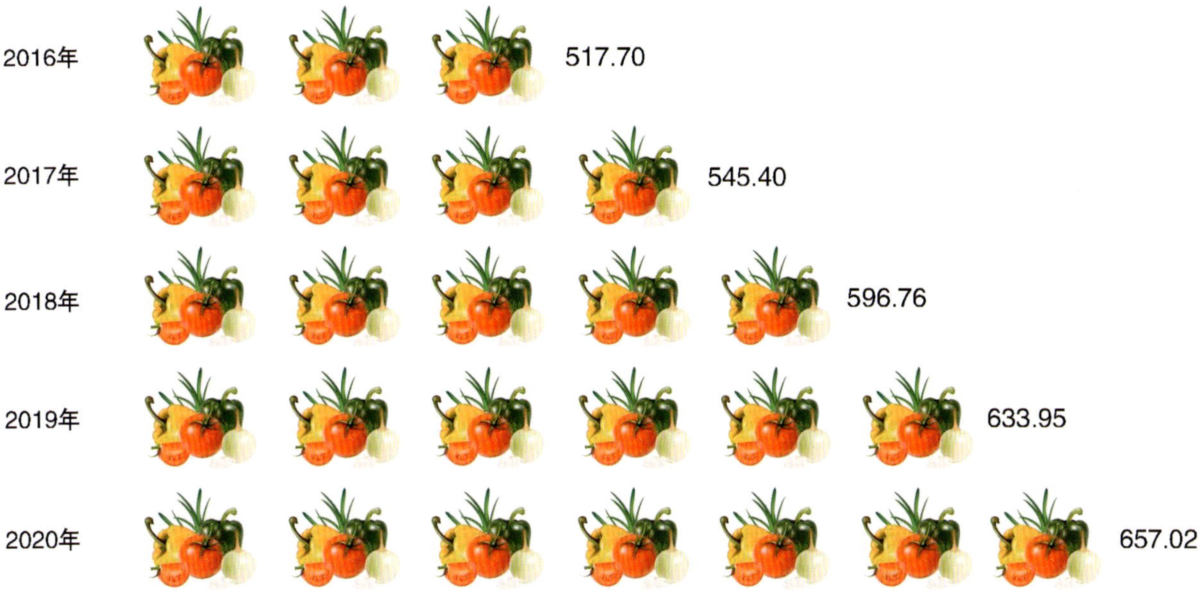

肉类总产量（万吨）

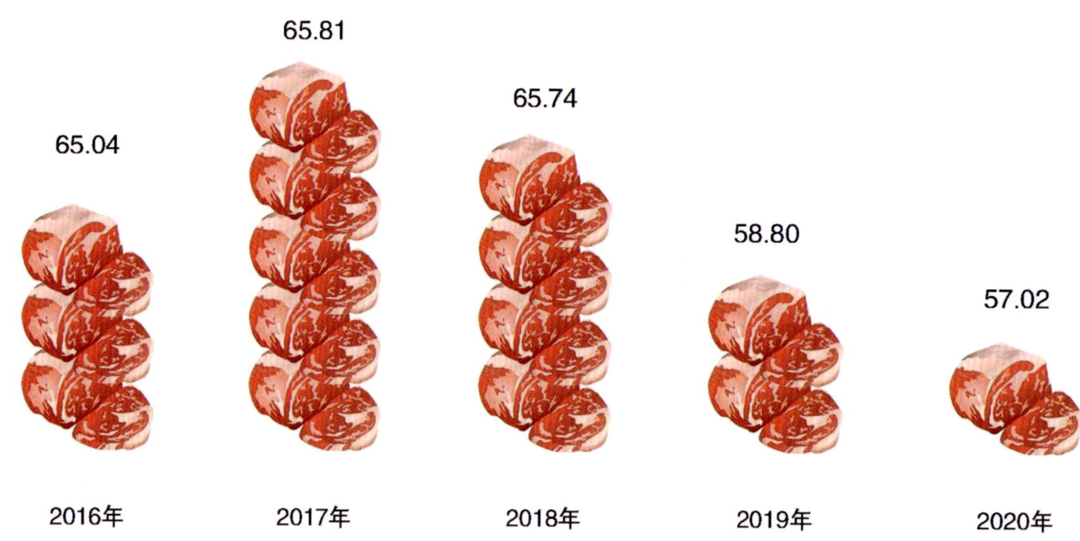

水产品产量（万吨）

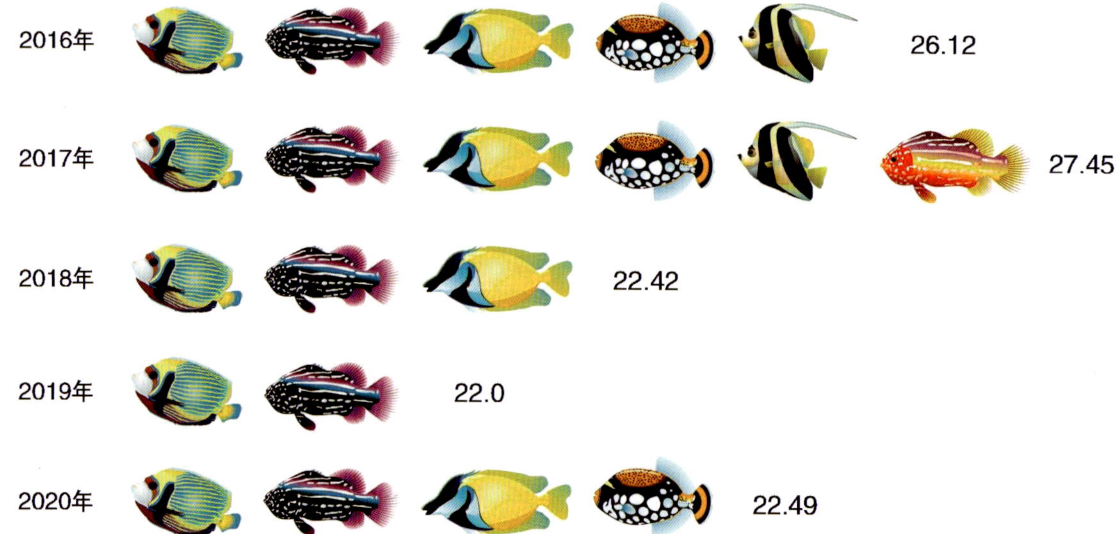

规模以上工业发电量（万千瓦时）

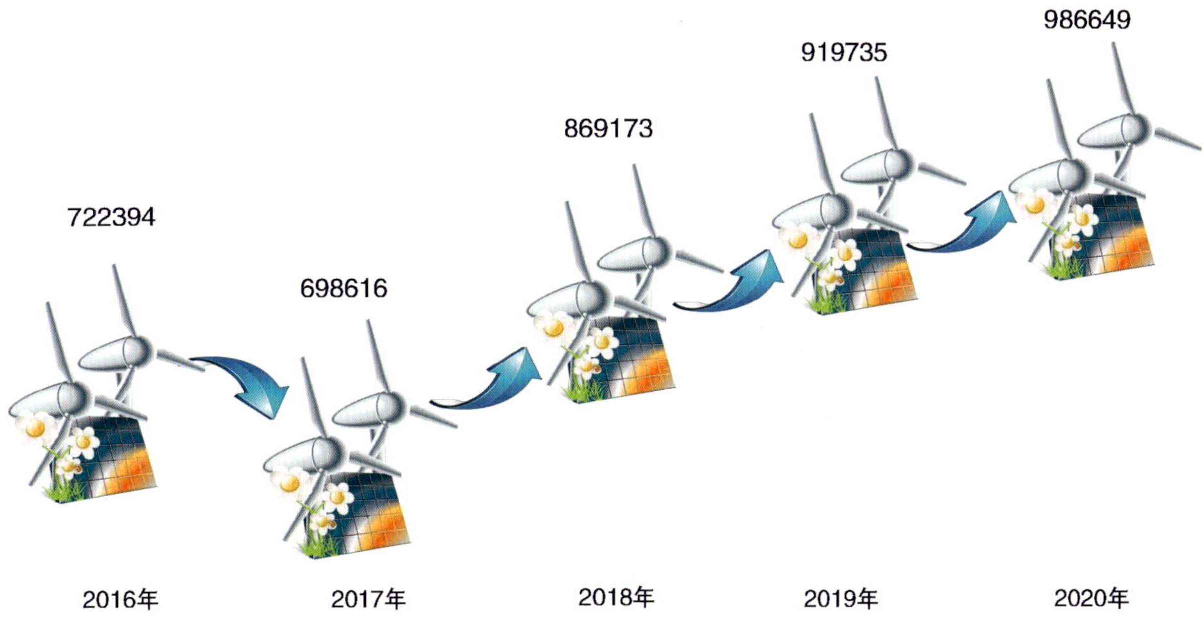

成品糖（万吨）

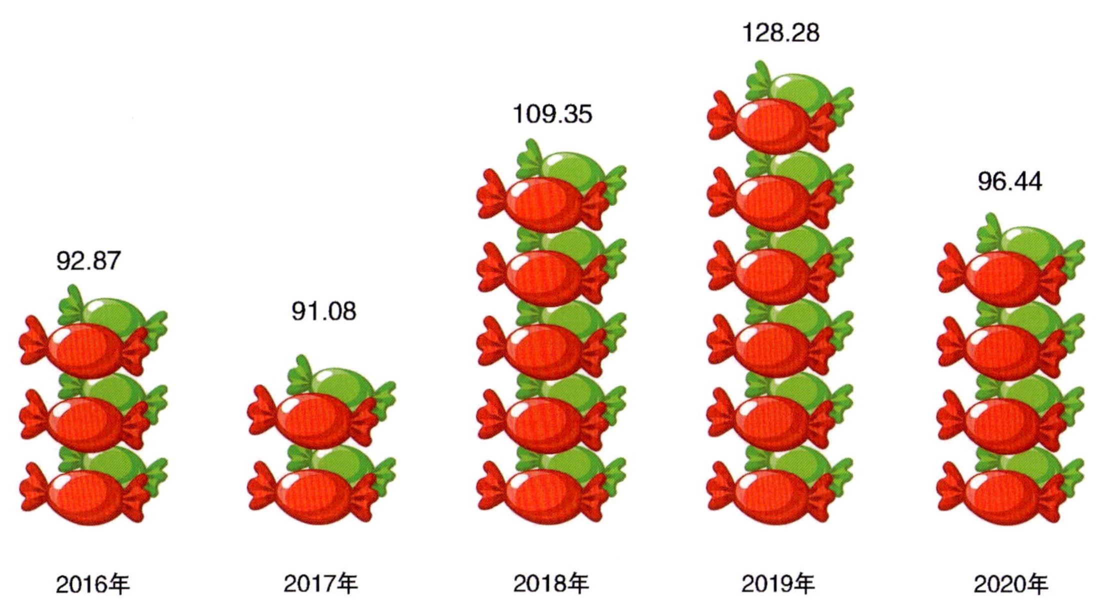

人均GDP（元）

人均GDP指数（%）

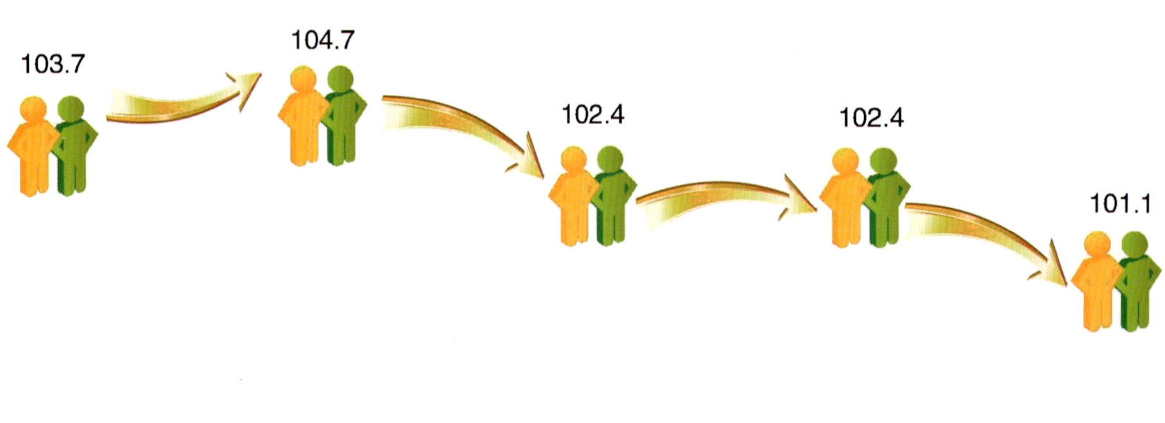

人均财政收入（元）

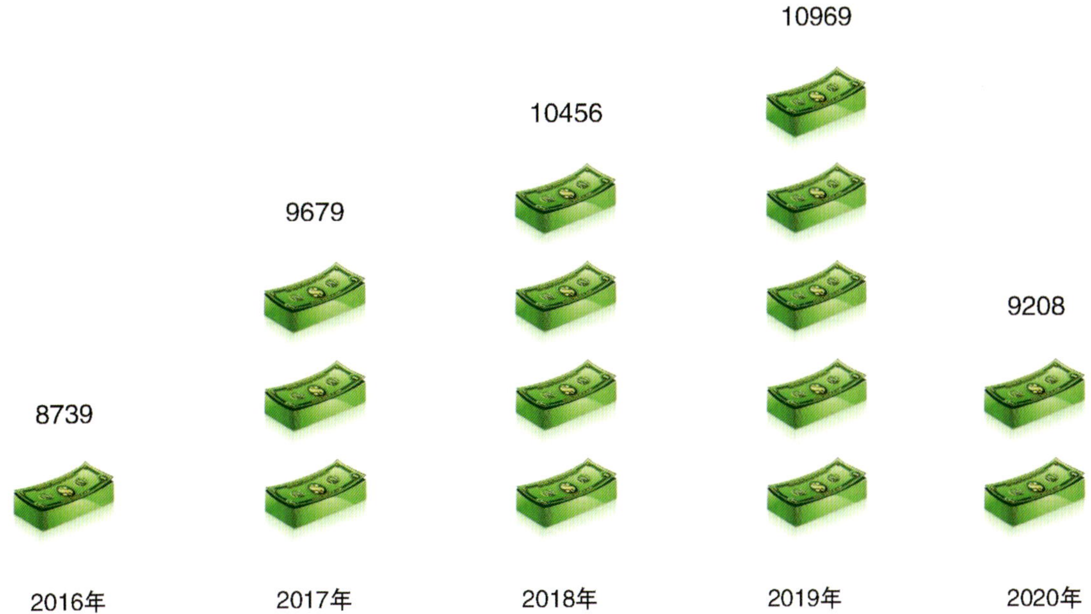

在岗职工年平均工资(元)

城镇居民人均可支配收入(元)

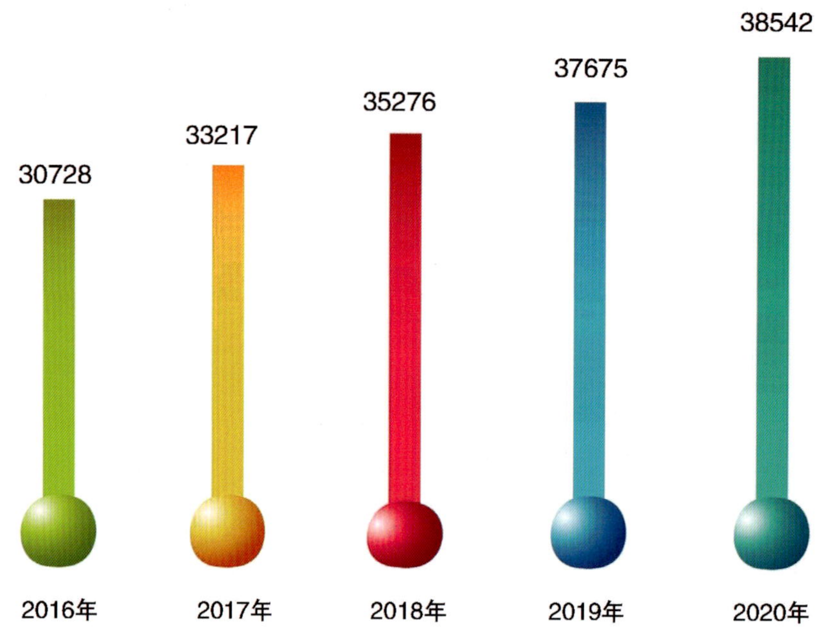

农村居民人均可支配收入(元)

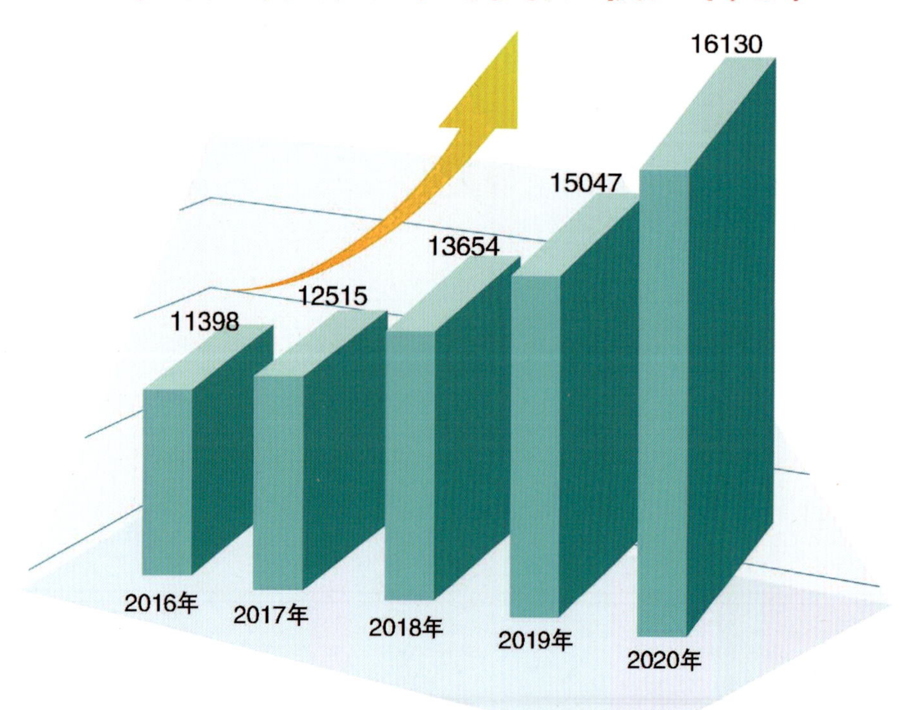

目 录

Contents

第一部分 特 辑

Part I Special Issue

政府工作报告……………………………………………………………………………………………………（3）

The Government's Work Report Of Nanning

2020年南宁市国民经济和社会发展统计公报 ………………………………………………………………（13）

Statistical Communique Of Nanning National Economic And Social Development In 2020

第二部分 统计资料

Part II Statistical Data

一、综 合

Chapter 1 General Survey

1-1 行政区划……………………………………………………………………………………………………（22）

Administrative Divisions

1-2 乡（镇）、街道办事处一览表……………………………………………………………………………（23）

List Of Counties (Towns) And Subdistrict Offices

1-3 南宁市国民经济主要指标占全区比重 ……………………………………………………………………（24）

Main Indicators Of Nanning's National Economy As Percentage In Guangxi

1-4 全市各时期主要经济指标平均增长率 ……………………………………………………………………（25）

Average Growth Rate Of Main Economic Indicators In Each Period

1-5 全市历年主要指标 …………………………………………………………………………………………（26）

Main Indicators Of Nanning City Over The Years

1-6 全市历年人均主要指标 ……………………………………………………………………………………（30）

Per Capita Main Indicators Of Nanning City Over The Years

1-7 全市社会经济主要指标 ……………………………………………………………………………………（32）

Main Social Economic Indicators Of Nanning City

1-8 市区社会经济主要指标 ……………………………………………………………………………………（38）

Main Social Economic Indicators Of Urban Districts

1-9 各县(市、区）社会经济主要指标 …………………………………………………………………………（41）

Main Social Economic Indicators By County

二、国民经济核算

Chapter 2 National Accounts

2-1 全市主要年份生产总值 ……………………………………………………………………………………（60）

Gross Domestic Product Of Nanning City In Main Years

2-2 全市主要年份生产总值构成……(61)
Composition Of Gross Domestic Product Of Nanning City In Main Years
2-3 全市主要年份生产总值指数……(62)
Indices Of Gross Domestic Product Of Nanning City In Main Years
2-4 全市主要年份人均生产总值……(63)
Per Capita Gross Domestic Product Of Nanning City In Main Years
2-5 全市各时期生产总值平均指数……(64)
Average Annual Development Indices Of Nanning' s Gross Domestic Product In Each Period
2-6 全市财政收入相当于地区生产总值的比例……(65)
Government Revenue As Percentage Of Gross Domestic Product
2-7 全市生产总值及指数……(66)
Gross Domestic Product And Development Spee
2-8 全市生产总值构成……(67)
Composition Of Gross Domestic Product
2-9 隆安县主要年份生产总值……(68)
Gross Domestic Product Of Long' an County In Main Years
2-10 隆安县主要年份生产总值构成……(69)
Composition Of Gross Domestic Product Of Long' an County In Main Years
2-11 隆安县主要年份生产总值指数……(70)
Indices Of Gross Domestic Product Of Long' an County In Main Years
2-12 隆安县各时期生产总值平均指数……(71)
Average Annual Development Indice Of Gross Domestic Product Of Long' an County In Each Period
2-13 马山县主要年份生产总值……(72)
Gross Domestic Product Of Mashan County In Main Years
2-14 马山县主要年份生产总值构成……(73)
Composition Of Gross Domestic Product Of Mashan County In Main Years
2-15 马山县主要年份生产总值指数……(74)
Indices Of Gross Domestic Product Of Mashan County In Main Years
2-16 马山县各时期生产总值平均指数……(75)
Average Annual Development Indice Of Gross Domestic Product Of Mashan County In Each Period
2-17 上林县主要年份生产总值……(76)
Gross Domestic Product Of Shanglin County In Main Years
2-18 上林县主要年份生产总值构成……(77)
Composition Of Gross Domestic Product Of Shanglin County In Main Years
2-19 上林县主要年份生产总值指数……(78)
Indices Of Gross Domestic Product Of Shanglin County In Main Years
2-20 上林县各时期生产总值平均指数……(79)
Average Annual Development Indice Of Gross Domestic Product Of Shanglin County In Each Period
2-21 宾阳县主要年份生产总值……(80)
Gross Domestic Product Of Binyang County In Main Years
2-22 宾阳县主要年份生产总值构成……(81)
Composition Of Gross Domestic Product Of Binyang County In Main Years
2-23 宾阳县主要年份生产总值指数……(82)
Indices Of Gross Domestic Product Of Binyang County In Main Years
2-24 宾阳县各时期生产总值平均指数……(83)
Average Annual Development Indice Of Gross Domestic Product Of Binyang County In Each Period

2-25 横州市主要年份生产总值……(84)
Gross Domestic Product Of Hengzhou County In Main Years
2-26 横州市主要年份生产总值构成……(85)
Composition Of Gross Domestic Product Of Hengzhou County In Main Years
2-27 横州市主要年份生产总值指数……(86)
Indices Of Gross Domestic Product Of Hengzhou County In Main Years
2-28 横州市各时期生产总值平均指数……(87)
Average Annual Development Indice Of Gross Domestic Product Of Hengzhou County In Each Period
2-29 各县(市)主要年份人均生产总值……(88)
Per Capita Gross Domestic Product In Main Years By County
2-30 各县(市)生产总值……(89)
Gross Domestic Product By County
2-31 各县(市)生产总值指数……(90)
Indices Of Gross Domestic Product By County
2-32 各县(市)财政收入相当于地区生产总值的比例……(91)
Government Revenue As Percentage Of Gross Domestic Product By Country
2-33 各城区生产总值……(92)
Gross Domestic Product By District
2-34 各城区生产总值指数……(93)
Indices Of Gross Domestic Product By District

三、人口、劳动力和职工工资
Chapter 3 Population, Labor Force And Worker's Salary

3-1 全市主要年份人口……(96)
Population In Main Years
3-2 全市户籍人口数……(97)
Total Registered Population Amount
3-3 全市户籍人口分地区统计……(98)
Registered Population Statistics By Region
3-4 全市户籍人口分年龄统计……(99)
Registered Population Statistics By Age
3-5 全市户籍人口变动情况……(100)
Statistics On Registered Population Changes
3-6 市区户籍人口数……(101)
Registered Population Amount Of Urban Districts
3-7 各县(市)户籍人口数……(102)
Registered Population Amount By County
3-8 主要年份全市城镇单位在岗职工人数及构成……(103)
Number And Composition Of Urban Workers In Urban Units Of The City In The Main Years
3-9 主要年份全市城镇单位在岗职工工资总额及平均工资……(104)
Total Wages And Average Wage Of Urban Workers In Urban Units Of The City In Main Years
3-10 全市城镇非私营单位从业人员人数……(105)
Number Of Employed Persons In Urban Non-private Units In Nanning City
3-11 全市城镇非私营单位从业人员工资总额……(106)
Total Wages Of Employed Persons In Urban Non-private Units In Nanning City

3-12 各县（市、区）城镇非私营单位年平均工资情况…………（107）
Average annual wages In Urban Non-private Units By County

四、农 业
Chapter 4 Agriculture

4-1 全市主要年份农林牧渔业总产值…………（110）
Gross Output Value Of Agriculture、Forestry、Animal Husbandry And Fishery In Main Years
4-2 全市主要年份农林牧渔业总产值发展速度…………（111）
Development Speed Of Gross Output Value Of Agricultural、Forestry、Animal Husbandry And Fishery In Main Years
4-3 全市主要年份主要农产品产量…………（112）
Per Capita Net Yield Of Major Farm Crops In Main Years
4-4 全市农村基本情况…………（113）
Basic Conditions Of Countryside
4-5 全市农林牧渔业总产值…………（114）
Gross Output Value Of Farming, Forestry, Animal Husbandry And Fishery
4-6 全市农业林牧渔业总产值及构成…………（115）
Composition And Gross Output Value Of Farming, Forestry, Animal Husbandry And Fishery
4-7 全市农作物播种面积和产量…………（116）
Total Sown Areas And Output Of Farm Crops
4-8 全市茶叶及水果生产情况…………（117）
Statistics On Production Of Tea And Fruit
4-9 全市林业生产情况…………（118）
Statistics On Forestry Production
4-10 全市畜牧业生产情况…………（119）
Statistics On Livestocks Production
4-11 全市渔业生产情况…………（120）
Statistics On Fishery Production
4-12 全市农村水电、化肥用量及灌溉情况…………（121）
Situation Of Rural Water,Electricity,Chemical Fertilizer And Irrigation
4-13 各县（市）农村基本情况…………（122）
Basic Conditions Of Countryside By County
4-14 各县（市）农林牧渔业总产值…………（123）
Gross Output Value Of Farming, Forestry, Animal Husbandry And Fishery By County
4-15 各县（市）农作物播种面积和产量…………（125）
Total Sown Areas And Output Of Farm Crops By County
4-16 各县（市）茶叶及水果生产情况…………（127）
Statistics On Production Of Tea And Fruit By County
4-17 各县（市）林业生产情况…………（128）
Statistics On Forestry Production By County
4-18 各县（市）主要牲畜年末存栏情况…………（129）
Year-End Amount Of Main Livestocks In Stock By County
4-19 各县（市）渔业主要产品产量…………（130）
Output Of Major Fishery Products By County
4-20 各县（市农村水电、化肥用量及灌溉情况…………（131）
Situation Of Rural Water,Electricity,Chemical Fertilizer And Irrigation By County

4-21 各城区农村基本情况……(132)
Basic Conditions And Composition Of Persons Employed Of Countryside By District
4-22 各城区农林牧渔业总产值……(133)
Gross Output Value Of Farming, Forestry, Animal Husbandry And Fishery By District
4-23 各城区农作物播种面积和产量……(136)
Total Sown Areas And Output Of Farm CropsBy District
4-24 各城区茶叶及水果生产情况……(139)
Statistics On Production Of Tea And FruitBy District
4-25 各城区林业生产情况……(140)
Statistics On Forestry Production By District
4-26 各城区主要牲畜年末存栏情况……(141)
Year-End Amount Of Main Livestocks In Stock By District
4-27 各城区渔业主要产品产量……(142)
Output Of Major Fishery Products By District
4-28 各城区农村水电、化肥用量及灌溉情况……(143)
Sitruation Of Rural Water,Electricity,Chemical Fertilizer And Irrigation By District

五、工 业
Chapter 5 Industry

5-1 全市主要年份工业总产值……(146)
Gross Industrial Output Value Of Nanning City In Main Years
5-2 全市主要年份工业总产值发展速度……(147)
Development Speed Of Gross Industrial Output Value Of Nanning City In Main Years
5-3 全市规模以上主要工业产品产量……(148)
Output Of Major Industrial Products Above Designated Size In Nanning City
5-4 全市规模以上工业企业主要财务状况……(149)
Main Financial Status Of Industrial Enterprises Above Designated Size In Nanning City
5-5 市区规模以上工业企业主要工业产品产量……(159)
Output Of Major Industrial Products Of Industrial Enterprises Above Designated Size In Urban Districts
5-6 市区规模以上工业企业主要财务状况……(160)
Main Financial Status Of Industrial Enterprises Above Designated Size In Urban Districts
5-7 各县(市、区)规模以上工业企业单位数……(170)
Number Of Industrial Enterprises Above Designated Size By County And District
5-8 各县(市、区)规模以上工业企业主要工业产品产量……(172)
Output Of Main Industrial Products Above Designated Size By County And District

六、运输、邮电
Chapter 6 Transport, Postal And Telecommunication

6-1 全市主要年份交通邮电情况……(176)
Statistics On Traffic, Post And Telecommunication Services In Main Years
6-2 全市民用运输船舶拥有量……(177)
Number Of Civil Transport Vessels In Nannig City
6-3 全市全社会客货运输量……(177)
Volume Of Passenger And Freight Traffic In Nanning City

七、固定资产投资

Chapter 7 Investment In Fixed Assets

7-1 全市主要年份固定资产投资情况 ……………………………………………… (180)

Investment In Fixed Assets In Main Years

7-2 全市固定资产投资 ……………………………………………… (181)

Investment In Fixed Assets

7-3 全市按行业、注册类型、隶属关系和建设性质分固定资产投资 ……………………………………………… (182)

Investment In Fixed Assets By Sector、Registration Status、Jurisdiction of Management And Type Of Construction

7-4 全市固定资产投资完成情况 ……………………………………………… (183)

Total Accomplished Investment In Fixed Assets

7-5 房地产开发投资 ……………………………………………… (184)

Real Estate Investment

7-6 房地产开发投资完成情况 ……………………………………………… (185)

Completed Investment In Real Estate

7-7 房地产开发经营情况 ……………………………………………… (186)

Real Estate Development And Management

7-8 全市总承包和专业承包建筑业企业生产情况 ……………………………………………… (187)

Statistics On Construction Enterprises Of Nanning City

7-9 全市总承包和专业承包建筑业企业财务状况 ……………………………………………… (189)

Main Financial Indicators On Construction Enterprises Of Nanning City

7-10 市区固定资产投资 ……………………………………………… (195)

Investment In Fixed Assets In Urban Districts

7-11 市区按行业、注册类型、隶属关系和建设性质分区固定资产投资 ……………………………………………… (196)

Investment In Fixed Assets By Sector、Registration Status、Jurisdiction of Management And Type Of Construction In Urban Districts

7-12 各县（市）固定资产投资完成情况 ……………………………………………… (197)

Accomplished Investment In Fixed Assets By County

7-13 各县（市）按行业、注册类型、隶属关系和建设性质分固定资产投资 ……………………………………………… (198)

Investment In Fixed Assets By Sector、Registration Status、Jurisdiction of Management And Type Of Construction By County

7-14 各县（市）房地产开发投资完成情况 ……………………………………………… (200)

Completed Investment In Real Estate By County

八、能源购进、消费与库存

Chapter 8 Purchase, Consumption And Stock Of Energy

8-1 全市规模以上工业企业主要能源购进、消费与库存 ……………………………………………… (202)

Purchase, Consumption And Stock Of Main Energy Of Industrial Enterprises Above Designated Size

8-2 全市规模以上工业企业主要能源按行业消费量 ……………………………………………… (203)

Consumption Of Main Energy Of Industrial Enterprises Above Designated Size In Nanning City By Sector

8-3 市区规模以上工业企业主要能源按行业消费量 ……………………………………………… (205)

Consumption Of Main Energy Of Industrial Enterprises Above Designated Size In Urban Districts By Sector

8-4 各县（市）规模以上工业企业主要能源购进、消费与库存 ……………………………………………… (207)

Purchase, Consumption And Stock Of Main Energy Of Industrial Enterprises Above Designated Size By County

8-5 规模以上工业企业综合能耗 ……………………………………………… (208)

Energy Consumption Of Industrial Enterprises Above Designated Size

8-6 规模以上工业企业产值能耗 ……………………………………………………………………………………（209）
Energy Consumption Industrial Enterprises Above Designated Size
8-7 全社会用电量 ……………………………………………………………………………………………………（210）
Total Electric Power Consumption

九、商业、旅游、物价
Chapter 9　Business，Travel, Price

9-1 全市主要年份商品销售总额和社会消费品零售总额、居民消费价格总指数 ………………………………（212）
Gross Sales Of The Goods And Total Retail Sales Of Social Consumer Goods In Main Years、Tatol Consumer Price Index
9-2 全市及各县（市、区）社会消费品零售总额……………………………………………………………………（213）
Total Retail Sales Of Social Consumer Goods By County
9-3 全市限额以上批发业商品购销存总额 ………………………………………………………………………（214）
Total Purchases, Sales and Stock Of Enterprises Above Designated Size In Wholesale Trade
9-4 全市限额以上零售业商品购销存总额 ………………………………………………………………………（216）
Total Purchases, Sales and Stock Of Enterprises Above Designated Size In Retail Trade
9-5 全市限额以上批发和零售业商品销售类值 …………………………………………………………………（218）
Total Sales Of Enterprises Above Designated Size In Wholesale And Retail Trades By Category Of Commodities
9-6 全市限额以上批发和零售业商品购销存数量 ………………………………………………………………（219）
Total Quantity Of Purchases, Sales and Stock Of Enterprises Above Designated Size In Wholesale And Retail Trades
9-7 全市限额以上批发业法人企业财务状况 ……………………………………………………………………（220）
Financial Indicators Of Enterprises Above Designated Size In Wholesale Trade
9-8 全市限额以上零售业法人企业财务状况 ……………………………………………………………………（227）
Financial Indicators Of Enterprises Above Designated Size In Retail Trade
9-9 全市限额以上住宿业经营情况 ………………………………………………………………………………（234）
Management of Legal Entity Above Designated Size Of Hotels
9-10 全市限额以上餐饮业经营情况 ………………………………………………………………………………（236）
Management Of Legal Entity Above Designated Size Of Catering Services
9-11 全市限额以上住宿业法人企业财务状况 ……………………………………………………………………（238）
Financial Indicators Of Enterprises Above Desighated Size Of Hotels
9-12 全市限额以上餐饮业法人企业财务状况 ……………………………………………………………………（245）
Financial Indicators Of Enterprises Above Designated Size Of Catering Services
9-13 全市亿元以上商品交易市场基本情况 ………………………………………………………………………（252）
Basic Statistics On Commodity Exchange Markets Of Transaction Value Over 100 Million Yuan
9-14 各县（市、区）限额以上批发和零售业商品销售类值 ………………………………………………………（253）
Sales Of Enterprises Above Designated Size In Wholesale And Retail Trades By Category Of Commodities By County
9-15 各县（市、区）限额以上批发和零售业法人企业财务状况 …………………………………………………（255）
Financial Indicators Of Enterprises Above Designated Size In Wholesale Trade By County
9-16 各县（市、区）限额以上住宿和餐饮业经营情况 ……………………………………………………………（257）
Financial Indicators Of Legal Entity Above Designated Size In Retail Trade By County
9-17 各县（市、区）限额以上住宿和餐饮业法人企业财务状况……………………………………………………（259）
Management of Enterprises Above Designated Size Of Hotels By County
9-18 国际旅游收入…………………………………………………………………………………………………（261）
Earnings Of International Tourism
9-19 接待过夜国际旅游人数………………………………………………………………………………………（261）
Numbers Of Tourists Staying Overnight

9-20 星级宾馆酒店接待能力……(262)
Reception Capacity In Star Hotels

十、服务业、科技
Chapter 10 Service Industry，science and technology

10-1 全市规模以上服务业企业财务状况……(264)
Financial Status Of Service Enterprises Above Designated Size In The City
10-2 全市研究与试验发展（R&D）经费情况……(266)
Research and experimental development (R&D) expenditure of The whole city
10-3 规模以上工业企业科技研发活动情况……(267)
R&D Activities Of Industrial Enterprises Above Designated Size
10-4 规模以上非工业企业科技研发活动情况……(268)
R&D Activities Of Non-Industrial Enterprises Above Designated Size

十一、财政、金融、保险
Chapter 11 Government Finance, Banking And Insurance

11-1 全市主要年份财政、金融……(270)
Government Finance And Banking In Main Years
11-2 全市财政收入……(271)
Government Revenue
11-3 全市财政支出……(271)
Government Expenditure
11-4 市区财政收入……(272)
Government Revenue Of Urban Districts
11-5 市区财政支出……(272)
Government Expenditure Of Urban Districts
11-6 各县（市、区）财政收入……(273)
Government Revenue By County
11-7 各县（市、区）财政支出……(275)
Government Expenditure By County
11-8 全社会金融机构存款余额……(277)
Deposits Balance Of Financial Institution At The Year-End
11-9 全社会金融机构贷款余额……(277)
Loans Balance Of Financial Institution At The Year-End
11-10 市区金融机构存款余额……(278)
Deposits Balance Of Financial Institution In Urban Districts At The Year-End
11-11 市区金融机构贷款余额……(278)
Loans Balance Of Financial Institution In Urban Districts At The Year-End
11-12 各县（市）金融机构存款余额……(279)
Deposits Balance Of Financial Institution By County At The Year-End
11-13 各县（市）金融机构贷款余额……(280)
Loans Balance Of Financial Institution By County At The Year-End
11-14 保险业务情况……(281)
Insurance Business

11-15 各县（市）保险业务情况 ……………………………………………………………………（282）
Insurance Business By County

十二、广西及省会城市主要统计指标
Chapter 12 Main Indicators of Guangxi And Provincial Capital Cities

12-1 广西主要年份国民经济主要统计指标 ……………………………………………………（284）
Main Indicators Of National Economy Of Guangxi In Main Years
12-2 各省会城市年末总人口 ……………………………………………………………………（285）
Total Population Of Provincial Capital Cities At The Year-End
12-3 各省会城市地区生产总值 …………………………………………………………………（286）
Gross Domestic Product Of Provincial Capital Cities
12-4 各省会城市第一产业增加值 ………………………………………………………………（287）
Value-Added Of Primary Industry Of Provincial Capital Cities
12-5 各省会城市第二产业增加值 ………………………………………………………………（288）
Value-Added Of Secondary Industry Of Provincial Capital Cities
12-6 各省会城市第三产业增加值…………………………………………………………………（289）
Value-Added Of Tertiary Industry Of Provincial Capital Cities
12-7 各省会城市人均地区生产总值………………………………………………………………（290）
Per Capital Gross Domestic Product Of Provincial Capital Cities
12-8 各省会城市固定资产投资……………………………………………………………………（291）
Investment In Fixed Assets Of Provincial Capital Cities
12-9 各省会城市社会消费品零售总额……………………………………………………………（292）
Total Retail Sales Of Consumer Goods Of Provincial Capital Cities
12-10 各省会城市海关进出口贸易总额…………………………………………………………（293）
Total Value Of Imports And Exports Of Provincial Capital Cities
12-11 各省会城市海关出口贸易总额……………………………………………………………（294）
Total Value Of Exports Of Provincial Capital Cities
12-12 各省会城市一般公共预算收入……………………………………………………………（295）
Government Public Budget Income Of Provincial Capital Cities
12-13 各省会城市一般公共预算支出……………………………………………………………（296）
Expenditure of general public budget of Provincial Capital Cities
12-14 各省会城市金融机构存款余额……………………………………………………………（297）
Deposits Of Financial Institutions In Provincial Capital Cities At The Year-End
12-15 各省会城市金融机构贷款余额……………………………………………………………（298）
Loans Of Financial Institutions In Provincial Capital Cities At The Year-End
12-16 各省会城市居民消费价格总指数…………………………………………………………（299）
Consumer Price Indices Of Provincial Capital Cities
12-17 各省会城市城镇居民人均可支配收入……………………………………………………（300）
Per Capital Disposable Income Of Urban Households In Provincial Capital Cities
12-18 各省会城市农村居民人均可支配收入……………………………………………………（301）
Per Capital Disposable Income Of Rural Households In Provincial Capital Cities

指标解释 ………………………………………………………………………………………（304）
Explanatory Notes On Statistical Indicators

第一部分　特辑

PART Ⅰ　SPECIAL ISSUE

政府工作报告

一、2020年和“十三五”工作回顾

2020年是极不平凡的一年。面对错综复杂的国际形势、艰巨繁重的国内改革发展稳定任务，特别是新冠肺炎疫情严重冲击，全市上下坚持以习近平新时代中国特色社会主义思想为指导，深入贯彻落实习近平总书记对广西工作的重要指示精神，在市委的正确领导下，扎实做好“六稳”工作、全面落实“六保”任务，统筹疫情防控和经济社会发展取得重大成果。

——这一年，我们坚定信心、精准施策，书写了一份万众一心战疫情、全力以赴稳增长的民生答卷。

疫情防控取得重大战略成果。迅速启动重大公共突发事件一级响应，建立指挥机构和工作机制，织密“五张网”，筑牢“三道防线”，实施“十严格”，仅用27天实现年内本土确诊病例“零新增”。仅用一个多月时间实现55例确诊患者全部治愈出院，专业救治医院医务人员“零感染”。压实“四方责任”，扎实推进常态化疫情防控，实现年内境外输入、进口冷链食品引发疫情“零发生”。在共克时艰的日子里，以广大医务人员为代表的抗疫勇士，挺身而出、逆行出征，以生命赴使命，用大爱护众生，胜利完成援鄂援港任务，涌现出梁小霞、韦球等全国先进典型。让我们向所有抗疫英雄致以崇高敬意！

复工复产复学快速高效。在疫情防控阶段性好转的第一时间，迅速组建专班，攻要素畅通，保物资供应，以“四个率先”推动产业链上下游企业协同复工复产。在全国较先、全区率先出台支持中小企业保经营稳发展16条措施，在全国率先落地疫情期间援企稳岗返还政策，在全区率先上线企业缺工登记和个人求职登记一体化服务平台，在全国率先上线高校毕业生就业“打包一件事”，重点跟踪服务76家工业企业，以点带面，3月初全市“四上”企业、农业龙头企业基本实现复工复产。筑牢校园疫情防控网络，5月中旬全市3290所学校近170万师生实现有序安全复学。

“六稳”“六保”落地落实。出台稳工业8条、稳投资6条、促消费12条等稳增长措施，集中力量打好“六大会战”，开展七个专项行动，聚焦重大项目建设实施征拆、前期和建设三大攻坚，全力稳住经济基本盘。全年地区生产总值完成4726.34亿元、增长3.7%，其中一产增长4.7%、二产增长5.3%、三产增长2.9%。财政收入增幅高于全区5.1个百分点。规上工业增加值增长3%、高于全区1.8个百分点。5000万元以上项目完成投资增长13.6%，712个区市层面统筹推进重大项目完成投资963.4亿元。

——这一年，我们慎终如始、善作善成，书写了一份决战脱贫攻坚、决胜全面小康的历史答卷。

脱贫攻坚战取得全面胜利。按照跟上、盯住、办好的要求，筹集30.7亿元各级财政资金，持续推进“四大战役”，打好“五场硬仗”，全力攻克最后的贫困堡垒，“两不愁三保障”问题全面解决。实现控辍保学“双清零”工作目标并持续保持，建档立卡贫困人口基本医疗保险参保率、贫困户住房安全保障率、饮用安全水源的人口比例均达100%，全市1559个村（社区）集体经济收入全部达5万元以上。实现4个贫困县区全部摘帽、421个贫困村全部出列、现行标准下的农村贫困人口全部脱贫，历史性解决了绝对贫困问题。奋战在脱贫攻坚战线的广大扶贫干部，无私奉献、倾情投入，不畏牺牲、战贫斗困，他们是新时代最美奋斗者！

决胜全面建成小康社会取得决定性成就。小康监测体系各项指标实现程度达到或接近100%。提前一年实现“两个翻一番”，2020年地区生产总值、居民人均可支配收入分别是2010年的2.63倍、2.58倍。学前三年毛入园率97.3%、九年义务教育巩固率102%、高中阶段毛入学率98.8%。城乡居民基本养老、基本医疗保险参保率均达98%以上。实现每个乡镇建有1所标准化卫生院、每个行政村建成1个标准化村卫生室。每千人口拥有执业（助理）医师数和床位数分别达3.5名、7.6张。每千名老年人拥有床位数达28.3张。全市“三馆一站”免费开放，村级公共服务中心覆盖率达97%。

——这一年，我们敢想敢干、敢闯敢试，书写了一份奋楫扬帆强首府、砥砺奋进提质量的发展答卷。

强工业补短板。57个项目列入自治区“双百双新”计划，项目总数及“双新”项目数均居全区第一。合众、

天际等强首府标志性重大项目顺利开工，浪潮南宁生产基地服务器和计算机产品下线，24个强首府重大工业项目实现投产。电子信息制造业产值占全区比重一半以上。医疗器械行业较快发展，成为生物医药产业的新支撑。规上高技术制造业增加值增长26.4%，新上规入统工业企业185家、为历史新高，其中新建入规工业企业数量居全区第一，工业发展势头良好。

强创新增活力。引进新型产业技术研究机构6家，获认定广西新型研发机构5家，新增国家级创新创业平台5个，南宁国家农业科技园区成功获批，在深圳建设广西首家“飞地孵化器”，广西先进铝加工创新中心在研项目获批为首个“国家重大短板装备专项工程”。新增瞪羚企业31家、国家科技型中小企业853家，荣获中国专利优秀奖2个。获批“科创中国”试点城市。

强金融促集聚。金融业增加值增长5.8%、对经济增长贡献率达19.5%，人民币存贷款余额增长10.5%，保费收入增长17.8%。中国—东盟金融城新增入驻金融机构（企业）102家、增长170%。自贸试验区南宁片区金融创新指数在同批19个片区中排名第二。全市跨境人民币结算量624亿元、占全区40%。金融服务实体能力不断提升，普惠小微企业贷款增长34.4%，贷款利率下降69个基点；新增IPO在审企业2家、新三板挂牌企业2家。

强枢纽夯基础。实施重大交通基础设施项目49个，南崇、南玉城际铁路等项目加快推进；开工建设南宁至湛江、南宁至平果等5条高速公路，在建高速公路规模创历史新高。南宁国际铁路港一期、圆通速递广西物流总部等建成运营，中新南宁国际物流园、南宁牛湾物流园区等加快建设。新增3A级以上物流企业8家，中越跨境集装箱班列开行166列、增长49.5%。吴圩国际机场国际货邮吞吐量突破万吨大关、增长373.1%。邮政业务总量增长43.7%、增速居全国省会城市第三。

强开放建平台。自贸试验区南宁片区年内新增企业6555家，累计达8418家。中国（南宁）跨境电商综试区进出口交易额增长198%。南宁综保区进出口总额增长69.8%。中国—东盟信息港南宁核心基地累计建成项目35个。南宁临空经济示范区获批建设。全市“三企入桂”签约项目203个、总投资3520亿元，项目“四率”综合排名全区前列。全市实际利用外资4.4亿美元、增长41.9%，新设外资企业149家、增长20.2%。

强治理促和谐。三级三类国土空间规划体系基本建立。蓝天碧水净土保卫战成果丰硕，市区空气质量优良率达97.5%，重点流域地表水水质优良比例保持100%，建成区38个黑臭河段全部消除黑臭，城市水质指数在全国省会城市中排名第二，竹排江黑臭水体治理项目入选2020年生态环境部通报表扬典型案例，农用地安全利用推进率和污染地块安全利用率实现“双100%”完成。开工改造老旧小区247个。生活垃圾分类试点工作卓有成效。平安南宁、法治南宁建设扎实推进，扫黑除恶专项斗争顺利收官，人民群众安全感达98.09%。安全生产形势稳定向好。城市综合信用指数首次排名全国前十。获评全国少数民族流动人口服务管理示范城市。荣膺全国双拥模范城七连冠。

2020年我市工作取得扎实成效，实现“十三五”规划胜利收官。五年来，我们着力推进“六大升级”工程，全力以赴稳增长、促改革、调结构、惠民生、防风险、保稳定，南宁进入全国经济50强城市行列。地区生产总值年均增长5.8%、总量占全区比重由2015年的20.3%提升至21.3%，财政收入占全区比重由2015年的24.54%提升至28.43%，经济发展呈现体量、质量双提升，站上了新的台阶。

这是强化创新引领、产业转型升级全面发力的五年。

我们坚持前端聚焦、中间协同、后端转化，以创新推动发展动力换档升级。创新发展能力持续增强。南宁·中关村创新示范基地、南宁·中关村科技园成为京桂两地由点到面深度合作的成功实践，示范基地聚集创新主体达339家，科技园入驻产业项目达19个。高新技术企业保有量达1151家、比2015年翻两番、占全区41.1%。实现国家技术发明奖零的突破，获批国家知识产权示范城市。工业加快转型升级。三大重点产业规模以上产值占全市比重达38.8%，以申龙、合众、天际等整车带动零部件生产的新能源汽车产业链加快形成，以瑞声科技为龙头的智能终端产业链初具成效，电子信息连续三年成为全市产值最大的工业产业。近三年工业税收占比从18%上升至22%。推动工业园区差异化特色化发展，产值超百亿元工业园区达6个。突出扶强扶优导向，规上工业企业突破1000家，亿元企业达392家，实现“南宁地铁南宁造”“南宁产品上航天”等多项突破。现代服务业提质增效。全市服务业增加值达3107.7亿元、是2015年的1.8倍，总量占全区比重较2015年提升1个百分点。金融业增加值年均增长7.5%。电子商务重点企业交易额是2015年的2.2倍。新增国家3A级以上景区49家，南宁万有等重大文旅项目开工建设，年旅游总消费突破1700亿元。

这是突出协调优化、统筹城乡发展硕果累累的五年。

我们始终把协调发展放在重要位置，坚持以城带乡、以工促农，不断发展壮大县域经济。现代特色农业产业“10+3”提升行动扎实推进，粮食总产量1062.4万吨，新增自治区级现代特色农业核心示范区34个，建成全国最大茉莉花、火龙果、沃柑产区，“三品一标”产品192个，国家地理标志保护产品9个，国家地理标志商标7个，“横县茉莉花茶”入选首批中欧地理标志协定保护名录，沃柑成为首个以自主品牌出口的本地水果。“美丽南宁”乡村建设活动圆满收官，全市乡镇、建制村和20户以上自然村屯道路通畅率、建制村通客车率均达100%，农村集中供水率达95.9%，累计建设36个农村垃圾乡镇片区处理中心、736套集中式农村生活污水处理设施。6个县区荣获广西高质量发展先进（进步）县区。

这是坚持绿色发展、“中国绿城”品质不断升级的五年。

我们积极践行绿水青山就是金山银山理念，突出“形、实、魂”，坚持治水、建城、为民，生态宜居城市魅力彰显。五象新区进入高质量发展阶段，集聚全球最具价值品牌百强达12家、世界500强39家、中国500强28家，“再造一个新南宁”的蓝图正变为现实。生态优势巩固提升，“百里秀美邕江”全面展现，那考河生态综合整治项目获“中国人居环境奖”范例奖，获全国首批海绵城市建设优秀试点城市，园博园成为首府绿色新地标。城市功能日益完善，广西文化艺术中心、清厢快速路等重大工程建成使用，“老南宁·三街两巷”成为网红打卡地；地铁1—4号线相继开通运营，形成“井字形”网络；火车东站成为我国南方最大的综合性交通枢纽之一。城市治理更有温度，“美丽南宁·整洁畅通有序大行动”深入推进，创新推出“以学促管、学罚结合”的电动自行车管理南宁经验，“文明行车·礼让斑马线”成为首府文明新品牌，“一码通城”在全国率先实现公共服务多场景互联互通。

这是深化改革开放、发展动力活力加速释放的五年。

我们围绕释放市场主体活力破除藩篱，聚焦厚植发展优势扩大开放。重点领域改革深入推进，全国首创的公共资产负债管理智能云平台内涵和外延不断扩展，完成中区直国有企业退休人员5.7万人社会化管理移交，完成49家国有“僵尸企业”市场化出清，农村土地承包经营权确权颁证率达97.2%，国有林场主体改革基本完成。营商环境明显改善，推行“一枚公章管审批”，“拿地即开工”“互联网+不动产登记”“智慧人社”等经验做法获国家部委肯定，“容缺后补”等改革得到群众广泛认可，全市各类市场主体达77.7万户、较2015年增长46.7%。“南宁渠道”影响力不断提升，国际友城达25个，成功服务第13—17届东博会，成功举办中国—中亚合作论坛等高级别国际论坛，苏迪曼杯世界羽毛球混合团体锦标赛、“环广西”自行车赛（南宁站）等重大国际赛事取得圆满成功。外向型经济加快发展，外贸进出口总额达986亿元、年均增长22%。

这是共享发展成果、增进民生福祉成效显著的五年。

我们坚持以人民为中心，全力办好惠民利民实事。“十三五”期间民生支出2740.3亿元，是“十二五”的1.8倍。如期实现公办园在园幼儿占比达50%的目标，累计新建成投入使用公办中小学校105所、新增学位17.9万个，全部县区通过全国义务教育发展基本均衡县（区）国家评估认定，累计建成27所自治区示范性普通高中、特色高中；南职院入选国家“双高”院校，南宁学院通过教育部本科教学工作合格评估，南宁教育园区入驻院校18所，实现招生入学7所。累计新增医疗卫生机构608家、床位15696张，新改扩建市级医疗机构13家、社区卫生服务中心38个，新建城区级医院5所，实现5家县级医院整体搬迁。荣获国家卫生城市“三连冠”。城镇登记失业率均控制在3.5%以内。基本养老保险、基本医疗保险制度实现全覆盖，企业退休人员养老金实现“16连调”。舞剧《刘三姐》等7部作品获广西精神文明建设“五个一工程”奖、广西文艺创作铜鼓奖。累计完成农村危房改造3万户、开工保障性安居工程7万套。市第二福利院建成运营，累计建设城市养老服务中心和社区日间照料中心187个。累计发放低保资金24.7亿元、特困人员供养补助7.1亿元。累计投入491.5亿元实施为民办实事项目328个子项。

五年来，市人民政府不断加强自身建设，深入落实中央八项规定及其实施细则精神，严格执行“约法三章”，持续纠治“四风”，严格精文减会。累计提请市人大常委会审议地方性法规草案18件，出台政府规章20件、规范性文件196件。人大代表议案和建议、政协提案办结率均达100%。入选第一批全国法治政府建设示范市。

各位代表，回顾过去五年的工作，我们深切地体会到，所有成绩的取得，最根本在于有以习近平同志为核心的党中央坚强领导，在于有习近平新时代中国特色社会主义思想的科学指引。五年来所取得的成绩，是自治区党委、政府正确领导的结果，是市委团结带领全市人民克难攻坚、拼搏奋进的结果，是市人大、市政协有力监督支持的结果，也是全市各级各部门履职尽责、共同努力的结果。在此，我代表市人民政府，向全市各族人民，向人大代表、政协委员，向各民主党派、工商联、无党派人士和人民团体，向驻邕部队、武警官兵、政法干警、消防救援队伍，以及所有参与、关心和支持南宁发展的各界人士表示诚挚感谢并致以崇高敬意！

在看到成绩的同时，我们也清醒地认识到，我市仍处在转型升级、爬坡过坎的关键时期，创新支撑产业高质量发展的动能不够强劲，开放合作水平还不够高，城乡协调发展、民生保障等领域仍存在短板弱项。我们将认真研究，以更加精准务实的措施解决突出问题，狠抓工作落实，绝不辜负全市各族人民对我们的期望！

二、“十四五”发展主要目标和重点任务

“十四五”时期是我市全面落实强首府战略的关键时期。根据《中国共产党南宁市委员会关于制定南宁市国民经济和社会发展第十四个五年规划和二〇三五年远景目标的建议》，市人民政府制定了《南宁市国民经济和社会发展第十四个五年规划和2035年远景目标纲要（草案）》（以下简称《纲要（草案）》），现提交大会审议。

“十四五”时期我市发展的指导思想是：高举中国特色社会主义伟大旗帜，坚持以习近平新时代中国特色社会主义思想为指导，深入贯彻党的十九大和十九届二中、三中、四中、五中全会精神，统筹推进“五位一体”总体布局，协调推进“四个全面”战略布局，深入贯彻习近平总书记对广西工作的重要指示精神，按照“建设壮美广西共圆复兴梦想”总目标总要求，全面落实“三大定位”新使命和“五个扎实”新要求，准确把握新发展阶段、抢抓用好新发展机遇、深入贯彻新发展理念、加快融入新发展格局，坚持稳中求进工作总基调，以推动高质量发展为主题，以深化供给侧结构性改革为主线，以改革创新为根本动力，以满足人民日益增长的美好生活需要为根本目的，统筹发展和安全，牢牢扭住全面落实强首府战略这一总抓手，突出资源要素集聚、开放平台提升、营商环境优化、城乡融合发展四个关键支撑，持续推动“强工业、强创新、强金融、强枢纽、强开放、强治理”六个重点举措，加快建设现代化经济体系，推进首府治理现代化，加快打造引领全区高质量发展的核心增长极，实现经济行稳致远、社会安定和谐，在谱写建设壮美广西、共圆复兴梦想新篇章中走在前作表率，为与全国同步基本实现社会主义现代化奠定坚实基础。

围绕“加快发展、转型升级、全面提质”，《纲要（草案）》提出未来五年全市地区生产总值年均增长7.5%以上，财政收入年均增长5%，工业增加值年均增长14%，固定资产投资年均增长10%以上，社会消费品零售总额年均增长8.5%，进出口总额年均增长10%，粮食综合生产能力为210万吨，完成自治区下达的节能减排降碳目标，居民人均可支配收入增长与经济增长基本同步，城镇调查失业率控制在6.8%以内。未来五年努力实现“六个明显提升”：

——经济综合实力明显提升。经济首位度持续提高，经济增长速度高于全国、全区平均水平，产业结构持续优化，工业支撑作用凸显，现代服务业高端化加快，农业现代化加快推进，创新支撑能力显著增强，产业链现代化水平不断提高，现代化经济体系建设取得重大进展。

——改革开放水平明显提升。要素市场化配置改革和一流营商环境建设取得重大进展，市场主体更加充满活力，开放平台建设取得显著成效，开放型经济发展迈上新台阶，在全区构建“南向、北联、东融、西合”全方位开放发展新格局中的龙头带动作用进一步发挥。

——社会文明程度明显提升。社会主义核心价值观深入人心，人民思想道德素质、科学文化素质和身心健康素质明显提高，公共文化服务体系和文化产业体系更加健全，人民精神文化生活日益丰富，文化软实力和影响力不断增强。

——生态宜居水平明显提升。国土空间开发保护格局得到优化，生产方式和生活方式更加绿色、低碳，能源资源利用效率不断提高，主要污染物排放总量持续减少，生态文明制度体系更加完善，生态环境质量持续走在全国省会城市前列，“中国绿城”品牌进一步擦亮。

——人民生活品质明显提升。城乡居民收入增长和

经济增长基本同步，就业、教育、社保、养老、医疗卫生、住房保障等基本公共服务均等化水平大幅提高，脱贫攻坚成果持续巩固，乡村振兴战略全面推进，民生福祉达到新水平。

——社会治理效能明显提升。社会主义民主法治更加健全，社会公平正义进一步彰显，政府作用更好发挥，行政效率和公信力显著提升，社会治理特别是基层治理水平明显提高，防范化解重大风险能力、突发公共事件应急能力和自然灾害防御能力不断增强，发展安全保障更加有力，双拥创建水平全面巩固提升，民族团结进步事业开创新局面。

“十四五”时期，重点抓好9个方面工作：一是聚力“强首府”，厚植现代化经济体系新根基。加快打造国内国际双循环战略链接核心城市，持续提升“南宁渠道”功能，发展更高层次的开放型经济，建设西部陆海新通道重要节点城市，引领北部湾城市群和粤港澳大湾区融合发展。二是聚焦“高质量”，构建现代产业体系。着力提升工业高质量发展水平，推动服务业创新发展，做优做强现代特色农业，持续做强“数字引擎”，加快建设创新型城市。三是全面实施乡村振兴战略，加快推进城乡融合发展。推进巩固拓展脱贫攻坚成果同乡村振兴有效衔接，推动乡村产业蓬勃发展，实施乡村建设行动，深化农村改革，推进以人为核心的新型城镇化，充分激发县域经济活力。四是优化国土空间布局，高标准建设南宁都市圈。加快构建南宁都市圈，加快形成开发保护总体格局，加快建设南宁大都市区，优化县域发展空间，提升城市功能品质。五是深化体制机制改革，推动有效市场和有为政府更好结合。深化要素市场化配置改革，持续转变政府职能，深化财税体制改革等重点领域改革，加快建设信用南宁，充分激发各类市场主体活力。六是坚持治水建城为民，打造更高水平的“中国绿城”。加快推动绿色低碳发展，全面提高资源利用效率，提升生态系统质量和稳定性，创建天蓝水清岸绿景美的国际花园城市。七是提升首府文化软实力，创建国家历史文化名城。传承弘扬首府优秀传统文化，繁荣发展文化事业和文化产业，持续提升社会文明程度。八是坚持以人民为中心，不断增强人民群众获得感幸福感安全感。持续提高就业质量，提升城乡居民收入水平，建设高质量首府教育体系，全面推进健康南宁建设，织密扎牢社会保障网，促进人口长期均衡发展。九是统筹发展和安全，构建城市安全运行体系，推进首府治理现代化。

三、2021年主要工作

2021年是中国共产党成立100周年，是开启全面建设社会主义现代化国家新征程的第一年，也是全面落实强首府战略、加快打造引领全区高质量发展核心增长极的关键之年。我们将按照市委十二届十一次全体（扩大）会议的部署要求，全面落实强首府战略，实现“十四五”发展开好局起好步。

今年全市主要预期目标为：地区生产总值增长8%以上，固定资产投资增长15%，规上工业增加值增长10%，社会消费品零售总额增长12%，财政收入增长5%，居民消费价格指数涨幅控制在3%左右，城镇登记失业率控制在4.5%以内，节能减排降碳控制在自治区下达目标内，居民人均可支配收入增长与经济增长基本同步。

围绕上述目标，我们要以坐不住、等不起、慢不得的紧迫感和危机感，把发展的方向、工作的重点和主观的努力有机结合起来，保持“闯”的精神、“创”的劲头、“干”的作风，铆足干劲，扛起重任，真抓实干，心无旁骛投入到全面落实强首府战略各项工作中，起步就要提速，开局就要争先。重点是抓好以下六个方面工作。

（一）深入实施创新驱动发展战略，加快产业转型升级。

坚持把发展经济的着力点放在实体经济上，扎实开展产业振兴三年行动，推动创新支撑产业高质量发展。

坚持创新在发展全局中的核心地位。实施创新平台建设提升行动，持续推进南宁·中关村创新示范基地、南宁·中关村科技园建设，不断发挥示范引领作用和溢出效应。引进和布局新型产业技术研究机构5家，新增各类自治区级以上创新创业平台7个，在上海建立“飞地孵化器”。纵深推进大众创业万众创新。鼓励开展重大产业技术攻关，实施重大科技计划项目10项和科技成果转化项目100项。强化企业创新主体地位，支持科技领军企业建设协同创新平台，力争高新技术企业达1300家，新增瞪羚培育企业25家。发展疾病防治攻关等民生科技。优化项目申报、评审、经费管理、人才评价和激励机制。建立人才一体化服务平台，实施顶尖人才“突破计划”，引进和培育高层次科技人才和团队30人（个）。深入实施质量提升行动，造就更多“南宁工匠”。全市每万人口发明专利拥有量达13件。大力推进科创中国试点城市建设。

提质扩量做强工业。全面实施工业振兴三年行动，实施好产业基础再造工程，持续强龙头、补链条、聚集群。提升三大重点产业链现代化水平。力争三大重点产业产值占比同比提升1个百分点。电子信息产业加快培育网络通信、智能终端、新型显示等产业链，打造东盟—南宁—珠三角供应链，推动瑞声光学传动等项目竣工投产。先进装备制造业加快培育新能源汽车和工程机械装备、节能环保装备、轨道交通装备“一主三副”四条产业链，重点推进分别年产10万辆新能源汽车的合众项目投产、天际项目完成厂房建设，培育美斯达配套产业集群发展。生物医药产业发展现代中药和医疗器械，推进一力集团南宁基地等项目尽快投产。改造提升传统优势产业。推动铝、食品、木材加工等产业向高端化、精细化、绿色化发展，推动南南铝加工辊底炉首台套项目达产达效。扩能提质工业园区。三大国家级开发区力争工业总产值均增长20%以上。促进县区工业园区差异化特色化发展，形成“一区一主业”产业发展新格局。加快标准厂房建设。支持“园中园”建设。支持市属国有企业与县区合作共建园区。狠抓“5个100”工程。推进100项以上重大工业项目，实施100项以上重点技改项目，引进100项以上产业链重点招商项目，新建入规100家以上工业企业，培育100家以上“专精特新”中小企业。我们要持续攻坚，咬定青山不放松，脚踏实地加油干，全力打好工业振兴攻坚硬仗，不破楼兰誓不还！

提质升级做实服务业。推进生产性服务业向专业化和价值链高端延伸。现代金融业加大“引金入邕”力度，大力发展科技金融、供应链金融等新兴业态，力争新增上市企业1家、辅导备案企业2家，建成绿色金融综合服务平台，落实好桂惠贷政策，强化金融服务实体经济，进一步解决中小微企业融资难题。现代物流业完善拓展物流园区保税物流、跨境结算等服务功能，形成“通道+枢纽+网络”的现代物流大格局，引进品牌物流企业，培育本土物流龙头，加快推进苏宁广西智慧电商产业园等项目建设，新增3A级以上物流企业6家。大数据产业加快卫星遥感、5G、地理信息等产业发展和应用，加快布局大数据中心等新型基础设施。会展服务业积极引进和培育会展生态链重点企业和品牌展会。推进生活性服务业向高品质多样化升级。大健康产业聚焦“医、养、管、食、游、动”等子产业发展，积极创建国家全域旅游示范区、国家中医药健康旅游示范区。现代商贸业扶持准入库企业，力争新增限额以上商贸法人企业100家，加快发展“流量经济”等新零售业态，加快建设区域性国际消费中心城市。现代旅游业重点推进区域性国际旅游中心城市建设，推进国家文化和旅游消费试点，加快南宁万有等一批重大文旅项目建设，推动百里秀美邕江·园博园、昆仑关创建国家5A级景区。

加快发展新经济。培育电子商务新业态，加快中国（南宁）跨境电商综试区建设，力争跨境电子商务交易额增长25%以上。培育发展枢纽经济，加快建设南宁陆港型国家物流枢纽，依托中新南宁国际物流园、南宁国际铁路港，打造多式联运体系，实现南宁至越南集装箱班列200班次以上，高标准高质量规划建设南宁临空经济示范区，发展航空物流等临空产业。大力发展数字经济，依托中国—东盟信息港南宁核心基地，加快发展云计算、人工智能、空间信息等产业，引进一批数字经济龙头企业项目，打造数字经济产业园区，加快建设五象新区、高新区、青秀区等数字经济集聚区。

推动改革和发展深度融合高效联动。完善土地储备及开发利用管理机制，加强规划编制与土地利用统筹联动。加强财政金融联动，降低企业融资成本。深入实施国企改革三年行动，分层分类推进国有企业混合所有制改革，支持改组国有资本运营公司试点高效运转，加快改组组建国有资本投资公司。优化民营经济发展环境，落实减税降费政策。纵深推进“放管服”改革，加强数字政府建设，推动政务服务由“互联网+”向“智慧+”转变，深化“证照分离”改革，探索将建设用地规划许可证、建设工程规划许可证、建设用地批准书合并为国土空间用途管制许可证。

（二）深化以面向东盟为重点的开放合作，提升“南宁渠道”国际影响力。

深入贯彻落实习近平总书记在第17届东博会上的重要致辞精神，强化开放引领，持续畅通“南宁渠道”，以高水平开放引领高质量发展。

增强开放平台带动效应。推动东博会从服务“10+1”向服务RCEP和“一带一路”拓展。全力推进自贸试验区南宁片区制度创新和开放型经济集聚发展，争创RCEP先行先试区，持续推进片区91项改革试点任务，全年新增企业9000家以上。推进金融开放门户核心区加快建设，突出面向东盟的金融开放创新，抓好保险创新、绿色金改“双示范区”创建，推动浙商银行、财达证券等金融分支机构落地，中国—东盟金融城新增入驻金融机构（企业）80家。

全面提升对外交通能力。围绕加快打造西部陆海新通道重要节点城市，加强大能力运输通道建设。建成柳南二高、吴圩机场至隆安、沙井至吴圩等高速公路，新增高速公路140公里以上，力争开工南宁二环（六景至大塘段）、南宁至大新等4条高速公路。加快建设南宁北站，推进市郊铁路机场线前期工作，力争开工建设南宁站改扩建工程和南宁枢纽五象站。优化港口规划布局，加快建设西津二线船闸，配合完成西部陆海新通道（平陆）运河工可报告。开工机场改扩建工程，推动南宁机场军民航分离。

培育开放型经济新动能。引领带动“两湾”融合发展，加强承接大湾区产业转移合作，积极融入大湾区先进制造业体系。深度融入国内国际双循环，加快构建大湾区—广西沿海—东盟的产业链、供应链、价值链、创新链。发挥外向型企业资金池和外贸孵化基地作用，做大做强外贸实体。提升开放型园区加工贸易项目承载能力，支持南宁综保区扩大中药材进口业务。深化与广西第一批CEPA先行先试示范基地合作，助力南宁名优特产打造品牌，销往港澳及海外。力争全市外贸进出口总额增长11%。

（三）加快融入新发展格局，扩大有效投资促进消费升级。

牢牢把握扩大内需这个战略基点，充分发挥投资的关键作用和消费的基础作用，以高质量供给引领和创造新需求。

积极扩大有效投资。优化投资结构，加强产业投资特别是工业投资，完善高质量的全面落实强首府战略重大项目库，重点推进13个市级强首府标志性重大项目和400个强首府重大项目。积极谋划推进工业振兴、以“五网”为重点的基础设施建设、新型城镇化、农业农村、现代服务业和社会民生等领域项目。坚持要素跟着项目走，保持工业用地占全市出让用地35%以上。引入社会资本投资PPP项目规模100亿元以上，进一步拆除妨碍民间投资的各种藩篱，在更多领域让社会资本进得来、能发展、有作为。严格落实“四定”要求，确保全年区市层面统筹推进重大项目完成投资900亿元以上。

持续务实精准招商。坚持把招商引资作为“一把手”工程，把更多的时间和精力放在招商引资上。加强招商引资制度创新和机制创新。积极开展“三企入桂项目落实、行企助力转型升级”行动，着力提高项目“四率”，加快形成投资实物量。聚焦“三大三新”“双百双新”等重点领域，大力开展行业企业招商等市场化模式招商。抢抓用好RCEP签署等重大机遇，依托国家重大战略平台，着力引进战略性新兴产业和现代服务业，全市内外资到位资金增长10%以上。

全方位促进消费升级。推进特色商业街改造升级和商贸重点项目建设，依托中山路、“老南宁·三街两巷”、百益上河城、盛天地等打造夜间经济消费地标，高标准高品质新建综合型消费商圈。发展体验式商业，引导购物中心、大型百货向商业服务综合体转变，提升城市消费品质。提升以县城为重要载体的城乡融合消费网络节点，加快电商、快递进农村，扩大县乡消费。积极开展“33消费节”等系列促消费活动，扩大节假日消费。引导平台企业合理降低商户服务费。保障小店商铺等便民服务业有序运营。强化市场监管，畅通消费者维权机制，营造安全放心消费环境。

（四）优先发展农业农村，全面实施乡村振兴战略。

坚持把全面实施乡村振兴战略作为新时代“三农”工作的总抓手，落实好中央一号文件精神，促进农业高质高效、乡村宜居宜业、农民富裕富足，推动县域经济发展壮大。

着力推进巩固拓展脱贫攻坚成果同乡村振兴有效衔接。推动脱贫攻坚政策举措和工作体系逐步向乡村振兴平稳过渡，建立健全巩固拓展脱贫攻坚成果长效机制。严格落实“四个不摘”，按照对脱贫县从脱贫之日起设立5年过渡期的要求，过渡期内保持主要帮扶政策总体稳定。健全防止返贫动态监测和帮扶机制，对易返贫致贫人口实施常态化监测，重点监测收支状况和“两不愁三保障”巩固情况及饮水安全状况，继续精准施策，确保不发生规模性返贫。持续发展壮大脱贫地区乡村特色产业，大力实施消费帮扶。持续做好脱贫人口稳岗就业，推动粤桂乡村振兴协作，引导民营企业积极参与“万企兴万村”行动。持续开展劳务输出服务。强化易地扶贫搬迁后续扶持，完善配套基础设施和公共服务，确保搬迁群众稳得住、有就业、能致富。

提质增效做优农业。严防死守耕地红线，推进高标准农田建设，调动农民种粮积极性，全年粮食播种面积637.4万亩以上。推动特色优势农业向全产业链发展，重点整合打造水果、生猪、家禽等九大农业全产业链。加快恢复生猪产能，确保年底前恢复到常年水平。实施现代特色农业示范园区提升工程，力争打造6个以上自治区级农业现代化示范区，新增自治区级龙头企业4家以上。高标准规划打造一批农（林）产品加工集聚区，大力发展农村电商，加快补齐冷链物流短板。健全现代农业经营体系，新增农民专业合作社100家以上、家庭农场50家以上。实施现代种业提升工程。健全动植物疫病防控体系。推进农业面源污染防治，确保农产品质量安全监测合格率在97%以上。发展智慧农业，强化农业装备支撑，推进南宁国家农业科技园区建设，打造3家自治区级农业科技园区。发展新型农村集体经济。深化农村集体产权制度改革和农村土地制度改革，稳妥有序探索推进农村集体经营性建设用地入市制度。完善林权抵押贷款机制。深化供销社综合改革。开展粮食节约行动。

大力实施乡村建设行动。实施乡镇基础设施和公共服务提升工程，将农贸市场纳入城镇规划布局管理，把乡镇建成服务农民的区域中心。注重保护历史文化名镇名村、传统村落和乡村特色风貌。树立全域环境整治理念，以“三清三拆”村庄环境整治和风貌提升示范带建设为抓手，持续推进农村人居环境整治提升行动。加快农村连片集中供水工程建设和病险水库除险加固，加大五化灌区等农田水利设施建设力度。推进四好农村路高质量发展，深化农村公路管理养护体制改革，全面推行农村公路“路长制”，推动“美丽农村路”建设。强化农房建设管控，提升建设品质。倡导节俭节约，推进农村移风易俗。

（五）加强城市建设和社会治理，大力提升城市功能品质。

突出“形、实、魂”，持续治水、建城、为民，打造更高水平的生态宜居城市。

持续完善基础设施和公共服务。加快建设城区15分钟社区生活圈。推进城镇七大项地下管网项目建设。深入推进生活垃圾分类，推动双定循环经济产业园一期工程点火试运行，新增垃圾焚烧发电处理量2250吨/天。推动快递包装绿色转型。加强危险废物、医疗废物收集处理。加大整治“两违”工作力度。持续提升小区物业管理水平。建设公交都市，开通运营轨道交通5号线一期工程，推进以机场线、6号线为主要内容的轨道交通第三轮建设规划，完善轨道交通线网为骨干、各类交通无缝衔接的城市公共交通体系。优化市区与各县区之间的交通运输网络体系。提高城市道路与高速公路通达效率，按3—5公里间隔设置高速市政道路互通工程。加强交通微循环建设管理。

实施城市更新行动。优化国土空间开发保护格局，加快市级国土空间总体规划编制报批，统筹推进各城区分区规划和县级国土空间总体规划编制，稳妥推进“多规合一”实用性村庄规划编制。扎实做好老旧小区改造，加快推进火车站片区等三个站城一体化城市更新项目。改造提升城中村，持续开展城镇棚户区改造，精细化开展中心城区更新，推进兴宁、西乡塘、江南等老城区传统商圈改造升级，提升青秀、江南、良庆等城区邕江沿岸生态优势。持续高标准高质量推进五象新区建设，聚焦聚力产业发展主线，加快打造成为广西改革开放创新的重要平台和窗口、中国与东盟全面合作示范区。

巩固提升首府生态优势。统筹划定并严格落实生态保护红线、永久基本农田、城镇开发边界等控制线，建立水资源刚性约束制度，加快促进经济社会发展全面绿色转型。落实国家碳排放达峰行动方案，推进低碳试点建设。持续提升“南宁蓝”品质，深入推进扬尘污染治理，加强大气污染防治区域联防联控联治，加强细颗粒物和臭氧协同控制，确保空气质量优良率不低于95%。持续整治城市噪声污染。强化河湖长制，深入推进城市内河流域系统综合整治，提高园区工业废水处置能力，持续提升黑臭水体治理示范城市创建水平，建设韧性城市。巩固提升邕江综合整治和开发利用成果，逐步优化邕江沿岸天际线，加快打造世界级城市滨水空间。全力保障饮水安全，升级改造居民生活饮用水二次供水设施，推进第二水源建设，加快建设石埠水厂一期。严格土壤污染源头防控。落实林长制，提升园林绿化管理水平，扎实推进公园城市建设。做好中央第二轮生态环境保护督察反馈问题整改。人不负青山，青山定不负人，我们将深入贯彻落实习近平生态文明思想，守护好首府南宁绿城碧水蓝天！

推进社会治理现代化。把安全发展贯穿首府发展各领域和全过程，有效防范和化解各种风险。加快推进市域社会治理现代化试点工作。建设更高水平的平安南宁，扎实推进基层社会治理体系建设，坚持和发展新时代“枫桥经验”，健全完善多元化解矛盾纠纷机制，深入推进“五治融合”发展，拓展城乡社区治理“三社联动”的广度和深度，推广“逢四说事”和“老友议事会”协商模式；深入开展排查防范个人极端案事件风险隐患专项行动，常态化开展扫黑除恶斗争，深入打击整治电信网络诈骗、制毒贩毒吸毒等突出违法犯罪，积极创建全国社会治安防控体系建设示范城市。深化法治南宁建设，推进“八五”全民普法，完善公共法律服务体系。深化安全生产专项整治三年行动，加快创建国家安全发展示范城市。强化食品药品监管。建立全国文明城市、国家卫生城市和全国民族团结进步示范市创建工作长效机制，确保顺利通过复查复审。

（六）着力补短板强弱项，不断改善人民生活品质。以满足人民日益增长的美好生活需要为根本目的，切实解决群众关心关注关切的重点难点问题，持续增进民生福祉。

促进更加充分更高质量就业。拓宽市场化就业渠道，促进创业带动就业。实施提升就业服务质量工程，突出抓好高校毕业生、农民工、退役军人、烈军属等重点群体多渠道就业创业，帮扶残疾人、低学历低技能劳动者等就业困难群体就业，实现零就业家庭动态清零。对劳动密集型企业用工支持政策延续5年。继续实施职业技能提升行动，新增技能人才2.5万人。

发展更加公平更高质量的教育。构建德智体美劳全面培养的教育体系。强化规划引领，编制教育设施布局专项规划，支持新改扩建一批中小学校。推进学前教育普及普惠安全优质发展。深化义务教育学区制管理改革，开展集团化办学试点工作，更好解决进城务工人员随迁子女就学问题，促进义务教育优质均衡发展和城乡一体化。持续推进“县管校聘”改革试点。健全教师工资保障长效机制，改善乡村教师待遇。提升高中阶段学校教育品质，稳步推进高考综合改革。深化职业教育产教融合，加快“双高”院校建设。办好特殊教育、继续教育，支持和规范民办教育。规范校外培训。优化南宁教育园区规划建设，新增招生入学学校3所。

提升城市文化软实力。坚持以社会主义核心价值观引领文化建设，弘扬伟大抗疫精神和脱贫攻坚精神，推进公民道德建设。围绕庆祝中国共产党成立100周年，创作反映时代新气象、讴歌人民新创造的文艺精品。挖掘和保护红色历史文化资源，传承发展骆越文化，改造提升“老南宁·三街两巷”、中山路、蒲庙老街等历史文化街区，在城市建设中融入更多壮元素，加快建设壮族歌圩文化（南宁）生态保护区和市非物质文化遗产展示中心。深化南宁国际民歌艺术节、“壮族三月三·八桂嘉年华”等品牌建设，广泛开展民歌湖周周演等群众性文化活动，提升公共文化服务效能。加强互联网内容建设和管理，发展积极健康的网络文化。深化文化体制改革，壮大文化产业，扩大对外文化交流。

全面推进健康南宁建设。一刻不松抓好常态化疫情防控，加快新冠病毒疫苗大规模接种，持续抓好“外防输入、内防反弹”，坚持“人”“物”同防，全面压紧压实“四方责任”。完善公共卫生特别是重大疫情应急体系，加快建设市第四人民医院综合传染病门诊住院楼等医疗卫生补短板项目，加强疾病防控和医疗救治能力建设及应急物资储备。深化医药卫生体制改革，推进县域医共体和城市医疗集团建设。推行多元复合式医保支付方式，做好药品、医用耗材集中带量采购。推进区域医疗中心建设，优化城乡公立医疗卫生机构布局，支持优质民营医疗机构发展，完善城市15分钟、农村30分钟医疗卫生服务圈，加强全科医生和乡村医生队伍建设。传承创新发展中医药壮瑶医药。加强精神卫生和心理健康服务。严守医保基金安全红线。开展与东盟及周边国家的国际公共卫生和抗疫合作。推进医养结合深度合作，探索推进托幼体系和示范点建设。积极配合自治区筹办2023年全国学生（青年）运动会。加快创建全民运动健身模范市。

健全多层次社会保障体系。推进全民参保精准扩面，探索以社会保障卡为载体建立居民服务“一卡通”。强化基本医疗保险、大病保险、医疗救助三重保障，落实长期护理保险试点工作。完善城乡最低生活保障、特困人员救助供养、临时救助等制度，推进居住地申办低保等社会救助改革。发展普惠型养老服务和互助性养老。发展社区养老、托幼、用餐、保洁等多样化服务，让社区生活更加便利。坚持“房住不炒”，探索建立房地产市场平稳健康发展长效工作机制。坚持配建和集中建相结合，多渠道筹集保障性租赁住房房源。加快完善长租房政策，加快推进住房租赁市场发展试点，解决好新市民、青年人等住房困难群体的住房问题。持续巩固双拥模范城建设成果，落实军转干部、退役士兵、军休干部和随军随调家属安置。加强家庭、家教、家风建设，保障妇女、儿童、老年人、残疾人合法权益。

各位代表，初心如磐、使命在肩，征途漫漫、惟有奋斗。我们将坚决落实全面从严治党要求，强化政府自身建设，以严实过硬的作风狠抓工作落实。旗帜鲜明讲政治，增强“四个意识”、坚定“四个自信”、做到“两个维护”，不断提高政治判断力、政治领悟力、政治执行力。扎实开展党史学习教育，做到学党史、悟思想、办实事、开新局。严格依法行政，深化全国法治政府建设示范市建设，依法接受人大及其常委会的监督，自觉接受人民政协的民主监督，主动接受社会和舆论监督。强化审计监督。切实转变作风，持之以恒落实中央八项规定及其实施细则精神，毫不松懈纠治“四风”，持续为基层松绑减负。坚持政府过紧日子，把宝贵的财政资金用在刀刃上。强化公仆意识，提升政府系统执行力，增强驾驭经济工作的本领，以担当见成效，以实干促发展。

各位代表，过往可鉴，当下可为，未来可期。让我们更加紧密地团结在以习近平同志为核心的党中央周围，坚持以习近平新时代中国特色社会主义思想为指导，进一步解放思想、改革创新、扩大开放、担当实干，永葆初心使命，忠诚履职尽责，真抓实干、善作善成、造福于民，全面落实强首府战略，推动“十四五”发展开好局起好步，以优异成绩庆祝中国共产党成立100周年！

2020年南宁市国民经济和社会发展统计公报

南宁市统计局

2021年4月29日

2020年，面对新冠疫情的严重冲击和错综复杂的国内外宏观经济环境，全市上下在市委、市政府的坚强领导下，坚持以习近平新时代中国特色社会主义思想为指导，统筹推进疫情防控和经济社会发展，扎实做好“六稳”工作，全面落实“六保”任务，经济社会发展呈现稳步复苏、稳中向好态势。

一、综合

经济增长：初步核算，全年地区生产总值4726.34亿元，按可比价格计算，比上年增长3.7%。三次产业中，第一产业增加值534.36亿元，增长4.7%；第二产业增加值1084.32亿元，增长5.3%；第三产业增加值3107.67亿元，增长2.9%。

图1　2016年–2020年全市地区生产总值及增长速度

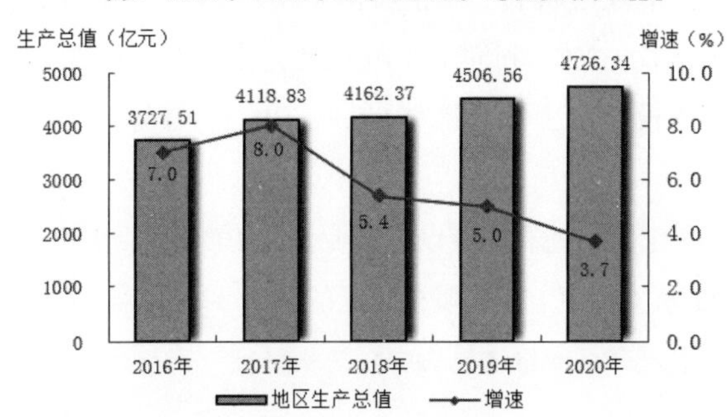

三次产业的比重为11.3：22.9：65.8。与2019年比较，第一产业比重提高0.1个百分点，第二产业比重下降0.3个百分点，第三产业比重提高0.2个百分点。

图2　2020年三次产业增加值占全市地区生产总值比重

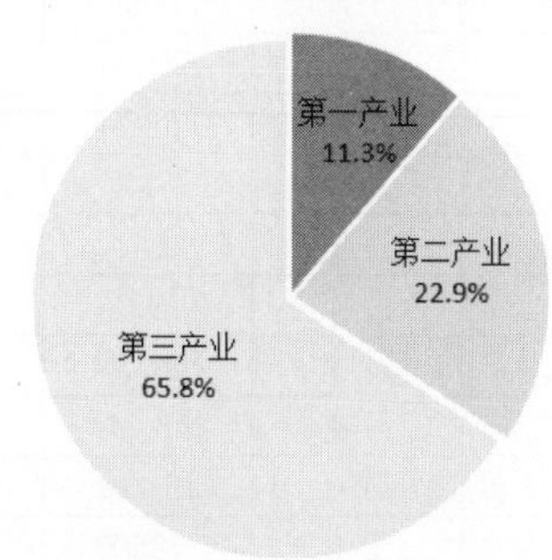

价格：全年居民消费价格比上年上涨2.3%，分类别看，八大类消费价格指数“三升一平四降”。（见表1）

表1　居民消费价格指数

指　标	2020年	比上年涨跌（%）
居民消费价格总指数	102.3	2.3
食品烟酒	109.1	9.1
衣着	98.9	–1.1
居住	98.7	–1.3
生活用品及服务	99.8	–0.2
交通和通信	95.2	–4.8
教育文化和娱乐	100.0	0.0
医疗保健	104.4	4.4
其他用品和服务	102.5	2.5

图3　2016-2020年居民消费价格涨跌幅度

二、农业

产值：全年全市实现农林牧渔及服务业总产值868.84亿元，比上年增长4.8%。其中，农业产值577.44亿元，比上年增长6.1%；林业产值46.73亿元，比上年增长16%；畜牧业产值191.36亿元，比上年下降1.2%；渔业产值28.60亿元，比上年增长1.3%；农林牧渔服务业产值24.71亿元，比上年增长5.6%。占农林牧渔及服务业产值的比重分别为：农业66.5%，比上年上升1.9个百分点；林业5.4%，比上年上升0.4个百分点；畜牧业22.0%，比上年下降2.2个百分点；渔业3.3%，比上年下降0.2个百分点；农林牧渔服务业2.8%，比上年上升0.1个百分点。

图4　2019年–2020年农林牧渔及服务业总产值构成（%）

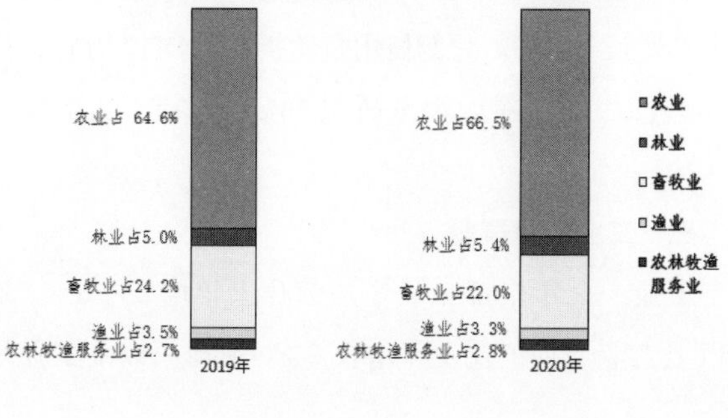

农业占64.6%　林业占5.0%　畜牧业占24.2%　渔业占3.5%　农林牧渔服务业占2.7%　2019年

农业占66.5%　林业占5.4%　畜牧业占22.0%　渔业占3.3%　农林牧渔服务业占2.8%　2020年

农业　林业　畜牧业　渔业　农林牧渔服务业

农作物种植面积：全年农作物播种面积 1464.25 万亩，比上年下降 0.1%。其中，粮食种植面积 636.66 万亩，比上年上升 1.2%。经济作物种植面积 827.59 万亩，比上年下降 1.1%，其中，甘蔗种植面积 195.53 万亩，比上年下降 6.2%；油料种植面积 75.61 万亩，比上年下降 0.9%；蔬菜种植面积 409.55 万亩，比上年增长 2.2%。各类经济作物种植面积占农作物总播种面积的比重为 56.5%，全年粮食作物和各类经济作物的种植面积比例为 1 ∶ 1.3。

农作物产品产量：全年粮食总产量 209.28 万吨，比上年增长 1.9%；蔬菜产量 657.02 万吨，比上年增长 3.6%；水果产量 401.22 万吨，比上年增长 19.1%；甘蔗产量 1091.94 万吨，比上年下降 7.6%；花生产量 15.14 万吨，比上年下降 1.9%；木薯产量 21.24 万吨，比上年下降 3.3%。

图5 2016年-2020年全市粮食总产量及增长速度

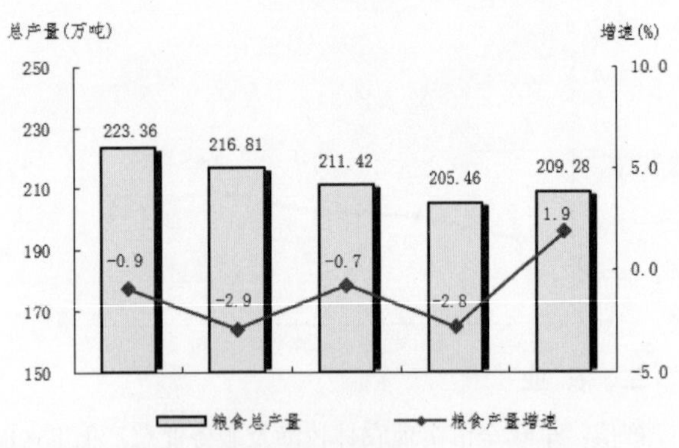

养殖业产品产量：全年肉类产量 57.02 万吨，比上年下降 1.1%，其中，猪肉产量 24.22 万吨，比上年下降 10.5%；全年生猪出栏 319.48 万头，比上年下降 9.3%；生猪存栏 229.03 万头，比上年增长 18.7%；禽蛋产量 2.80 万吨，比上年增长 8.1%；牛奶产量 1.46 万吨，比上年增长 15.4%；水产品产量 22.49 万吨，比上年增长 2.2%。

林业生产：全社会木材采伐量 629.73 万立方米，比上年增长 16.5 %。

农村基础设施：全年农村用电量 18.48 亿千瓦时，比上年增长 30.9%。化肥使用量（折纯）47.17 万吨，比上年增长 2.2%。有效灌溉面积 334.81 万亩，比上年增长 3.3%。

三、工业和建筑业

工业：全年全部工业增加值比上年增长 2.6%。规模以上工业增加值比上年增长 3%。在规模以上工业增加值中，分经济类型看，国有企业比上年下降 23.5%，集体企业比上年增长 6.1%，股份制企业比上年增长 10.3%，外商及港澳台投资企业比上年下降 6.1%；分轻重工业看，轻工业比上年下降 5.4%，重工业比上年增长 10.0%，重工业增速快于轻工业 15.4 个百分点。

图6 2016年—2020年全市规模以上工业增加值增长速度

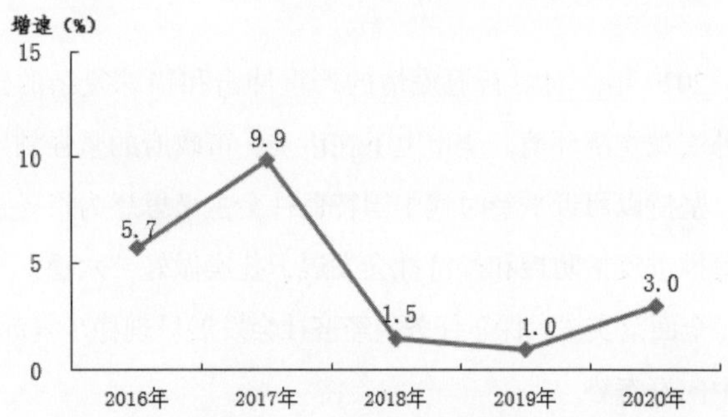

全年全市规模以上工业中，烟草制品业增加值比上年增长 3.4%；计算机、通信和其他电子设备制造业增加值比上年增长 24.4%；非金属矿物制品业增加值比上年增长 2%；农副食品加工业增加值比上年下降 11.4%；电力、热力生产和供应业产值比上年增长 3.2%；木材加工和木、竹、藤、棕、草制品业增加值比上年增长 5.5%。

全市规模以上工业企业营业收入 2418.68 亿元，比上年增长 1.2%；利润 123.19 亿元，比上年增长 3.5%。全年规模以上工业产销率 97.3%，比上年回落 0.8 个百分点。

年末全市拥有规模以上工业企业 1096 家，比上年增加 52 家。其中工业产值超亿元的企业 392 家。

主要产品产量（见表 2）。

表 2 2020年主要工业产品产量及增长速度

产品名称	单 位	产 量	比上年增长（%）
配混合饲料	万吨	474.64	7.4
成品糖	万吨	96.44	–24.8
饮料	万吨	182.57	5.6
啤酒	千升	279240	–5.0
卷烟	亿支	353.40	0.9
人造板	万立方米	658.74	4.7
纸浆	万吨	19.03	–38.3
机制纸及纸板	万吨	22.74	–34.1
硅酸盐水泥熟料	万吨	959.06	0.4
水泥	万吨	1662.74	5.4
铝材	万吨	28.34	32.8
钢材	万吨	131.20	98.0
电力电缆	千米	312603	–0.1
乳制品	万吨	10.19	14.2
合成复合肥	万吨	80.07	25.5
塑料制品料	万吨	24.59	–0.8

建筑业：年末，全市具有资质等级的建筑企业497个，比上年增加48个。全年建筑业增加值比上年增长8.8%。全市建筑施工企业（资质企业）完成施工产值2237.4亿元，比上年增长15.4%。

四、固定资产投资

2020年，全市固定资产投资比上年下降2.5%。其中，第一产业投资比上年增长27%；第二产业投资比上年增长14.6%，其中工业投资比上年增长8.1%；第三产业投资比上年下降5.1%。民间投资比上年下降13.5%。

分投资主体看，国有经济投资比上年同比增长9.3%，集体经济投资比上年下降30%，私营个体投资比上年下降7.2%，港澳台商投资比上年增长23.7%，外商投资比上年增长35.6%，其他经济投资比上年下降44.5%。

图7 2016年-2020年固定资产投资增长速度

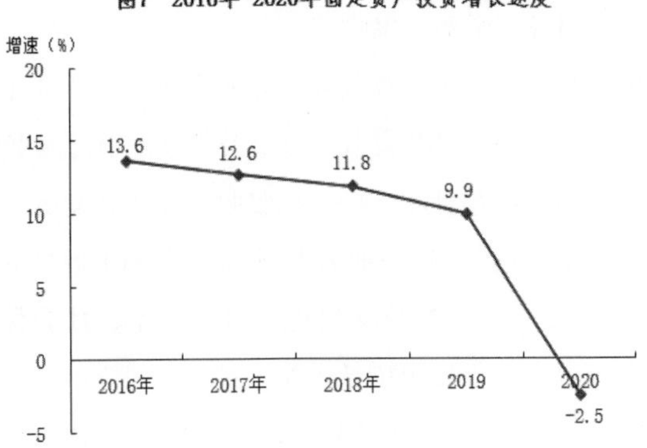

表3 2020年分行业固定资产投资增长速度

行 业	比上年增长（%）
固定资产投资	–2.5
农、林、牧、渔业	19.2
采矿业	–57.6
制造业	8.0
电力、燃气及水的生产和供应业	16.2
建筑业	971.9
批发和零售业	–20.1
交通运输、仓储和邮政业	10.2
住宿和餐饮业	1.8
信息传输、软件和信息技术服务业	62.2
金融业	6.0
房地产业	–7.3
租赁和商务服务业	28.1
科学研究和技术服务业	–13.5
水利、环境和公共设施管理业	–19.1
居民服务、修理和其他服务业	15.3
教育	3.9
卫生和社会工作	26.2
文化、体育和娱乐业	–47.4
公共管理、社会保障和社会组织	–57.0

全年全市房地产开发投资1378.2亿元，比上年下降5.7%。其中，商品住宅投资988.63亿元，比上年下降4.4%；办公楼投资50.33亿元，比上年下降39.2%；商业营业用房投资95.76亿元，比上年下降17%。商品房施工面积10712.49万平方米，比上年增长10.4%；商品房竣工面积799.91万平方米，比上年增长12.5%；商品房销售面积1837.59万平方米，比上年增长1.8%；商品房销售额1581.21亿元，比上年增长4.2%。（见表4）

表4 2020年房地产开发和销售主要指标及增长速度

指 标	单位	绝对数	比上年增长(%)
房地产开发投资	亿元	1378.20	–5.7
其中：住宅	亿元	988.63	–4.4
商品房施工面积	万平方米	10712.49	10.4
其中：住宅	万平方米	6919.21	9.6
商品房新开工面积	万平方米	2079.58	–3.6
其中：住宅	万平方米	1343.00	–12.4
商品房竣工面积	万平方米	799.91	12.5
其中：住宅	万平方米	500.85	7.3
商品房销售面积	万平方米	1837.59	1.8
其中：住宅	万平方米	1486.19	–4.1
商品房销售额	亿元	1581.21	4.2
其中：住宅	亿元	1367.28	2.9
本年实际到位资金小计	亿元	2070.60	3.1
其中：国内贷款	亿元	393.40	8.4
自筹资金	亿元	458.97	13.9
定金及预付款	亿元	770.29	0.1
个人按揭贷款	亿元	363.50	–2.6

五、交通和邮电通信业

交通运输：全年货物运输总量36769.07万吨，比上年增长1.1%，其中，铁路货物运输量178.87万吨，比上年下降15.1%；公路货物运输量32500万吨，比上年增长1.8%；水路货物运输量4079.5万吨，比上年下降3.4%；航空货邮发送量10.7万吨，比上年下降12.3%。旅客运输总量6892.74万人，比上年下降27.6%，其中，铁路旅客运输量2440.38万人，比上年下降34.6%；公路旅客运输量3902万人，比上年下降21.5%；水路旅客运输量7.96万人，比上年下降11.5%；民航旅客发送量542.4万人，比上年下降32.8%。

邮电通信：全年邮电业务总量877.42亿元，比上年增长12.3%，其中电信业务总量863.63亿元，比上年增长12.4%；邮政业务总量13.79亿元，比上年增长5%。

六、国内贸易

全年全市社会消费品零售总额2180.36亿元，比上年下降6.3%。按经营单位所在地统计，城镇消费品零售额1982.96亿元，比上年下降6.4%；乡村消费品零售额197.4亿元，比上年下降5.6%。按消费形态统计，商品零售额1992.19亿元，比上年下降6%；餐饮收入188.17亿元，比上年下降10%。

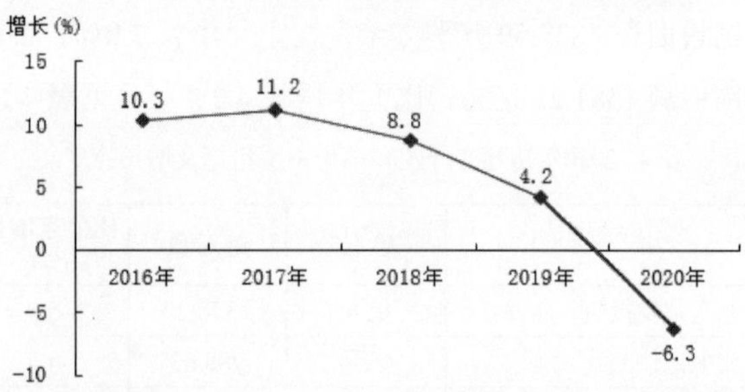

图8 2016年-2020年社会消费品零售总额增长速度

在限额以上企业商品零售额中，汽车类零售额比上年下降4.9%，家用电器和音像器材类比上年下降15.7%，通讯器材类比上年增长4.8%，体育娱乐用品类比上年下降9.2%，文化办公用品类比上年下降10.8%，家具类比上年下降26%，建筑及装潢材料类比上年增长5%，日用品类比上年下降7%，粮油、食品类比上年增长15.9%，饮料类比上年增长14.1%，烟酒类比上年增长10.1%，服装、鞋帽、针纺织品类比上年下降22%，化妆品类比上年下降12.8%，金银珠宝类比上年下降42.5%，中西药品类比上年增长6.9%。

七、对外开放和旅游业

对外贸易：全年外贸进出口总值986亿元，比上年增长31.8%。其中，出口总值470.82亿元，比上年增长29.2%；进口总值515.19亿元，比上年增长34.2%。

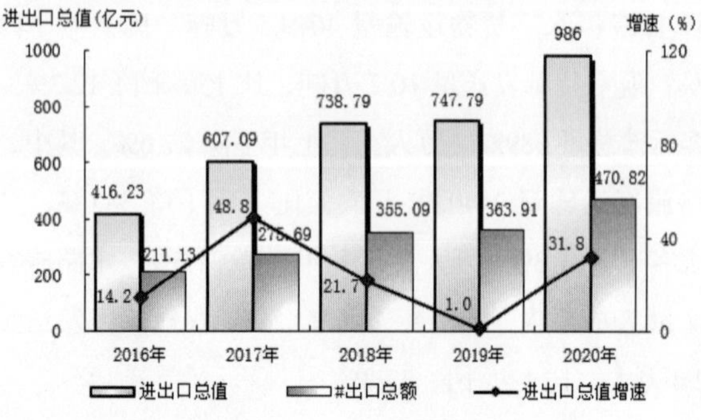

图9 2016年-2020年全市进出口总值及增长速度

招商引资：2020年实际到位资金1162.81亿元，比上年增长13.3%。全年实际利用外资4.4亿美元，比上年增长41.9%。

开发区：南宁高新技术产业开发区、南宁经济技术开发区和广西－东盟经济技术开发区年末累计入园企业37120家，比上年末增加8409家；财政收入102.14亿元，比上年下降3.4%；规模以上工业总产值比上年增长13.8%；固定资产投资比上年增长13%。

旅游：全年共接待国内游客11584.60万人次，比上年下降23.8%；接待入境过夜游客4.28万人次，比上年下降93.8%。其中，外国游客2.82万人次，比上年下降93.3%；香港游客0.52万人次，比上年下降95.1%；澳门游客0.41万人次，比上年下降94.1%；台湾同胞0.52万人次，比上年下降94.3%。国内旅游消费1215.49亿元，比上年下降28.5%。国际旅游（外汇）消费0.14亿美元，比上年下降96.4%。年末全市实有星级宾馆50家。拥有4A级旅游景区37家，5A级旅游景区1家。拥有旅行社158家，其中出境旅行社39家。

八、财政、金融和保险

财政收入：全年财政收入796.09亿元，比上年下降0.6%。其中一般公共预算收入372.25亿元，比上年增长0.4%。一般公共预算收入中，税收收入263.61亿元，比上年下降2.8%。全年一般公共预算支出819.86亿元，比上年增长3.9%。财政支出中，科学技术、社会保障和就业、卫生健康支出增长较快，其中，科学技术支出13.22亿元，比上年增长23.9%；社会保障和就业支出104.43亿元，比上年增长12.9%；卫生健康支出85.88亿元，比上年增长11.6%。

金融：年末全市金融机构人民币各项存款余额11498.25亿元，比上年增长7.3%。其中，住户存款余额4415.35亿元，比上年增长11.5%。金融机构人民币贷款余额15868.84亿元，比上年增长13.6%。

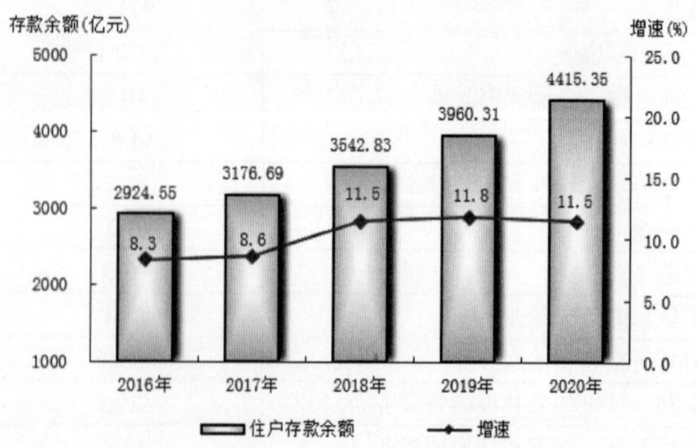

图10 2016年-2020年住户存款余额及增长速度

保险：全年保费收入246.44亿元，比上年增长16.5%。其中，财产险保费收入106.77亿元，比上年增长16.7%；寿险、健康险和意外伤害险保费收入139.67

亿元，比上年增长 16.4%。全年各项保险赔款及给付 81.07 亿元，其中，财产险业务赔款及给付 61.33 亿元；寿险、健康险和意外伤害险赔款及给付 20.5 亿元。

九、人口和人民生活

人口：年末全市户籍人口 791.38 万人，比上年增加 9.4 万人，增长 1.2%，其中市区人口 409.32 万人，比上年增加 11.54 万人，增长 2.9%。全市人口出生率 11.6‰，比上年提高 1.1 个千分点；人口死亡率 5.4‰，比上年提高 0.3 个千分点；人口自然增长率 6.1‰，比上年提高 0.7 个千分点。

城乡居民生活：全年全市居民人均可支配收入 30114 元，比上年增加 1185 元，增长 4.1%。按常住地分，城镇居民人均可支配收入 38542 元，比上年增加 867 元，增长 2.3%；农村居民人均可支配收入 16130 元，比上年增加 1083 元，增长 7.2%。

图11　2016年-2020年城镇居民人均可支配收入及增长速度

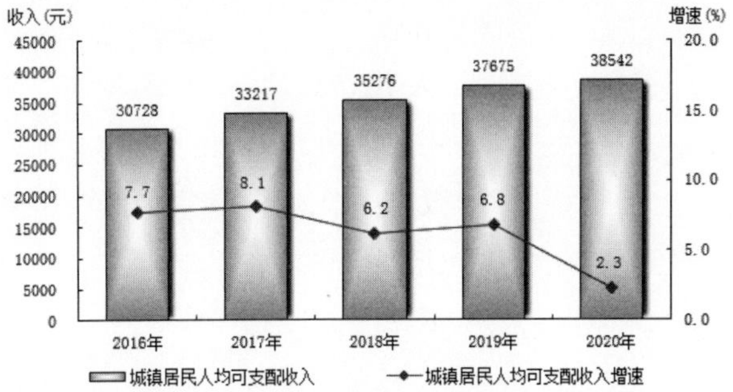

图12　2016年-2020年农村居民人均可支配收入及增长速度

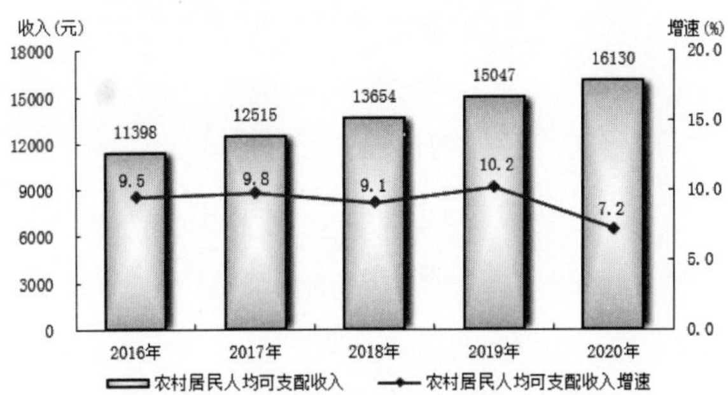

注：

1. 本公报中数据均为初步统计数。

2. 地区生产总值、三次产业增加值、工业增加值、农业产值增速按可比价格计算；工业总产值增速按现行价格计算。

3. 规模以上工业企业是指年主营业务收入 2000 万元及以上的全部法人工业企业；限额以上批发零售企业是指年主营业务收入 2000 万元及以上批发企业和年主营业务收入 500 万元及以上零售企业。

4. 部分数据因四舍五入的原因，存在着总项与分项合计不等的情况。

5. 资料来源：本公报中户籍总人口数据来自南宁市公安局；财政数据来自南宁市财政局；物价、居民收入数据来自国家统计局南宁调查队；进出口数据来自南宁海关；招商引资数据来自南宁市投资促进局；金融数据来自中国人民银行南宁中心支行；保险数据来自中国银行保险监督委员会广西监管局；旅游数据来自南宁市文化广电和旅游局；旅客、货物运输量数据来自南宁市交通运输局、南宁铁路局、广西沿海铁路公司和广西机场管理集团有限责任公司南宁吴圩国际机场；邮政业务数据来自广西邮政公司南宁市分公司、广西邮政速递物流有限公司南宁分公司；电信业务数据来自中国移动广西有限公司南宁分公司、中国联合网络通信有限公司南宁分公司、铁通公司南宁分公司和中国电信股份有限公司南宁分公司；人口出生率、人口死亡率、人口自然增长率数据来自南宁市卫生健康委员会；开发区数据来自南宁高新技术产业开发区、南宁经济技术开发区和广西-东盟经济技术开发区；其他数据均来自南宁市统计局。

第二部分　统计资料

PART Ⅱ　STATISTICAL DATA

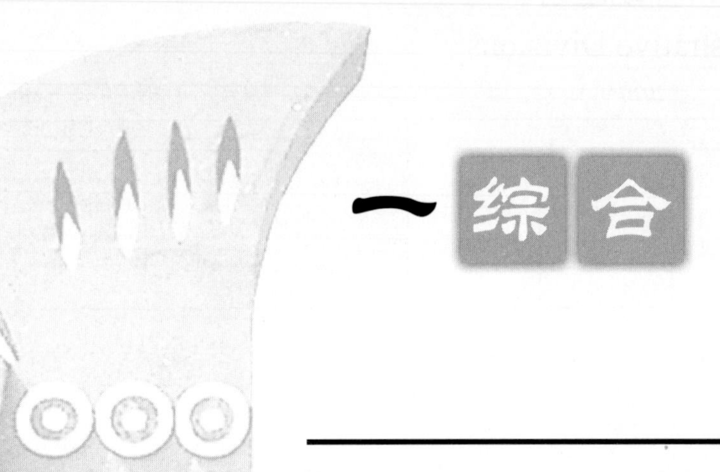

一 综合

CHAPTER 1 GENERAL SURVEY

1-1 行政区划

Administrative Divisions

（2020 年）

单位：个 (unit)

县（区） County(District)	乡镇、街道办事处 Township、Town and Urban Sub-district Office	乡 Township	镇 Town	办事处 Urban Subdistrict Office	村民、居民委员会 Village and Neighbourhood Committees	村委会 Village Committees	社区居委会 Neighbourhood Committees
全市 Nanning	**127**	**13**	**89**	**25**	**1820**	**1386**	**434**
市区 Urban District	62		37	25	853	551	302
兴宁区 Xingning District	6		3	3	75	37	38
青秀区 Qingxiu District	9		4	5	118	47	71
江南区 Jiangnan District	9		4	5	116	68	48
西乡塘区 Xixiangtang District	13		3	10	153	79	74
良庆区 Liangqing District	7		5	2	85	57	28
邕宁区 Yongning District	5		5		81	65	16
武鸣区 Wuming District	13		13		225	198	27
隆安县 Long'an County	10	4	6		132	118	14
马山县 Mashan County	11	4	7		156	134	22
上林县 Shanglin County	11	4	7		134	115	19
宾阳县 Binyang County	16		16		237	192	45
横州市 Hengzhou County	17	1	16		308	276	32

注：江南区含经济技术开发区，西乡塘区含高新技术开发区，武鸣区含广西—东盟经济开发区。

1-2 乡（镇）、街道办事处一览表

List Of Counties (Towns) And Subdistrict Offices

（2020 年）

县（区） County(District)	乡（镇）、街道办事处	Township(Town)、Urban Subdistrict Office
隆安县 Long'an County	城厢镇、南圩镇、乔建镇、那桐镇、丁当镇、雁江镇、布泉乡、都结乡、屏山乡、古潭乡	Chengxiang、Nanxu、Qiaojian、Natong、Dingdang、Yanjiang、Buquan、Dujie、Pingshan、Gutan
马山县 Mashan County	白山镇、百龙滩镇、古零镇、金钗镇、永州镇、林圩镇、周鹿镇、乔利乡、加方乡、古寨瑶族乡、里当瑶族乡	Baishan、Bailongtan、Guling、Jinchai、Yongzhou、Linxu、Zhoulu、Qiaoli、Jiafang、Guzhaiyaozu、Lidangyaozu
上林县 Shanglin County	大丰镇、明亮镇、巷贤镇、白圩镇、三里镇、乔贤镇、西燕镇、澄泰乡、木山乡、塘红乡、镇圩瑶族乡	Dafeng、Mingliang、Xiangxian、Baixu、Sanli、Qiaoxian、Xiyan、Chengtai、Mushan、Tanghong、Zhenxuyaozu
宾阳县 Binyang County	思陇镇、新桥镇、宾州镇、新圩镇、大桥镇、邹圩镇、王灵镇、黎塘镇、和吉镇、洋桥镇、武陵镇、中华镇、古辣镇、露圩镇、甘棠镇、陈平镇	Silong、Xinqiao、binzhou、Xinxu、Daqiao、Zouxu、Wangling、Litang、Heji、Yangqiao、Wuling、Zhonghua、Gula、Luxu、Gantang、Chenping
横州市 Hengzhou County	横州镇、百合镇、那阳镇、南乡镇、新福镇、莲塘镇、平马镇、峦城镇、六景镇、石塘镇、陶圩镇、校椅镇、云表镇、马岭镇、马山镇、平朗镇、镇龙乡	Hengzhou、Baihe、Nayang、Nanxiang、Xinfu、Liantang、Pingma、Luancheng、Liujing、Shitang、Taoxu、Xiaoyi、Yunbiao、Maling、Mashan、Pinglang、Zhenlong
兴宁区 Xingning District	三塘镇、五塘镇、昆仑镇、朝阳街道办事处、民生街道办事处、兴东街道办事处	Santang、Wutang、Kunlun、Chaoyang、Minsheng、Xingdong
青秀区 Qingxiu District	新竹街道办事处、中山街道办事处、建政街道办事处、南湖街道办事处、津头街道办事处、刘圩镇、伶俐镇、南阳镇、长塘镇	Xinzhu、Zhongshan、Jianzheng、Nanhu、Jintou、Liuxu、Lingli、Nanyang、Changtang
江南区 Jiangnan District	金凯街道办事处、福建园街道办事处、江南街道办事处、沙井街道办事处、那洪街道办事处、苏圩镇、延安镇、江西镇、吴圩镇	Jinkai、Fujianyuan、Jiangnan、Shajing、nahong、Suxu、Yan'an、Jiangxi、wuxu
西乡塘区 Xixiangtang District	衡阳街道办事处、北湖街道办事处、西乡塘街道办事处、安吉街道办事处、华强街道办事处、新阳街道办事处、上尧街道办事处、石埠街道办事处、安宁街道办事处、心圩街道办事处、金陵镇、双定镇、坛洛镇	Hengyang、Beihu、Xixiangtang、Anji、Huaqiang、Xinyang、Shangrao、Shibu、Anning、Xinxu、Jinling、Shuangding、Tanluo
良庆区 Liangqing District	大沙田街道办事处、玉洞街道办事处、良庆镇、那马镇、大塘镇、那陈镇、南晓镇	Dashatian、yudong、Liangqing、Nama、Datang、Nachen、Nanxiao
邕宁区 Yongning District	蒲庙镇、那楼镇、新江镇、百济镇、中和镇	Pumiao、Nalou、Xinjiang、Baiji、Zhonghe
武鸣区 Wuming District	城厢镇、锣圩镇、陆斡镇、双桥镇、宁武镇、太平镇、罗波镇、灵马镇、仙湖镇、府城镇、两江镇、马头镇、甘圩镇	Chengxiang、Luoxu、Luwo、Shuangqiao、Ningwu、taiping、Luobo、Lingma、Xianhu、Fucheng、Liangjiang、Matou、Ganxu

注：江南区含经济技术区的那洪街道办事处、金凯街道办事处、吴圩镇；西乡塘区含高新技术开发区的安宁街道办、心圩街道办事处。

1-3 南宁市国民经济主要指标占全区比重

Main Indicators Of Nanning's National Economy As Percentage In Guangxi

（2020 年）

指标名称 Item	单位 Unit	南宁市 Nanning	广西 Guangxi	南宁市占广西的比重(%) Nanning As Percentage In Guangxi
年末总人口 Population at Year-end	万人 (10000 persons)	791.38	5718	13.84
生产总值 Gross Domestic Product	亿元 (100 million yuan)	4726.34	22156.69	21.33
第一产业 Primary Industry	亿元 (100 million yuan)	534.36	3555.82	15.03
第二产业 Secondary Industry	亿元 (100 million yuan)	1084.32	7108.49	15.25
#工业 Industry	亿元 (100 million yuan)	583.81	5221.24	11.18
第三产业 Tertiary Industry	亿元 (100 million yuan)	3107.67	11492.38	27.04
固定资产投资 Investment in Fixed Assets	亿元 (100 million yuan)			
#第一产业投资 Primary industry investment	亿元 (100 million yuan)			
第二产业投资 Second industry investment	亿元 (100 million yuan)			
第三产业投资 Third industry investment	亿元 (100 million yuan)			
#项目投资 Project Investment	亿元 (100 million yuan)			
房地产开发投资 Real Estate Development	亿元 (100 million yuan)			
社会消费品零售总额 Total Retail Sales of Consumer Goods	亿元 (100 million yuan)	2180.36	7831.01	27.84
海关进出口总额 Total Value of Exports and Imports	亿元 (100 million yuan)	986.00	4861.34	20.28
#出口总额 Exports	亿元 (100 million yuan)	470.82	2708.21	17.38
财政收入 Financial Revenue	亿元 (100 million yuan)	796.09	2800.61	28.43
#一般公共预算收入 Public Budget Income	亿元 (100 million yuan)	372.25	1716.94	21.68
一般公共预算支出 Public Budget Expenditure	亿元 (100 million yuan)	822.79	6155.42	13.37
金融机构存款余额 Urban & Rural Savings Deposits	亿元 (100 million yuan)	11498.25	34515.57	33.31
金融机构贷款余额 Total Wages Bill of Staff & Workers on the Job	亿元 (100 million yuan)	15868.84	34738.99	45.68

1-4 全市各时期主要经济指标平均增长率

Average Growth Rate Of Main Economic Indicators In Each Period

单位：%

时 期 Period	生产总值 Gross Domestic Product	第一产业 Primary Industry	第二产业 Secondary Industry	第三产业 Tertiary Industry	全社会固定资产投资 Total Investment in Fixed Assets	地方财政收入 Local Government Revenue	地方财政支出 Local Government Expenditure	社会消费品零售总额 Total Retail Sales of Consumer Goods
"一五" 时期 (1953-1957) "First Five-Year Plan" Period	9.5	4.4	29.5	16.5	42.2	24.9	14.9	12.5
"二五" 时期 (1958-1962) "Second Five-Year Plan" Period	5.3	-1.3	8.8	10.0	5.4	-2.3	2.5	7.1
调整时期 (1963-1965)1963-1965 Period of Adjustment	10.8	11.4	22.7	4.7	28.1	7.5	11.2	3.9
"三五" 时期 (1966-1970) "Third Five-Year Plan" Period	6.9	7.6	13.1	3.1	-7.6	9.6	4.2	2.8
"四五" 时期 (1971-1975) "Fourth Five-Year Plan" Period	9.0	9.2	11.2	5.9	13.6	14.6	9.0	8.4
"五五" 时期 (1976-1980) "Fifth Five-Year Plan" Period	8.0	3.2	13.9	8.2	12.9	7.3	13.2	11.9
"六五" 时期 (1981-1985) "Sixth Five-Year Plan" Period	8.6	6.9	9.1	11.5	20.3	9.0	18.2	16.8
"七五" 时期 (1986-1990) "Seventh Five-Year Plan" Period	9.4	3.5	10.4	15.9	11.6	14.3	20.2	16.3
"八五" 时期 (1991-1995) "Eighth Five-Year Plan" Period	14.6	8.5	16.6	18.0	51.7	8.3	16.1	25.0
"九五" 时期 (1996-2000) "Ninth Five-Year Plan" Period	10.5	7.2	8.4	14.4	9.7	12.9	15.1	14.3
"十五" 时期 (2001-2005) "Tenth Five-Year Plan" Period	11.5	5.5	14.2	12.3	26.2	23.7	20.4	12.2
"十一五" 时期 (2006-2010) "Eleventh Five-Year Plan" Period	15.6	6.5	19.2	15.9	32.5	24.6	28.9	19.0
"十二五" 时期 (2011-2015) "Twelve Five-Year Plan" Period	10.6	4.8	14.2	9.2	24.4	13.7	19.2	14.4
"十三五" 时期 (2016-2020) "Thirteen Five-Year Plan" Period	5.7	4.9	2.4	7.2	8.9	6.8	9.3	5.4

注：2016 年起，全社会固定资产投资统计口径改为固定资产投资。

1-5 全市历年主要指标

Main Indicators Of Nanning City Over The Years

年份 Year	年末户籍人口(万人) Population at Year-end (10000 persons)	生产总值(万元) Gross DomesticProduct (10000 yuan)	第一产业 Primary Industry	第二产业 Secondary Industry	第三产业 Tertiary Industry	生产总值指数(%) Indices of Gross Domestic Product(%)	第一产业 Primary Industry	第二产业 Secondary Industry	第三产业 Tertiary Industry
1950	228.55	14272	10376	587	3309	100	100	100	100
1951	233.89	16885	12045	844	3996	113.2	110.1	147.6	119.0
1952	239.35	19369	13449	1228	4692	112.7	109.2	146.4	116.0
1953	245.81	22355	14565	2283	5507	115.3	108.1	199.9	117.8
1954	251.68	23675	14713	2557	6405	108.4	103.7	112.6	119.7
1955	254.93	25529	15113	3053	7363	108.3	102.9	118.6	118.0
1956	261.44	28189	15404	4048	8737	109.9	102.3	129.6	118.5
1957	266.89	30015	16262	4163	9590	105.6	104.9	105.2	109.0
1958	279.89	34627	15512	7887	11228	112.4	96.3	158.0	114.4
1959	286.78	43541	16522	12986	14033	127.9	106.3	170.1	128.1
1960	290.98	46193	14144	15527	16522	109.7	89.2	123.6	117.8
1961	292.75	36679	13623	8305	14751	79.9	94.2	52.7	95.3
1962	298.48	37274	14913	7279	15082	102.5	109.0	87.1	104.3
1963	309.93	39195	15925	7771	15499	104.3	106.5	102.9	103.0
1964	318.88	44568	17948	10157	16463	111.6	112.7	136.0	101.5
1965	329.84	53362	21483	13309	18570	116.8	115.2	132.0	109.6
1966	338.72	59518	23441	16911	19166	113.2	109.0	125.2	111.1
1967	345.70	59634	25458	15366	18810	101.2	108.0	92.8	102.4
1968	352.82	55120	25297	11956	17867	93.0	99.2	79.0	94.7
1969	361.74	67743	29168	20006	18569	118.4	109.7	172.4	103.6
1970	368.74	75982	33585	23099	19298	110.7	112.9	117.1	104.3
1971	380.39	82528	37749	25116	19663	107.1	108.7	107.7	104.3
1972	390.19	92412	43136	27863	21413	112.1	113.0	115.0	108.0
1973	401.91	103457	48440	31523	23494	111.5	113.9	113.6	104.8
1974	413.16	109354	49650	34988	24716	106.4	103.2	109.8	107.6
1975	423.38	117937	52955	38654	26328	107.9	107.6	110.3	104.8
1976	432.37	121775	51557	42621	27597	103.2	97.0	109.7	107.0
1977	440.08	130702	54687	46009	30006	107.9	103.5	112.7	109.8
1978	451.77	147407	61866	52192	33349	111.5	110.3	112.1	112.6
1979	460.86	166868	66443	64096	36329	112.4	100.3	127.9	110.2
1980	470.05	180111	70093	70017	40001	105.5	105.3	108.0	101.7
1981	480.27	194836	75578	72684	46574	109.0	107.0	107.5	117.4
1982	490.35	225795	96967	79171	49657	114.9	125.3	110.1	106.2
1983	497.86	241907	100133	84744	57030	106.9	103.6	108.0	113.3
1984	509.27	247810	98513	84852	64445	100.2	97.2	99.2	107.9
1985	519.06	309278	118263	108351	82664	112.7	103.4	122.1	113.1

注：本表数据均为2003年行政区划调整后大南宁范围口径的数据。

1-5 续表 1

年份 Year	年末户籍人口（万人）Population at Year-end (10000 persons)	生产总值（万元）Gross Domestic Product (10000 yuan)	第一产业 Primary Industry	第二产业 Secondary Industry	第三产业 Tertiary Industry	生产总值指数（%）Indices of Gross Domestic Product(%)	第一产业 Primary Industry	第二产业 Secondary Industry	第三产业 Tertiary Industry
1986	529.34	351522	126421	127214	97887	107.9	101.4	111.7	114.1
1987	538.79	420513	146358	156696	117459	112.6	105.2	117.6	114.2
1988	540.52	537786	178831	191331	167624	109.7	92.8	109.0	129.6
1989	547.50	620446	191616	219227	209603	107.4	107.7	102.8	114.9
1990	558.20	708788	231018	248354	229416	109.6	111.1	111.6	107.8
1991	563.74	793241	239063	274634	279544	106.3	100.6	106.9	111.6
1992	571.55	918098	277741	304726	335631	112.7	115.1	109.3	114.3
1993	579.54	1346171	344360	499312	502499	123.5	106.9	134.4	128.3
1994	587.86	1872259	491029	675122	706108	116.5	107.7	119.6	120.7
1995	594.92	2358085	615225	807943	934917	114.5	112.6	114.9	115.7
1996	601.95	2671991	690541	845891	1135559	111.4	105.9	110.4	116.5
1997	607.19	3044914	785856	922155	1336903	112.5	113.9	108.8	115.2
1998	612.20	3395532	834421	997314	1563797	111.5	108.4	110.3	114.8
1999	615.11	3569886	852645	1019933	1697308	109.4	107.4	108.1	111.7
2000	625.27	3779364	876615	1053679	1849070	107.7	100.7	104.6	113.9
2001	629.75	4181684	907401	1131645	2142638	108.8	102.2	106.4	113.2
2002	634.68	4631795	943479	1255606	2432710	110.9	107.7	112.2	111.6
2003	641.67	5217793	997023	1523485	2697285	110.9	103.7	119.3	109.4
2004	648.85	6191189	1076785	1933768	3180636	113.2	105.9	118.2	113.1
2005	659.54	7279032	1242538	2312059	3724435	113.4	108.2	115.6	114.0
2006	671.89	8801064	1443354	2973069	4384641	116.8	108.4	125.3	114.4
2007	683.51	10890730	1780002	3722713	5388015	117.4	107.3	121.1	117.9
2008	691.69	13204348	2031087	4579360	6593901	114.7	105.3	114.8	117.4
2009	697.90	15247144	2123780	5274575	7848789	115.1	105.8	117.0	116.3
2010	707.37	18002613	2444349	6518841	9039423	114.2	105.7	117.8	113.7
2011	711.49	22114358	3055458	8296138	10762762	113.5	105.7	118.3	112.2
2012	713.50	25031812	3229563	9607494	12194755	112.3	105.2	118.1	109.6
2013	724.43	28455976	3367878	11082707	14005391	110.3	104.8	114.6	108.1
2014	729.66	31483154	3546903	12515400	15420851	108.5	104.2	109.9	108.2
2015	740.23	31479150	3709659	8812264	18957227	108.6	104.1	110.5	108.0
2016	751.74	34059878	3957746	8889715	21212417	106.6	104.6	101.9	109.1
2017	756.87	38043331	4060839	9461180	24521312	108.0	104.7	102.8	110.8
2018	770.82	41623699	4320500	9953487	27349712	105.4	105.3	98.0	108.3
2019	781.97	45065576	5072701	10449719	29543157	105.0	105.3	104.4	105.2
2020	791.38	47263421	5343563	10843178	31076680	103.7	104.7	105.3	102.9

单位：万元 (10000 yuan)

年份 Year	全社会固定资产投资 Total Investment in Fixed Assets	财政收入 Financial Revenue	# 一般公共预算收入 Public Budget Income	一般公共预算支出 Public Budget Expenditure	农业总产值 Gross Output Value of Farming,Forestry,Animal,Husbandry & Fishery	工业总产值 Gross Industrial Output Value	社会消费品零售总额 Total Retail Sales of Consumer Goods
1950	388	781	774	317	14674	1223	5834
1951	458	1648	1624	545	17009	1932	7482
1952	547	1898	1850	1084	19131	2967	9021
1953	2287	2733	2680	1184	20602	4941	11127
1954	1682	3464	3454	1298	20769	5981	13165
1955	1697	3468	3416	1322	21545	7290	13434
1956	3621	4659	4617	1939	22043	9151	16912
1957	3178	5676	5618	2168	23144	9678	16248
1958	6860	5744	5645	4037	22060	18666	18312
1959	14569	7654	7604	4446	23646	30235	23701
1960	16761	6725	6616	5933	20471	36901	25139
1961	6162	4613	4561	3442	19772	19501	20949
1962	4126	5058	5006	2456	21665	17648	22843
1963	4649	5205	5140	2648	23266	18857	22905
1964	7710	5339	5263	3548	26084	23917	22851
1965	8662	6293	6212	3377	31782	32618	25626
1966	7217	7402	7286	3538	34898	44529	27943
1967	3709	6435	6310	3493	37765	40518	26755
1968	2725	5081	4839	3196	37156	31260	22728
1969	4764	7946	7858	4223	43077	53287	29638
1970	5851	9930	9819	4142	50570	63861	29429
1971	6615	12178	12023	4692	56731	65930	29591
1972	8515	14032	13628	8047	64208	75342	32041
1973	8848	16591	16175	5748	70500	86364	36544
1974	9725	19180	18711	6645	71747	96037	39891
1975	11062	19813	19405	6381	75695	106363	43954
1976	12086	19461	19270	6581	73039	117477	45133
1977	11396	21537	21273	7579	76148	127749	49347
1978	20349	23188	23184	10879	81632	136758	54365
1979	28550	24008	23992	9962	91527	144489	62380
1980	20248	27538	27538	11833	97019	157057	76941
1981	18437	28864	28864	12399	106454	168984	83388
1982	22813	31563	31563	13174	126695	182935	92740
1983	24934	32792	32757	13577	136535	198420	104626

1-5 续表 3

单位：万元 (10000 yuan)

年份 Year	全社会固定资产投资 Total Investment in Fixed Assets	财政收入 Financial Revenue	#一般公共预算收入 General Public Bugetary Revenue of Local Government Revenue	一般公共预算支出 Public Budget Expenditure	农业总产值 Gross Output Value of Farming,Forestry,Animal,Husbandry & Fishery	工业总产值 Gross Industrial Output Value	居民消费价格指数 (%)	社会消费品零售总额 Total Retail Sales of Consumer Goods
1984	28394	33915	33813	16635	143894	211645	104.4	123936
1985	51008	42633	42321	27267	172481	260770	118.3	167304
1986	67233	47723	47376	39718	184142	305786	105.2	186098
1987	78940	55007	54675	45438	215076	376240	111.1	224707
1988	108827	64246	64246	60931	272515	490246	121.6	294082
1989	84519	74593	74593	60261	286725	607592	119.4	339300
1990	88386	82478	82478	68441	361702	671708	98.0	356467
1991	103255	89637	89637	71913	379696	766803	104.1	410693
1992	147118	94542	94542	75287	444538	938925	106.7	493513
1993	288531	141425	141425	107415	563494	1337414	125.1	669925
1994	447150	193018	107076	128398	791925	1774347	124.8	828756
1995	711065	219576	122823	144050	995180	1984448	118.6	1088523
1996	825818	240141	138598	155555	1116908	2044709	103.3	1293125
1997	969255	273637	159742	178987	1242108	2159248	100.2	1464026
1998	1049861	308392	178092	202323	1317691	2332161	96.7	1618304
1999	1111761	339803	201008	245770	1342494	2311969	95.9	1724235
2000	1131659	375390	225728	290667	1377932	2417251	100.0	2124265
2001	1214061	452926	291860	348556	1407186	2608100	102.8	2313462
2002	1455615	525341	312805	452120	1455675	2911858	99.4	2567758
2003	1903567	610594	362435	524981	1519259	3341979	100.8	2884483
2004	2627634	746328	432526	621191	1798585	4040693	104.2	3191846
2005	3628975	1002186	451954	735508	2045862	4909198	101.1	3658768
2006	4472211	1203603	566191	930781	2384753	6392812	102.5	4206948
2007	5602200	1508393	701510	1180007	2944579	8302142	104.4	4988185
2008	6934353	1911682	928812	1660830	3380719	10598632	108.4	6202910
2009	10439120	2313664	1204628	2035519	3511968	11757647	98.2	7209601
2010	14830158	3008756	1560958	2612785	4032427	15011824	102.5	8684461
2011	20189453	3635192	1862928	3018491	5071561	20002301	105.7	10241898
2012	25851818	4219938	2297183	3765096	5345172	22827319	102.9	11883979
2013	24750080	4736625	2562467	4172858	5772670	26591777	102.1	13587834
2014	29338739	5265905	2748518	4657665	6094853	29550538	101.6	15180676
2015	34184261	5724781	2970501	5267231	6386212	33238249	101.9	16733639
2016	38247267	6138706	3127921	5869793	6891485	36280744	101.4	18465449
2017	43079465	6879808	3321500	6463707	7004068	37941377	102.3	20533283
2018		7532000	3589560	6979853	7092330		102.5	22342673
2019		8006868	3709285	7891986	8037403		103.4	23277990
2020		7960879	3722520	8227910	8855069		102.3	21803598

注：1. 社会消费品零售总额 2000 年以后不含制造业零售和农业生产零售，2005—2008 年数根据二经普结果相应调整。2. 2013 年起，固定资产投资起报点从计划总投资 50 万调整为计划总投资 500 万元起报。3. 2016 年起，全社会固定资产投资统计口径改为固定资产投资。

1-6 全市历年人均主要指标

Per Capita Main Indicators Of Nanning City Over The Years

单位：元 (yuan)

年份 Year	生产总值 Gross Domestic Product	财政收入 Financial Revenue	全社会固定资产投资 Total Investment in Fixed Assets	社会消费品零售总额 Total Retail Sales of Consumer Goods	住户存款余额 Savings Deposit of Urban and Rural Househoulds	在岗职工年平均工资 Average Annual Wage of Staff and Workers	农村居民人均可支配收入 Per Capita Annual Net Income of Rural Residents
1950	62	3	2	26	…	338	54
1951	73	7	2	32	…	356	56
1952	82	8	2	38	1	427	63
1953	92	11	9	46	1	458	61
1954	95	14	7	53	2	461	62
1955	101	14	7	53	2	488	60
1956	109	18	14	66	2	527	67
1957	114	21	12	62	2	551	68
1958	127	21	25	67	4	510	62
1959	154	27	51	84	6	448	56
1960	160	23	58	87	5	435	49
1961	126	16	21	72	3	457	56
1962	126	17	14	77	2	502	58
1963	129	17	15	75	3	535	51
1964	142	17	25	73	4	549	64
1965	165	19	27	79	4	539	66
1966	178	22	22	84	5	507	68
1967	174	19	11	78	5	537	70
1968	158	15	8	65	6	518	72
1969	190	22	13	83	5	490	70
1970	208	27	16	81	6	516	68
1971	220	33	18	79	6	482	74
1972	240	36	22	83	7	499	82
1973	261	42	22	92	8	528	87
1974	268	47	24	98	9	540	80
1975	282	47	26	105	10	549	81
1976	285	45	28	105	10	519	74
1977	300	49	26	113	11	528	76
1978	331	52	46	122	13	565	88
1979	366	53	63	137	16	612	105
1980	387	59	44	165	22	730	107
1981	410	61	39	175	28	746	135
1982	465	65	47	191	34	791	158
1983	490	66	50	212	43	818	239
1984	492	67	56	246	62	963	316
1985	602	83	99	325	84	1051	367

注：1. 本表中人均城乡居民储蓄存款余额、在岗职年平均工资、农民人均纯收入 1950—1999 年为原南宁口径的数据，2000 年以后为行政区划调整后的数据。2. 自 2016 年起，农民人均纯收入统计口径更改为农村居民人均可支配收入。

1-6 续表

单位：元 (yuan)

年份 Year	生产总值 Gross Domestic Product	财政收入 Financial Revenue	全社会固定资产投资 Total Investment in Fixed Assets	社会消费品零售总额 Total Retail Sales of Consumer Goods	住户存款余额 Savings Deposit of Urban and Rural Househoulds	在岗职工年平均工资 Average Annual Wage of Staff and Workers	农村居民人均可支配收入 Per Capita Annual Net Income of Rural Residents
1986	671	91	128	355	116	1292	404
1987	787	103	148	421	153	1428	461
1988	997	119	202	545	185	1685	521
1989	1141	137	155	624	253	1784	574
1990	1282	149	160	645	354	2111	624
1991	1414	160	184	732	459	2331	683
1992	1617	167	259	869	598	2720	778
1993	2339	246	501	1164	890	3786	912
1994	3208	331	766	1420	1365	4976	1093
1995	3987	371	1202	1841	1889	5668	1326
1996	4465	401	1380	2161	2392	6009	1553
1997	5036	453	1603	2422	2665	6508	1788
1998	5569	506	1722	2654	3269	7315	1942
1999	5817	554	1812	2810	3562	8077	2079
2000	6086	605	1825	3425	4700	8185	1791
2001	6656	722	1935	3687	5287	9572	1954
2002	7327	831	2302	4062	6170	11363	2111
2003	8176	957	2983	4520	7036	13172	2231
2004	9595	1157	4072	5146	7949	15447	2467
2005	11127	1532	5547	5778	9070	17520	2680
2006	13220	1808	6718	6542	10142	20650	3033
2007	16070	2226	8266	7608	10458	24789	3462
2008	19204	2780	10085	9354	12924	29377	4001
2009	21945	3330	15025	10896	16065	32596	4385
2010	27069	4524	22298	13621	20687	37042	5538
2011	33017	5427	30143	16022	23605	40120	6471
2012	37016	6240	38229	18567	27561	43847	7498
2013	41711	6943	36278	21266	31613	48188	8503
2014	45735	7650	42620	23489	33728	54826	9489
2015	41740	8237	49186	25708	38854	63820	10409
2016	43928	8739	54451	28194	41636	68560	11398
2017	47597	9679	60609	31011	44693	75481	12515
2018	50613	10456		30744	49181	83452	13654
2019	53424	10969		31890	54255	90986	15047
2020	54669	9208		25220	51072	97079	16130

注: 1. 自2010年起人均指标按常住人口计算。2. 自2016年起，农民人均纯收入统计口径更改为农村居民人均可支配收入。3. 2016年起，全社会固定资产投资统计口径改为固定资产投资。

1-7 全市社会经济主要指标
Main Social Economic Indicators Of Nanning City

指标名称 Item	单位 Unit	2020 年	2019 年	2020 年为 2019 年% Rate of Development (%)
人口、土地面积 Population,Land Area				
年末户籍人口 Population at Year-end	人 (person)	7913770	7819667	101.2
#男性人口 Male	人 (person)	4104693	4062268	101.0
女性人口 Female	人 (person)	3809077	3757399	101.4
#城镇人口 Town population	人 (person)	3684505	3531093	104.3
乡村人口 Rural population	人 (person)	4229265	4288574	98.6
年平均人口 Annual Average Population	人 (person)	7866719	7763945	101.3
自然增长率 Natural Growth Rate of Population	‰	7.56	6.72	0.84 ▲
年末常住人口 Residents Population	万人	875.25	853.83	102.5
#城镇人口 Town population	万人	603.10	577.16	104.5
城镇化率 Urbanization Rate	%	68.91	67.60	1.31*
土地面积 Land Area	平方公里 (sq.km)	22099	22099	100.0
#建成区面积 Urban Area	平方公里 (sq.km)	411	403	101.9
生产总值(当年价) Gross Domestic Product	**万元 (10000 yuan)**	**47263421**	**45065576**	**103.7**
第一产业 Primary Industry	万元 (10000 yuan)	5343563	5072701	104.7
第二产业 Secondary Industry	万元 (10000 yuan)	10843178	10449719	105.3
工业 Industry	万元 (10000 yuan)	5838094	5834774	102.6
建筑业 Construction	万元 (10000 yuan)	5027126	4633997	108.8
第三产业 Tertiary Industry	万元 (10000 yuan)	31076680	29543156	102.9
人均生产总值（当年价） Per Capita Gross Domestic Product	元 (yuan)	54669	53424	101.1
生产总值构成 Composition of Gross Domestic Product	%	**100**	**100**	
第一产业 Primary Industry	%	11.31	11.26	0.05*
第二产业 Secondary Industry	%	22.94	23.19	–0.25*
工业 Industry	%	12.35	12.95	–0.6*
建筑业 Construction	%	10.64	10.28	0.35*
第三产业 Tertiary Industry	%	65.75	65.56	0.2*

注：1. 生产总值发展速度按可比价计算。2. “▲”为增减千分点，“*”为增减百分点。

1-7 续表 1

指标名称 Item	单位 Unit	2020 年	2019 年	2020 年为 2019 年% Rate of Development (%)
农业 Agriculture				
农林牧渔业总产值(当年价) Gross Output Value of Agriculture, Forestry, Animal Husbandry and Fishery	万元 (10000 yuan)	8855069	8037403	104.8
农业 Farming	万元 (10000 yuan)	5751429	5316254	106.2
林业 Forestry	万元 (10000 yuan)	466321	398836	115.3
牧业 Animal Husbandry	万元 (10000 yuan)	2089820	1803139	98.7
渔业 Fishery	万元 (10000 yuan)	310460	292314	105.0
服务业 Services in support of Agriculture	万元 (10000 yuan)	237039	226859	102.6
粮食总产量 Output of Grain	吨 (ton)	2092837	2054565	101.9
油料产量 Output of Oil-bearing Grops	吨 (ton)	152884	155699	98.2
蔬菜产量 Output of Vegetables	吨 (ton)	6570227	6339526	103.6
甘蔗产量 Output of Sugarcane	吨 (ton)	10919356	11818247	92.4
水果产量 Output of Fruits	吨 (ton)	4012153	3369630	119.1
肉类产量 Output of Meat	吨 (ton)	570164	588034	97.0
水产品产量 Output of Aquatic Products	吨 (ton)	224889	219959	102.2
农村用电量 Electricity Consumed in Rural Areas	万千瓦时 (10000 kwh)	184815	141207	130.9
农用化肥施用量(折纯量) Consumption of Chemical Fertilizers	吨 (ton)	471697	461576	102.2

1-7 续表 2

指标名称 Item	单位 Unit	2020 年	2019 年	2020 年为 2019 年% Rate of Development (%)
工业 Industry				
全部工业总产值增速 ALL Included Gross IndustrialOutput Value	%	0.8	4.3	-3.5*
# 规模以上工业总产值 Above Designated Size	%	1.4	4.9	-3.5*
规模以上工业企业主要指标 Main Indicators of IndustrialEnterprises above Designated Size				
企业单位数 Number of Enterprises	个 (unit)	1155	1000	115.5
# 亏损企业 Loss-making Enterprises	个 (unit)	267	217	123.0
规上工业总产值 Gross Industrial Output Value	%	1.4	4.9	-3.5*
内资企业 Domestic Funded	%			
国有企业 State-owned Enterprises	%	-0.9	8.0	-8.9*
集体企业 Collective-owned Enterprises	%	-17.1	12.9	-30*
股份合作企业 Cooperative Enterprises	%			
股份制企业 Share-holding Enterprises	%	2.9	-21.6	24.5*
外商及港澳台商投资企业 Enterprises with Funds from Foreign,Hong Kong,Macao and Taiwan	%	1.1	42.4	-41.3*
按轻重工业分 Grouped by Light & Heavy Industries	%			
轻工业 Light Industry	%	-7.8	-0.7	-7.1*
重工业 Heavy Industry	%	6.2	8.0	-1.8*
按企业规模分 Grouped by Size of Enterprises	%			
大中型企业 Large and Medium-sized Enterprises	%	-31.2	2.1	-33.3*
# 国有及国有控股大中型企业 State-owned and state-controlled Large and Medium-sized Enterprises	%	0.8	5.5	-4.7*
主营业务收入 Revenue from Principal Business	万元 (10000 yuan)	23520469	23110378	101.8
利润总额 Total Profits	万元 (10000 yuan)	1197484	1148416	104.3
亏损企业亏损额 Total Losses of Loss-making Enterprise	万元 (10000 yuan)	213865	256233	83.5

注：“*”为增减百分点。

1-7 续表 3

指标名称 Item	单位 Unit	2020 年	2019 年	2020 年为 2019 年% Rate of Development (%)
交通、邮电、电力 Transport,Postal and Telecommunication Services				
货运总量 Freight Traffic	万吨 (10000 tons)	36769	41324	89.0
客运总量 Passenger Traffic	万人 (10000 persons)	6893	9520	72.4
内河港口货物吞吐量 Volume of Freight Handled in Major Ports of Inland Rivers	万吨 (10000 tons)	845	796	106.2
邮电业务总量 (2010 年价) Business Volume of Postal and Telecommunication Services (2010 constant prices)	万元 (10000 yuan)	8774174	7813409	112.3
年末电话用户数 Number of Telephone Subscribers at Year-end	户 (subscribers)	13536276	13721305	98.7
# 移动电话用户数 Number of Mobile Telephone Subscribers at Year-end	户 (subscribers)	11231754	10835559	103.7
全年用电量 Electricity Consumption	万千瓦时 (10000 kwh)	2627133	2503122	105.0
# 工业用电量 Industry	万千瓦时 (10000 kwh)	837660	822399	101.9
城乡居民生活用电量 Residentrial Consumption	万千瓦时 (10000 kwh)	825938	793790	104.0
固定资产投资增速 Investment in Fixed Assets				
# 固定资产投资 Investment in Urban Fixed Assets	%	-2.5	9.9	-12.4*
# 项目投资 Project investment	%	1.0	-9.4	10.4*
房地产开发投资 Real Estate Development	%	-5.7	32.1	-37.8*
第一产业 Primary Industry	%	27.0	30.8	-3.8*
第二产业 Secondary Industry	%	14.6	-2.4	17*
工业 Industry	%	8.1	4.1	4*
第三产业 Tertiary Industry	%	-5.1	9.7	-14.8*
民间投资 Private investment	%	-13.5	22.0	-35.5*
非公投资 Non-Public Ownership Investment	%	-10.5	16.8	-27.3*

注：1. 年末互联网用户为宽度用户数。2. 2013 年起，固定资产投资起报点从计划总投资 50 万起报调整为计划总投资 500 万元起报，发展速度按可比口径计算。3. 房屋施工、竣工面积不含私人建房。4. “*” 为增减百分点。

1-7 续表 4

指标名称 Item	单位 Unit	2020 年	2019 年	2020 年为 2019 年% Rate of Development (%)
商业、外贸、旅游 **Domestic Trade**				
社会消费品零售总额 Total Retail Sales of Consumer Goods	万元 (10000 yuan)	21803598	23277990	93.7
批发零售贸易业商品销售总额 Sale Values of Enterprises of Wholesale and Retail rades	万元 (10000 yuan)	69801335	62153291	112.3
外贸进出口总值(海关数) Total Exports & Imports	万元 (10000 yuan)	9860038	7482151	131.8
进口总值 Exports	万元 (10000 yuan)	5151851	3838884	134.2
出口总值 Imports	万元 (10000 yuan)	4708186	3643266	129.2
外商直接投资 Direct Foreign Investments	万美元 (10000 USD)			
旅游者人数 Number of Tourists	万人次 (10000 person-times)	11585	15210	76.2
# 国际旅游人数 International Tourists	万人次 (10000 person-times)	4.28	68.99	6.2
旅游收入 Earnings from Tourism	万元 (10000 yuan)	12154900	16990200	71.5
# 国际旅游收入 International Tourism	万美元 (10000 USD)	1384	37956	3.6
财政、金融 **Finance,Banking&Insurance**				
全部财政收入 Financial Revenue	万元 (10000 yuan)	7960879	8006867	99.4
# 一般公共预算收入 Public Budget Incomee	万元 (10000 yuan)	3722520	3709285	100.4
一般公共预算支出 Public Budget Expenditure	万元 (10000 yuan)	8227910	7891986	104.3
金融机构各项存款余额 Total Deposits of Financial Institutions	万元 (10000 yuan)	114982547	107183153	107.3
# 住户存款余额 Householder Savings Deposits	万元 (10000 yuan)	44153458	39603083	111.5
金融机构各项贷款余额 Total Loans of Financial Institutions	万元 (10000 yuan)	158688371	139643528	113.6

1-7 续表 5

指标名称 Item	单位 Unit	2020 年	2019 年	2020 年为 2019 年% Rate of Development (%)
劳动工资 Employment and Wages				
年末在岗职工人数 Number of Staff & Workers on the Job at Year-end	人 (person)	783749	784033	100.0
在岗职工工资总额 Total Wages Bill of Staff & Workers on the Job	万元 (10000 yuan)	8163735	7510813	108.7
在岗职工年平均工资 Average Wage of Staff & Workers on the Job	元 / 人 (yuan/person)	97079	90986	106.7
城乡居民收入 The income of urban and rural residents				
居民年人均可支配收入 Per capita disposable income of residents	元 / 人 (yuan/person)	30114	28929	104.1
# 城镇居民年人均可支配收入 Disposable income of urban residents	元 / 人 (yuan/person)	38542	37675	102.3
农村居民年人均可支配收入 Per capita disposable income of rural residents	元 / 人 (yuan/person)	16130	15047	107.2
居民消费价格指数 Consumer Price index	%	**102.3**	**103.4**	**102.3**

1-8 市区社会经济主要指标
Main Social Economic Indicators Of Urban Districts

指标名称	单位 Unit	2020 年	2019 年	2020 年为 2019 年% Rate of Development (%)
人口、土地面积 Population,Land Area				
年末户籍人口 Population at Year-end	人 (person)	4093156	3977743	102.9
# 男性人口 Male	人 (person)	2069034	2019377	102.5
女性人口 Female	人 (person)	2024122	1958366	103.4
年平均人口 Average Annual Population	人 (person)	4035450	3924525	102.8
自然增长率 Natural Growth Rate of Population	‰	10.00	9.08	0.92 ▲
年末常住人口 Residents Population	万人	598.47	577.52	103.6
# 城镇人口 Town population	万人	494.57	471.93	104.8
城镇化率 Urbanization Rate	%	82.64	81.72	0.92*
土地面积 Land Area	平方公里 (sq.km)	9836	9836	100.0
# 建成区面积 Urban Area	平方公里 (sq.km)	327	319	102.4
生产总值（当年价） Gross Domestic Product	**万元 (10000 yuan)**	**38458522**	**36445138**	**104.4**
第一产业 Primary Industry	万元 (10000 yuan)	2913725	2841051	105.7
第二产业 Secondary Industry	万元 (10000 yuan)	8420763	7854055	108.3
工业 Industry	万元 (10000 yuan)	4150752	4012874	105.3
建筑业 Construction	万元 (10000 yuan)	4287502	3854223	111.6
第三产业 Tertiary Industry	万元 (10000 yuan)	27124034	25750032	103.0
人均生产总值（当年价） Per Capita Gross Domestic Product(current prices)	元 (yuan)	65406	64226	100.7
生产总值构成 Composition of Gross Domestic Product	**%**	**100**	**100**	
第一产业 Primary Industry	%	7.58	7.80	-0.22*
第二产业 Secondary Industry	%	21.90	21.55	0.35*
工业 Industry	%	10.79	11.01	-0.22*
建筑业 Construction	%	11.15	10.58	0.57*
第三产业 Tertiary Industry	%	70.53	70.65	-0.13*

注：1. 生产总值、农业总产值发展速度按可比价计算。2. “▲”为增减千分点，“*”为增减百分点。3. 2016 年起，市区年末常住人口含武鸣区。4. 2016 年起，建成区面积含武鸣区。

1-8 续表 1

指标名称	单位 Unit	2020 年	2019 年	2020 年为 2019 年% Rate of Development (%)
工业 **Industry**				
规模以上工业企业主要指标 **Main Indicators of Industrial Enterprises above Designated Size**				
企业单位数 Number of Enterprises	个 (unit)	819	708	115.7
# 亏损企业 Loss-making Enterprises	个 (unit)	204	170	120.0
主营业务收入 Revenue from Principal Business	万元 (10000 yuan)	19340708	18141478	106.6
利润总额 Total Profits	万元 (10000 yuan)	898379	742300	121.0
亏损企业亏损额 Total Losses of Loss-making Enterprise	万元 (10000 yuan)	152763	234783	65.1
固定资产投资增速 **Investment in Fixed Assets**				
固定资产投资额 Investment in Urban Fixed Assets	%	-3.8	7.1	-10.9*
# 项目投资 Project investment	%	-0.3	-14.8	14.5*
房地产开发投资 Real Estate Development	%	-6.2	31.0	-37.2*

注：1. 其他投资含城镇工矿区私人建房。2. 2013 年起，固定资产投资起报点从计划总投资 50 万起报调整为计划总投资 500 万元起报，发展速度按可比口径计算。3. "*" 为增减百分点。

1-8 续表 2

指标名称 Item	单位 Unit	2020 年	2019 年	2020 年为 2019 年% Rate of Development (%)
商业 Domestic				
社会消费品零售总额 Total Retail Sales of Consumer Goods	万元 (10000 yuan)	19424084	20595914	94.3
财政、金融 Finance,Banking&Insurance				
全部财政收入 Financial Revenue	万元 (10000 yuan)	7495516	7472354	100.3
# 一般公共预算收入 Public finance budget income	万元 (10000 yuan)	3449872	3376977	102.2
一般公共预算政支出 Local Government Expenditure	万元 (10000 yuan)	5823276	5659280	102.9
金融机构各项存款余额 Total Deposits of Financial Institutions	万元 (10000 yuan)	104964961	98437593	106.6
# 城乡居民储蓄存款余额 Urban & Rural Savings Deposits	万元 (10000 yuan)	36203831	32548147	111.2
金融机构各项贷款余额 Total Loans of Financial Institutions	万元 (10000 yuan)	151949407	133898647	113.5

1-9 各县（市、区）社会经济主要指标

指标名称	单位	隆安县			马山县		
		2020 年	2019 年	2020 年为 2019 年%	2020 年	2019 年	2020 年为 2019 年%
人口、土地面积 Population,Land Area							
年末户籍人口 Population at Year-end	人 (person)	421915	424471	99.4	571282	574434	99.5
男性人口 Male	人 (person)	224792	225723	99.6	301865	302845	99.7
女性人口 Female	人 (person)	197123	198748	99.2	269417	271589	99.2
年平均人口 Average Annual Population	人 (person)	423193	424474	99.7	572858	574803	99.7
年末常住人口 Residents Population	万人	32.55	32.19	101.1	38.29	38.4	99.7
# 城镇人口 Town population	万人	11.04	10.57	104.5	11.63	11.22	103.7
城镇化率 Urbanization Rate	%	33.93	32.84	1.08*	30.38	29.22	1.16*
土地面积 Land Area	平方公里 (sq.km)	2306	2306	100.0	2341	2341	100.0
生产总值（当年价） Gross Domestic Product	**万元 (10000 yuan)**	**993852**	**942651**	**103.0**	**901272**	**858363**	**103.0**
第一产业 Primary Industry	万元 (10000 yuan)	420542	382721	103.7	260896	228418	106.7
第二产业 Secondary Industry	万元 (10000 yuan)	224632	221192	105.3	199326	198671	103.7
工业 Industry	万元 (10000 yuan)	152432	149677	107.2	123741	122508	106.2
建筑业 Construction	万元 (10000 yuan)	72457	71781	101.3	76465	77963	98.5
第三产业 Tertiary Industry	万元 (10000 yuan)	348678	338738	100.5	441051	431273	100.5
人均生产总值（当年价） Per Capita Gross Domestic Product(current prices)	元 (yuan)	30703	29371	102.1	23504	22324	103.2
生产总值构成 Composition of Gross Domestic Product	**%**	**100**	**100**		**100**	**100**	
第一产业 Primary Industry	%	42.31	40.60	1.71*	28.95	26.61	2.34*
第二产业 Secondary Industry	%	22.60	23.46	–0.86*	22.12	23.15	–1.03*
工业 Industry	%	15.34	15.88	–0.54*	13.73	14.27	–0.54*
建筑业 Construction	%	7.29	7.61	–0.32*	8.48	9.08	–0.6*
第三产业 Tertiary Industry	%	35.08	35.93	–0.85*	48.94	50.24	–1.31*

注：1. 生产总值发展速度按可比价计算。2. “▲”为增减千分点，“*”为增减百分点。

指标名称 Item	单位 Unit	隆安县			马山县		
		2020 年	2019 年	2020 年为 2019 年% Rate of Development (%)	2020 年	2019 年	2020 年为 2019 年% Rate of Development (%)
农业 **Agriculture**							
农林牧渔业总产值(当年价) Gross Output Value of Agriculture,Forestry,Animal Husbandry and Fishery	万元 (10000 yuan)	687568	605477	103.6	429600	355818	106.8
农业 Farming	万元 (10000 yuan)	511743	441024	102.4	211857	196037	106.2
林业 Forestry	万元 (10000 yuan)	26687	22554	115.9	33319	32411	105.0
牧业 Animal Husbandry	万元 (10000 yuan)	111956	103617	107.2	170479	113331	109.0
渔业 Fishery	万元 (10000 yuan)	20588	21922	101.6	12729	12887	103.1
农林牧渔服务业 Services in support of Agriculture	万元 (10000 yuan)	16595	16360	99.6	1216	1152	103.7
工业 **Industry**							
规模以上工业企业主要指标 Main Indicators of Industrial Enterprises above Designated Size							
企业单位数 Number of Enterprises	个 (unit)	56	50	112.0	19	19	100.0
# 亿元工业企业 Above 100 million yuan	个 (unit)	19	17	111.8	5	5	100.0
# 亏损企业 Loss-making Enterprises	个 (unit)	11	11	100.0	7	7	100.0
规模以上工业总产值增速 Above Designated Size	%	5.8	13.7	-7.9*	8.3	23.9	-15.6*
固定资产投资增速 **Investment in Fixed Assets**							
固定资产投资 Investment in Fixed Assets	%	1.8	16.7	-14.9*	10.2	23.7	-13.5*
# 项目投资 Project Investment	%	-2.9	17.6	-20.5*	11.6	23.2	-11.6*
房地产开发投资 Real Estate Development	%	27.7	12.1	15.6*	0.1	27.2	-27.1*

注："*"为增减百分点。

1-9 续表 2

指标名称 Item	单位 Unit	隆安县			马山县		
		2020 年	2019 年	2020 年为 2019 年% Rate of Development (%)	2020 年	2019 年	2020 年为 2019 年% Rate of Development (%)
商业 Domestic							
社会消费品零售总额 Total Retail Sales of Consumer Goods	万元 (10000 yuan)	123435	170449	72.4	196468	249238	78.8
财政、金融 Finance,Banking&Insurance							
财政收入 Financial Revenue	万元 (10000 yuan)	53642	52703	101.8	36095	36736	98.3
#一般公共预算收入 Public finance budget income	万元 (10000 yuan)	29595	28892	102.4	20120	19994	100.6
一般公共预算支出 Local Government Expenditure	万元 (10000 yuan)	439988	330358	133.2	412692	398461	103.6
金融机构各项存款余额 Total Deposits of Financial Institutions	万元 (10000 yuan)	1426109	1187020	120.1	1042261	938336	111.1
#住户存款余额 Householder Savings Deposits	万元 (10000 yuan)	1056795	941139	112.3	846557	755407	112.1
金融机构各项贷款余额 Total Loans of Financial Institutions	万元 (10000 yuan)	987612	786911	125.5	757051	611400	123.8
城乡居民收入 The income of urban and rural residents							
全体居民年人均可支配收入 Per capita disposable income of all residents	元/人 (yuan/person)	18985	17818	106.5	17560	16409	107.0
#城镇居民年人均可支配收入 Disposable income of urban residents	元/人 (yuan/person)	30044	29197	102.9	29960	29031	103.2
农村居民年人均可支配收入 Per capita disposable income of rural residents	元/人 (yuan/person)	13958	12876	108.4	12851	11844	108.5

1-9 续表 3

指标名称 Unit	单位 Unit	上林县			宾阳县		
		2020 年	2019 年	2020 年为 2019 年% Rate of Development (%)	2020 年	2019 年	2020 年为 2019 年% Rate of Development (%)
人口、土地面积 Population,Land Area							
年末户籍人口 Population at Year-end	人 (person)	500987	502610	99.7	1053924	1062183	99.2
男性人口 Male	人 (person)	264583	264949	99.9	566359	568830	99.6
女性人口 Female	人 (person)	236404	237661	99.5	487565	493353	98.8
年平均人口 Average Annual Population	人 (person)	501799	502370	99.9	1058054	1061371	99.7
年末常住人口 Residents Population	万人	35.98	35.92	100.2	80.24	80.16	100.1
# 城镇人口 Town population	万人	12.26	11.93	102.7	36.32	35.42	102.5
城镇化率 Urbanization Rate	%	34.07	33.23	0.85*	45.27	44.19	1.08*
土地面积 Land Area	平方公里 (sq.km)	1871	1871	100.0	2298	2298	100.0
生产总值(当年价) Gross Domestic Product	**万元 (10000 yuan)**	**905743**	**810876**	**109.6**	**2799583**	**2719591**	**103.4**
第一产业 Primary Industry	万元 (10000 yuan)	276228	261680	103.9	609525	587936	104.3
第二产业 Secondary Industry	万元 (10000 yuan)	167348	122319	129.3	831909	803727	107.3
工业 Industry	万元 (10000 yuan)	57835	54027	96.7	547871	534662	108.0
建筑业 Construction	万元 (10000 yuan)	109832	68718	160.3	285773	270834	105.9
第三产业 Tertiary Industry	万元 (10000 yuan)	462167	426877	106.8	1358150	1327928	100.6
人均生产总值(当年价) Per Capita Gross Domestic Product(current prices)	元	25195	22593	109.4	34908	33957	103.2
生产总值构成 Composition of Gross Domestic Product	**%**	**100**	**100**		**100**	**100**	
第一产业 Primary Industry	%	30.50	32.27	-1.77*	21.77	21.62	0.15*
第二产业 Secondary Industry	%	18.48	15.08	3.39*	29.72	29.55	0.16*
工业 Industry	%	6.39	6.66	-0.28*	19.57	19.66	-0.09*
建筑业 Construction	%	12.13	8.47	3.65*	10.21	9.96	0.25*
第三产业 Tertiary Industry	%	51.03	52.64	-1.62*	48.51	48.83	-0.32*

1-9 续表 4

指标名称 Item	单位 Unit	上林县			宾阳县		
		2020 年	2019 年	2020 年为 2019 年% Rate of Development (%)	2020 年	2019 年	2020 年为 2019 年% Rate of Development (%)
农业 Agriculture							
农林牧渔业总产值（当年价） Gross Output Value of Agriculture, Forestry, Animal Husbandry and Fishery	万元 (10000 yuan)	451744	413862	104.1	993827	918406	104.0
农业 Farming	万元 (10000 yuan)	273471	243340	112.3	618865	576647	105.2
林业 Forestry	万元 (10000 yuan)	19993	18270	108.4	42393	40110	104.5
牧业 Animal Husbandry	万元 (10000 yuan)	131496	127121	87.8	273914	241747	101.9
渔业 Fishery	万元 (10000 yuan)	25181	23642	103.0	43804	45865	99.9
农林牧渔服务业 Services in support of Agriculture	万元 (10000 yuan)	1603	1489	105.7	14852	14037	103.9
工业 Industry							
规模以上工业企业主要指标 Main Indicators of Industrial Enterprises above Designated Size							
企业单位数 Number of Enterprises	个 (unit)	23	20	115.0	106	88	120.5
# 亿元工业企业 Above 100 million yuan	个 (unit)	6	6	100.0	52	47	110.6
# 亏损企业 Loss-making Enterprises	个 (unit)	7	3	233.3	17	13	130.8
规模以上工业总产值增速 Above Designated Size	%	1.1	6.2	-5.1*	13.0	20.7	-7.7*
固定资产投资增速 Investment in Fixed Assets							
固定资产投资额 Investment in Fixed Assets	%	19.4	56.3	-36.9*	1.5	16.1	-14.6*
# 项目投资 Project Investment	%	22.1	79.3	-57.2*	1.2	4.6	-3.4*
房地产开发投资 Real Estate Development	%	12.5	17.4	-4.9*	2.7	88.7	-86*

注：“*”为增减百分点。

1-9 续表 5

指标名称 Item	单位 Unit	上林县			宾阳县		
		2020 年	2019 年	2020 年为 2019 年% Rate of Development (%)	2020 年	2019 年	2020 年为 2019 年% Rate of Development (%)
商业 Domestic							
社会消费品零售总额 Total Retail Sales of Consumer Goods	万元 (10000 yuan)	231946	266768	86.9	999615	1058327	94.5
财政、金融 Finance,Banking&Insurance							
财政收入 Financial Revenue	万元 (10000 yuan)	52292	48379	108.1	155541	201265	77.3
#一般公共预算收入 Public finance budget income	万元 (10000 yuan)	29808	29976	99.4	98220	137453	71.5
一般公共预算支出 Local Government Expenditure	万元 (10000 yuan)	418180	381225	109.7	555022	559140	99.3
金融机构各项存款余额 Total Deposits of Financial Institutions	万元 (10000 yuan)	1289145	1117946	115.3	2922459	2521815	115.9
#住户存款余额 Householder Savings Deposits	万元 (10000 yuan)	1001299	877481	114.1	2921656	2000738	146.0
金融机构各项贷款余额 Total Loans of Financial Institutions	万元 (10000 yuan)	911446	772131	118.0	1985404	1707338	116.3
城乡居民收入 The income of urban and rural residents							
全体居民年人均可支配收入 Per capita disposable income of all residents	元/人 (yuan/person)	18553	17491	106.1	24945	23961	104.1
#城镇居民年人均可支配收入 Disposable income of urban residents	元/人 (yuan/person)	29241	28528	102.5	36255	35544	102.0
农村居民年人均可支配收入 Per capita disposable income of rural residents	元/人 (yuan/person)	13268	12251	108.3	16321	15470	105.5

1-9 续表 6

指标名称 Unit	单位 Unit	横州市			兴宁区		
		2020 年	2019 年	2020 年为 2019 年% Rate of Development (%)	2020 年	2019 年	2020 年为 2019 年% Rate of Development (%)
人口、土地面积 Population,Land Area							
年末户籍人口 Population at Year-end	人 (person)	1272506	1278226	99.6	378986	364748	103.9
男性人口 Male	人 (person)	678060	680544	99.6	188036	182567	103.0
女性人口 Female	人 (person)	594446	597682	99.5	190950	182181	104.8
年平均人口 Average Annual Population	人 (person)	1275366	1276404	99.9	371867	357081	104.1
年末常住人口 Residents Population	万人	89.72	89.64	100.1	61.63	59.23	104.1
# 城镇人口 Town population	万人	37.27	36.08	103.31	54.13	51.74	104.6
城镇化率 Urbanization Rate	%	41.54	40.25	1.29*	87.84	87.35	0.49*
土地面积 Land Area	平方公里 (sq.km)	3448	3448	100.0	723	723	100.0
生产总值（当年价） Gross Domestic Product	**万元 (10000 yuan)**	**3204449**	**3288958**	**94.9**	**3664392**	**3903059**	**99.4**
第一产业 Primary Industry	万元 (10000 yuan)	862647	770895	101.8	146679	134568	108.1
第二产业 Secondary Industry	万元 (10000 yuan)	999201	1249755	82.4	583946	771515	112.3
工业 Industry	万元 (10000 yuan)	805464	961026	87.0	132330	135984	101.2
建筑业 Construction	万元 (10000 yuan)	195098	290478	67.4	452099	636066	116.1
第三产业 Tertiary Industry	万元 (10000 yuan)	1342601	1268308	102.5	2933767	2996976	96.7
人均生产总值（当年价） Per Capita Gross Domestic Product(current prices)	元 (yuan)	35732	36717	94.8	60639	67294	95.4
生产总值构成 Composition of Gross Domestic Product	**%**	**100**	**100**		**100**	**100**	
第一产业 Primary Industry	%	26.92	23.44	3.48*	4.00	3.45	0.56*
第二产业 Secondary Industry	%	31.18	38.00	-6.82*	15.94	19.77	-3.83*
工业 Industry	%	25.14	29.22	-4.08*	3.61	3.48	0.13*
建筑业 Construction	%	6.09	8.83	-2.74*	12.34	16.30	-3.96*
第三产业 Tertiary Industry	%	41.90	38.56	3.34*	80.06	76.79	3.28*

指标名称 Unit	单位 Unit	横州市			兴宁区		
		2020 年	2019 年	2020 年为 2019 年% Rate of Development (%)	2020 年	2019 年	2020 年为 2019 年% Rate of Development (%)
农业 Agriculture							
农林牧渔业总产值(当年价) Gross Output Value of Agriculture, Forestry, Animal Husbandry and Fishery	万元 (10000 yuan)	1511552	1288085	102.1	255613	216744	108.0
农业 Farming	万元 (10000 yuan)	907755	823687	100.1	135885	132900	99.3
林业 Forestry	万元 (10000 yuan)	60404	54212	107.1	52881	32515	162.5
牧业 Animal Husbandry	万元 (10000 yuan)	440231	315336	104.3	41738	39132	90.8
渔业 Fishery	万元 (10000 yuan)	62698	55493	115.0	20554	8426	107.9
农林牧渔服务业 Services in support of Agriculture	万元 (10000 yuan)	40464	39357	101.0	4556	3771	118.6
工业 Industry							
规模以上工业企业主要指标 Main Indicators of Industrial Enterprises above Designated Size							
企业单位数 Number of Enterprises	个 (unit)	132	115	114.8	27	25	108.0
# 亿元工业企业 Above 100 million yuan	个 (unit)	55	62	88.7	13	11	118.2
# 亏损企业 Loss-making Enterprises	个 (unit)	21	13	161.5	1	1	100.0
规模以上工业总产值增速 Above Designated Size	%	-31.6	4.4	-36.0*	2.9	13.4	-10.5*
固定资产投资增速 Investment in Fixed Assets							
固定资产投资额 Investment in Fixed Assets	%	2.8	10.3	-7.5*	-4.0	13.3	-17.3*
# 项目投资 Project Investment	%	4.8	5.2	-0.4*	1.3	9.4	-8.1*
房地产开发投资 Real Estate Development	%	-6.2	41.6	-47.8*	-6.8	15.5	-22.3*

注："*"为增减百分点。

1-9 续表 8

指标名称 Item	单位 Unit	横州市			兴宁区		
		2020 年	2019 年	2020 年为 2019 年% Rate of Development (%)	2020 年	2019 年	2020 年为 2019 年% Rate of Development (%)
商业 Domestic							
社会消费品零售总额 Total Retail Sales of Consumer Goods	万元 (10000 yuan)	828050	937294	88.3	4867200	5191910	93.7
财政、金融 Finance,Banking&Insurance							
财政收入 Financial Revenue	万元 (10000 yuan)	167793	195430	85.9	475424	480240	99.0
#一般公共预算收入 Public finance budget income	万元 (10000 yuan)	94905	115993	81.8	101800	103456	98.4
一般公共预算支出 Local Government Expenditure	万元 (10000 yuan)	578752	563522	102.7	225246	239990	93.9
金融机构各项存款余额 Total Deposits of Financial Institutions	万元 (10000 yuan)	3337612	2980443	112.0			
#住户存款余额 Householder Savings Deposits	万元 (10000 yuan)	2797241	2480171	112.8			
金融机构各项贷款余额 Total Loans of Financial Institutions	万元 (10000 yuan)	2097451	1867100	112.3			
城乡居民收入 The income of urban and rural residents							
全体居民年人均可支配收入 Per capita disposable income of all residents	元/人 (yuan/person)	24658	23347	105.6	38592	37520	102.9
#城镇居民年人均可支配收入 Disposable income of urban residents	元/人 (yuan/person)	36684	35720	102.7	41940	41158	101.9
农村居民年人均可支配收入 Per capita disposable income of rural residents	元/人 (yuan/person)	16253	15091	107.7	17280	16256	106.3

1-9 续表 9

指标名称 Item	单位 Unit	青秀区			江南区		
		2020 年	2019 年	2020 年为 2019 年% Rate of Development (%)	2020 年	2019 年	2020 年为 2019 年% Rate of Development (%)
人口、土地面积 Population,Land Area							
年末户籍人口 Population at Year-end	人 (person)	832003	796322	104.5	579157	559590	103.5
男性人口 Male	人 (person)	408780	392369	104.2	291496	283567	102.8
女性人口 Female	人 (person)	423223	403953	104.8	287661	276023	104.2
年平均人口 Average Annual Population	人 (person)	814163	781620	104.2	569374	550864	103.4
年末常住人口 Residents Population	万人	112.58	108.25	104.0	99.11	94.67	104.7
# 城镇人口 Town population	万人	105.23	100.88	104.3	82.64	78.21	105.7
城镇化率 Urbanization Rate	%	93.47	93.19	0.28*	83.38	82.61	0.77*
土地面积 Land Area	平方公里 (sq.km)	865	865	100.0	1183	1183	100.0
生产总值(当年价) Gross Domestic Product	**万元 (10000 yuan)**	**12552590**	**11885760**	**105.0**	**5228504**	**5059426**	**102.7**
第一产业 Primary Industry	万元 (10000 yuan)	200834	202677	101.0	289995	290656	104.4
第二产业 Secondary Industry	万元 (10000 yuan)	1145526	1066303	111.5	1717569	1638503	105.8
工业 Industry	万元 (10000 yuan)	109740	105364	149.9	1012293	1071311	95.9
建筑业 Construction	万元 (10000 yuan)	1039504	964581	108.1	706517	568831	124.6
第三产业 Tertiary Industry	万元 (10000 yuan)	11206231	10616780	104.4	3220940	3130267	101.0
人均生产总值(当年价) Per Capita Gross Domestic Product(current prices)	元 (yuan)	113686	111855	101.0	53963	54741	98.0
生产总值构成 Composition of Gross Domestic Product	%	**100**	**100**		**100**	**100**	
第一产业 Primary Industry	%	1.60	1.71	-0.11*	5.55	5.74	-0.2*
第二产业 Secondary Industry	%	9.13	8.97	0.15*	32.85	32.39	0.46*
工业 Industry	%	0.87	0.89	-0.01*	19.36	21.17	-1.81*
建筑业 Construction	%	8.28	8.12	0.17*	13.51	11.24	2.27*
第三产业 Tertiary Industry	%	89.27	89.32	-0.05*	61.60	61.87	-0.27*

1-9 续表 10

指标名称 Item	单位 Unit	青秀区			江南区		
		2020 年	2019 年	2020 年为 2019 年% Rate of Development (%)	2020 年	2019 年	2020 年为 2019 年% Rate of Development (%)
农业 Agriculture							
农林牧渔业总产值(当年价) Gross Output Value of Agriculture, Forestry, Animal Husbandry and Fishery	万元 (10000 yuan)	389278	375459	101.7	462384	451917	106.4
农业 Farming	万元 (10000 yuan)	173998	175582	101.1	327278	343312	95.7
林业 Forestry	万元 (10000 yuan)	35225	31079	109.5	39160	25835	243.8
牧业 Animal Husbandry	万元 (10000 yuan)	108531	96521	102.6	61834	50388	127.1
渔业 Fishery	万元 (10000 yuan)	10271	1171	93.7	17062	16083	124.4
农林牧渔服务业 Services in support of Agriculture	万元 (10000 yuan)	61253	60506	99.4	17051	16299	107.6
工业 Industry							
规模以上工业企业主要指标 Main Indicators of Industrial Enterprises above Designated Size							
企业单位数 Number of Enterprises	个 (unit)	30	27	111.1	187	167	112.0
# 亿元工业企业 Above 100 million yuan	个 (unit)	6	7	85.7	64	62	103.2
# 亏损企业 Loss-making Enterprises	个 (unit)	5	5	100.0	40	31	129.0
规模以上工业总产值增速 Above Designated Size	%	56.4	11.1	45.3*	-5.7	-7.4	1.7*
固定资产投资增速 Investment in Fixed Assets							
固定资产投资额 Investment in Fixed Assets	%	-9.8	16.2	-26*	9.3	16.0	-6.7*
# 项目投资 Project Investment	%	40.7	-37.2	77.9*	19.0	2.1	16.9*
房地产开发投资 Real Estate Development	%	-30.3	77.6	-107.9*	1.9	29.3	-27.4*

注："*"为增减百分点。

1-9 续表 11

指标名称 Item	单位 Unit	青秀区			江南区		
		2020 年	2019 年	2020 年为 2019 年% Rate of Development (%)	2020 年	2019 年	2020 年为 2019 年% Rate of Development (%)
商业 Domestic							
社会消费品零售总额 Total Retail Sales of Consumer Goods	万元 (10000 yuan)	4975718	5164092	96.4	3613836	3849004	93.9
财政 Finance							
财政收入 Financial Revenue	万元 (10000 yuan)	2030920	2091667	97.1	311628	318347	97.9
# 一般公共预算收入 Public finance budget income	万元 (10000 yuan)	361289	363270	99.5	72511	67793	107.0
一般公共预算支出 Local Government Expenditure	万元 (10000 yuan)	447294	482158	92.8	252251	210882	119.6
城乡居民收入 The income of urban and rural residents							
全体居民年人均可支配收入 Per capita disposable income of all residents	元 / 人 (yuan/person)	47219	45655	103.4	33928	33113	102.5
# 城镇居民年人均可支配收入 Disposable income of urban residents	元 / 人 (yuan/person)	49638	48286	102.8	37823	37264	101.5
农村居民年人均可支配收入 Per capita disposable income of rural residents	元 / 人 (yuan/person)	17803	16811	105.9	17562	16552	106.1

1-9 续表 12

指标名称 Item	单位 Unit	西乡塘区			良庆区		
		2020 年	2019 年	2020 年为 2019 年% Rate of Development (%)	2020 年	2019 年	2020 年为 2019 年% Rate of Development (%)
人口、土地面积 Population,Land Area							
年末户籍人口 Population at Year-end	人 (person)	841277	827543	101.7	347617	323193	107.6
男性人口 Male	人 (person)	419103	413509	101.4	178510	167489	106.6
女性人口 Female	人 (person)	422174	414034	102.0	169107	155704	108.6
年平均人口 Average Annual Population	人 (person)	834410	820439	101.7	335405	314180	106.8
年末常住人口 Residents Population	万人	164.57	159.6	103.1	58.84	56.23	104.6
# 城镇人口 Town population	万人	149.24	144.17	103.5	49.16	46.08	106.7
城镇化率 Urbanization Rate	%	90.68	90.33	0.35*	83.54	81.96	1.59*
土地面积 Land Area	平方公里 (sq.km)	1076	1076	100.0	1369	1369	100.0
生产总值（当年价） Gross Domestic Product	**万元 (10000 yuan)**	**8160465**	**7891184**	**102.2**	**4060364**	**3364238**	**113.7**
第一产业 Primary Industry	万元 (10000 yuan)	375998	326405	111.3	280409	272316	106.0
第二产业 Secondary Industry	万元 (10000 yuan)	2308208	2362687	99.7	1505683	978348	125.7
工业 Industry	万元 (10000 yuan)	1469119	1554377	97.6	707044	524244	140.0
建筑业 Construction	万元 (10000 yuan)	841944	811403	104.1	804542	458592	114.6
第三产业 Tertiary Industry	万元 (10000 yuan)	5476259	5202093	102.9	2274273	2113574	107.4
人均生产总值（当年价） Per Capita Gross Domestic Product(current prices)	元 (yuan)	50347	50143	99.2	70572	61279	108.5
生产总值构成 Composition of Gross Domestic Product	%	**100**	**100**		**100**	**100**	
第一产业 Primary Industry	%	4.61	4.14	0.47*	6.91	8.09	-1.19*
第二产业 Secondary Industry	%	28.29	29.94	-1.66*	37.08	29.08	8*
工业 Industry	%	18.00	19.70	-1.69*	17.41	15.58	1.83*
建筑业 Construction	%	10.32	10.28	0.03*	19.81	13.63	6.18*
第三产业 Tertiary Industry	%	67.11	65.92	1.18*	56.01	62.82	-6.81*

1-9 续表 13

指标名称 Item	单位 Unit	西乡塘区			良庆区		
		2020 年	2019 年	2020 年为 2019 年% Rate of Development (%)	2020 年	2019 年	2020 年为 2019 年% Rate of Development (%)
农业 Agriculture							
农林牧渔业总产值(当年价) Gross Output Value of Agriculture, Forestry, Animal Husbandry and Fishery	万元 (10000 yuan)	630236	521628	134.4	455580	428193	105.9
农业 Farming	万元 (10000 yuan)	379806	366368	110.9	301893	275122	109.5
林业 Forestry	万元 (10000 yuan)	7742	5026	230.4	43645	42731	99.8
牧业 Animal Husbandry	万元 (10000 yuan)	206920	114110	229.9	90664	90498	99.0
渔业 Fishery	万元 (10000 yuan)	16306	18751	78.9	14527	15316	100.3
农林牧渔服务业 Services in support of Agriculture	万元 (10000 yuan)	19463	17373	123.2	4851	4526	105.2
工业 Industry							
规模以上工业企业主要指标 Main Indicators of Industrial Enterprises above Designated Size							
企业单位数 Number of Enterprises	个 (unit)	239	211	113.3	67	60	111.7
#亿元工业企业 Above 100 million yuan	个 (unit)	72	63	114.3	23	19	121.1
#亏损企业 Loss-making Enterprises	个 (unit)	76	65	116.9	15	18	83.3
规模以上工业总产值增速 Above Designated Size	%	18.7	11.3	7.4*	8.4	1.7	6.7*
固定资产投资增速 Investment in Fixed Assets							
固定资产投资额 Investment in Fixed Assets	%	15.2	16.6	–1.4*	–3.0	13.1	–16.1*
#项目投资 Project Investment	%	29.7	13.8	15.9*	–30.9	15.3	–46.2*
房地产开发投资 Real Estate Development	%	6.1	18.4	–12.3*	11.1	12.1	–1*

注："*"为增减百分点。

1-9 续表 14

指标名称 Item	单位 Unit	西乡塘区			良庆区		
		2020 年	2019 年	2020 年为 2019 年% Rate of Development (%)	2020 年	2019 年	2020 年为 2019 年% Rate of Development (%)
商业 Domestic							
社会消费品零售总额 Total Retail Sales of Consumer Goods	万元 (10000 yuan)	4515126	4921170	91.7	716668	712670	100.6
财政 Finance							
财政收入 Financial Revenue	万元 (10000 yuan)	458264	474661	96.5	719592	692111	104.0
# 一般公共预算收入 Public finance budget income	万元 (10000 yuan)	117434	117852	99.6	145985	139715	104.5
一般公共预算支出 Local Government Expenditure	万元 (10000 yuan)	395204	373646	105.8	310384	246241	126.0
城乡居民收入 The income of urban and rural residents							
全体居民年人均可支配收入 Per capita disposable income of all residents	元 / 人 (yuan/person)	34929	33969	102.8	29064	27933	104.0
# 城镇居民年人均可支配收入 Disposable income of urban residents	元 / 人 (yuan/person)	36731	35940	102.2	33442	32658	102.4
农村居民年人均可支配收入 Per capita disposable income of rural residents	元 / 人 (yuan/person)	16026	15147	105.8	17598	16234	108.4

1-9 续表 15

指标名称 Item	单位 Unit	邕宁区			武鸣区		
		2020 年	2019 年	2020 年为 2019 年% Rate of Development (%)	2020 年	2019 年	2020 年为 2019 年% Rate of Development (%)
人口、土地面积 Population,Land Area							
年末户籍人口 Population at Year-end	人 (person)	385151	379345	101.5	728965	727002	100.3
男性人口 Male	人 (person)	203176	200880	101.1	379933	378996	100.2
女性人口 Female	人 (person)	181975	178465	102.0	349032	348006	100.3
年平均人口 Average Annual Population	人 (person)	382248	375299	101.9	727984	725042	100.4
年末常住人口 Residents Population	万人	33.27	32.64	101.9	68.47	66.9	102.3
# 城镇人口 Town population	万人	18.45	17.17	107.4	35.73	33.68	106.1
城镇化率 Urbanization Rate	%	55.44	52.60	2.84*	52.18	50.34	1.84*
土地面积 Land Area	平方公里 (sq.km)	1231	1231	100.0	3389	3389	100.0
生产总值(当年价) Gross Domestic Product	**万元 (10000 yuan)**	**1608061**	**1547029**	**105.0**	**3193408**	**3033260**	**105.9**
第一产业 Primary Industry	万元 (10000 yuan)	333984	336543	103.5	1285828	1241102	105.8
第二产业 Secondary Industry	万元 (10000 yuan)	421067	406509	105.9	739265	699515	108.8
工业 Industry	万元 (10000 yuan)	260405	244277	110.8	458821	450249	106.6
建筑业 Construction	万元 (10000 yuan)	162523	164013	99.4	281873	250738	112.7
第三产业 Tertiary Industry	万元 (10000 yuan)	853010	803977	105.1	1168315	1092644	104.2
人均生产总值(当年价) Per Capita Gross Domestic Product(current prices)	元 (yuan)	48796	47903	102.9	47180	45823	103.6
生产总值构成 Composition of Gross Domestic Product	%	**100**	**100**		**100**	**100**	
第一产业 Primary Industry	%	20.77	21.75	−0.98*	40.27	40.92	−0.65*
第二产业 Secondary Industry	%	26.18	26.28	−0.09*	23.15	23.06	0.09*
工业 Industry	%	16.19	15.79	0.4*	14.37	14.84	−0.48*
建筑业 Construction	%	10.11	10.60	−0.5*	8.83	8.27	0.56*
第三产业 Tertiary Industry	%	53.05	51.97	1.08*	36.59	36.02	0.56*

1-9 续表 16

指标名称 Item	单位 Unit	邕宁区			武鸣区		
		2020 年	2019 年	2020 年为 2019 年% Rate of Development (%)	2020 年	2019 年	2020 年为 2019 年% Rate of Development (%)
农业 Agriculture							
农林牧渔业总产值（当年价）Gross Output Value of Agriculture, Forestry, Animal Husbandry and Fishery	万元 (10000 yuan)	551227	535057	103.1	2036461	1926757	112.2
农业 Farming	万元 (10000 yuan)	313895	314235	100.3	1594985	1428002	126.6
林业 Forestry	万元 (10000 yuan)	23731	20216	114.6	81142	73878	118.5
牧业 Animal Husbandry	万元 (10000 yuan)	193162	180053	106.7	258897	331285	58.3
渔业 Fishery	万元 (10000 yuan)	14152	14500	101.5	52589	47657	122.9
农林牧渔服务业 Services in support of Agriculture	万元 (10000 yuan)	6288	6052	102.0	48849	45936	111.0
工业 Industry							
规模以上工业企业主要指标 Main Indicators of Industrial Enterprises above Designated Size							
企业单位数 Number of Enterprises	个 (unit)	35	31	112.9	231	184	125.5
# 亿元工业企业 Above 100 million yuan	个 (unit)	22	18	122.2	52	41	126.8
# 亏损企业 Loss-making Enterprises	个 (unit)	11	10	110.0	55	39	141.0
规模以上工业总产值增速 Above Designated Size	%	12.0	47.1	-35.1*	15.2	9.7	5.5*
固定资产投资增速 Investment in Fixed Assets							
固定资产投资额 Investment in Fixed Assets	%	-45.5	13.2	-58.7*	15.6	12.7	2.9*
# 项目投资 Project Investment	%	-51.8	-16.7	-35.1*	8.0	-6.3	14.3*
房地产开发投资 Real Estate Development	%	-41.5	46.1	-87.6*	28.5	72.0	-43.5*

注：“*”为增减百分点。

1-9 续表 17

指标名称 Item	单位 Unit	邕宁区			武鸣区		
		2020 年	2019 年	2020 年为 2019 年% Rate of Development (%)	2020 年	2019 年	2020 年为 2019 年% Rate of Development (%)
商业 **Domestic**							
社会消费品零售总额 Total Retail Sales of Consumer Goods	万元 (10000 yuan)	314544	302412	104.0	420992	454656	92.6
财政 **Finance**							
财政收入 Financial Revenue	万元 (10000 yuan)	189432	227580	83.2	201088	188426	106.7
# 一般公共预算收入 Public finance budget income	万元 (10000 yuan)	50380	52149	96.6	132042	104486	126.4
一般公共预算支出 Local Government Expenditure	万元 (10000 yuan)	333105	291031	114.5	454676	426759	106.5
城乡居民收入 **The income of urban and rural residents**							
全体居民年人均可支配收入 Per capita disposable income of all residents	元 / 人 (yuan/person)	24129	22874	105.5	26977	25774	104.7
# 城镇居民年人均可支配收入 Disposable income of urban residents	元 / 人 (yuan/person)	35206	34652	101.6	37071	36309	102.1
农村居民年人均可支配收入 Per capita disposable income of rural residents	元 / 人 (yuan/person)	16790	15460	108.6	18777	17483	107.4

二 国民经济核算

CHAPTER 2 NATIONAL ACCOUNTS

2-1 全市主要年份生产总值

（按当年价格计算）

单位：万元

年份	生产总值	第一产业	第二产业			第三产业
				工业	建筑业	
1950	14272	10376	587	485	102	3309
1965	53362	21483	13309	11307	2002	18570
1978	147407	61866	52192	47482	4710	33349
1980	180111	70093	70017	64475	5542	40001
1985	309278	118263	108351	95852	12499	82664
1990	708788	231018	248354	228325	20029	229416
1991	793241	239063	274634	252011	22623	279544
1992	918098	277741	304726	275905	28821	335631
1993	1346171	344360	499312	436528	62784	502499
1994	1872259	491029	675122	578013	97109	706108
1995	2358085	615225	807943	652156	155787	934917
1996	2671991	690541	845891	666448	179443	1135559
1997	3044914	785856	922155	709756	212399	1336903
1998	3395532	834421	997314	767099	230215	1563797
1999	3569886	852645	1019933	772336	247597	1697308
2000	3779364	876615	1053679	790913	262766	1849070
2001	4181684	907401	1131645	852455	279190	2142638
2002	4631795	943479	1255606	933896	321710	2432710
2003	5217793	997023	1523485	1096218	427267	2697285
2004	6191189	1076785	1933768	1378322	555446	3180636
2005	7279032	1242538	2312059	1651780	660279	3724435
2006	8801064	1443354	2973069	2212890	760179	4384641
2007	10890730	1780002	3722713	2840933	881780	5388015
2008	13204348	2031087	4579360	3522664	1056696	6593901
2009	15247144	2123780	5274575	3957991	1316584	7848789
2010	18002613	2444349	6518841	4837803	1681038	9039423
2011	22114358	3055458	8296138	6125938	2170200	10762762
2012	25031812	3229563	9607494	7061092	2546402	12194755
2013	28455976	3367878	11082707	8127601	2955106	14005391
2014	31483154	3546903	12515400	9234900	3280500	15420851
2015	31479150	3709659	8812264	5495912	3312210	18957227
2016	34059878	3957746	8889715	5496319	3399269	21212417
2017	38043331	4060839	9461180	5733006	3745666	24521312
2018	41623699	4320500	9953487	5828321	4144198	27349712
2019	45065576	5072701	10449719	5834774	4633997	29543157
2020	47263421	5343563	10843178	5838094	5027126	31076680

注：1. 全市国民经济核算指标均为行政区划调整后大南宁口径。

2. 2015 年广西生产总值核算方案发生调整，将工业中的开采辅助活动，金属制品、机械和设备修理业两类行业归类到第三产业中，故从 2015 年开始，第二产业增加值不等于工业、建筑业增加值之和。

3. 2015 年及以后年份全市生产总值数据已包含研发经费支出，下同。

4. 2015—2018 年数据已依据全国第四次经济普查结果进行修订。

5. 2019—2020 年数据为快报口径。

2-2 全市主要年份生产总值构成

（按当年价格计算）　　单位：%

年份	生产总值	第一产业	第二产业	工业	建筑业	第三产业
1950	100.00	72.70	4.11	3.40	0.71	23.19
1965	100.00	40.26	24.94	21.19	3.75	34.80
1978	100.00	41.97	35.41	32.21	3.20	22.62
1980	100.00	38.92	38.87	35.80	3.07	22.21
1985	100.00	38.24	35.03	30.99	4.04	26.73
1990	100.00	32.59	35.04	32.21	2.83	32.37
1991	100.00	30.14	34.62	31.77	2.85	35.24
1992	100.00	30.25	33.19	30.05	3.14	36.56
1993	100.00	25.58	37.09	32.43	4.66	37.33
1994	100.00	26.23	36.06	30.87	5.19	37.71
1995	100.00	26.09	34.26	27.66	6.60	39.65
1996	100.00	25.84	31.66	24.94	6.72	42.50
1997	100.00	25.81	30.29	23.31	6.98	43.90
1998	100.00	24.57	29.37	22.59	6.78	46.06
1999	100.00	23.88	28.57	21.63	6.94	47.55
2000	100.00	23.19	27.88	20.93	6.95	48.93
2001	100.00	21.70	27.06	20.39	6.67	51.24
2002	100.00	20.37	27.11	20.16	6.95	52.52
2003	100.00	19.11	29.20	21.01	8.19	51.69
2004	100.00	17.39	31.23	22.26	8.97	51.37
2005	100.00	17.07	31.76	22.69	9.07	51.17
2006	100.00	16.40	33.78	25.14	8.64	49.82
2007	100.00	16.34	34.18	26.09	8.10	49.47
2008	100.00	15.38	34.68	26.68	8.00	49.94
2009	100.00	13.93	34.59	25.96	8.63	51.48
2010	100.00	13.58	36.21	26.87	9.34	50.21
2011	100.00	13.82	37.51	27.70	9.81	48.67
2012	100.00	12.90	38.38	28.21	10.17	48.72
2013	100.00	11.84	38.95	28.56	10.38	49.22
2014	100.00	11.27	39.75	29.33	10.42	48.98
2015	100.00	11.78	27.99	17.46	10.52	60.22
2016	100.00	11.62	26.10	16.14	9.98	62.28
2017	100.00	10.67	24.87	15.07	9.85	64.46
2018	100.00	10.38	23.91	14.00	9.96	65.71
2019	100.00	11.26	23.19	12.95	10.28	65.56
2020	100.00	11.31	22.94	12.35	10.64	65.75

2-3 全市主要年份生产总值指数

（按可比价计算，以上年为100）

单位：%

年份	生产总值	第一产业	第二产业			第三产业
				工业	建筑业	
1951	113.2	110.1	147.6	100.0	100.0	119.0
1965	116.8	115.2	132.0	136.3	112.3	109.6
1978	111.5	110.3	112.1	108.1	180.2	112.6
1980	105.5	105.3	108.0	112.6	73.4	101.7
1985	112.7	103.4	122.1	117.7	171.6	113.1
1990	109.6	111.1	111.6	112.1	106.0	107.8
1991	106.3	100.6	106.9	106.7	109.2	111.6
1992	112.7	115.1	109.3	107.9	125.5	114.3
1993	123.5	106.9	134.4	129.7	178.6	128.3
1994	116.5	107.7	119.6	117.1	136.8	120.7
1995	114.5	112.6	114.9	108.3	154.0	115.7
1996	111.4	105.9	110.4	107.7	121.4	116.5
1997	112.5	113.9	108.8	106.3	118.1	115.2
1998	111.5	108.4	110.3	110.3	110.6	114.8
1999	109.4	107.4	108.1	106.4	113.7	111.7
2000	107.7	100.7	104.6	105.4	102.1	113.9
2001	108.8	102.2	106.4	106.7	105.5	113.2
2002	110.9	107.7	112.0	112.2	111.2	111.6
2003	110.9	103.7	119.3	113.4	140.5	109.4
2004	113.2	105.9	118.2	116.8	122.2	113.1
2005	113.4	108.2	115.6	115.0	117.4	114.0
2006	116.8	108.4	125.3	129.9	113.9	114.4
2007	117.4	107.3	121.2	124.2	112.6	117.9
2008	114.7	105.3	114.8	116.9	108.3	117.4
2009	115.1	105.8	117.0	113.5	128.7	116.3
2010	114.2	105.7	117.8	115.9	123.6	113.7
2011	113.5	105.7	118.3	118.1	118.8	112.2
2012	112.3	105.2	118.1	118.7	116.4	109.6
2013	110.3	104.8	114.6	114.8	114.1	108.1
2014	108.5	104.2	109.9	110.3	108.6	108.2
2015	108.6	104.1	110.5	111.5	107.4	108.0
2016	106.6	104.6	101.9	100.2	104.9	109.1
2017	108.0	104.7	102.8	102.2	104.0	110.8
2018	105.4	105.3	98.0	94.9	102.7	108.3
2019	105.0	105.3	104.4	101.0	109.2	105.2
2020	103.7	104.7	105.3	102.6	108.8	102.9

2-4 全市主要年份人均生产总值

（按当年价格计算）

年份	人均生产总值（元）	以上年为 100 的发展速度（%）
1950	62	
1965	165	120.5
1978	331	114.0
1980	387	107.6
1985	602	115.1
1990	1282	111.4
1991	1414	107.9
1992	1617	114.1
1993	2339	125.2
1994	3208	118.2
1995	3987	116.0
1996	4465	112.7
1997	5036	113.7
1998	5569	112.4
1999	5817	110.1
2000	6086	109.0
2001	6656	110.1
2002	7327	111.6
2003	8176	110.9
2004	9595	111.9
2005	11127	111.9
2006	13220	114.8
2007	16070	115.3
2008	19204	113.1
2009	21945	113.9
2010	27069	114.2
2011	33017	112.7
2012	37016	111.2
2013	41711	109.3
2014	45735	107.5
2015	41740	107.6
2016	43928	103.7
2017	47597	104.7
2018	50613	102.4
2019	53424	102.4
2020	54669	101.1

注：1. 发展速度按可比价计算。

2. 2010 年以前人均生产总值按户籍人口计算，2010 年（含）以后人均生产总值按常住人口计算。

3. 根据 2018 年第四次全国经济普查以及 2020 年第七次全国人口普查修订数据，全市 2015—2020 年人均生产总值数据进行了相应修订。

2-5 全市各时期生产总值平均指数

（按可比价格计算，以上年为 100）　　单位：%

时期	生产总值	第一产业	第二产业			第三产业
				工业	建筑业	
恢复时期 (1950–1952)	108.5	106.3	129.3	132.5	110.7	111.3
“一五”时期 (1953–1957)	109.5	104.4	129.5	127.3	143.0	116.5
“二五”时期 (1958–1962)	105.3	98.7	108.8	110.0	102.7	111.4
调整时期 (1963–1965)	110.8	111.4	122.7	121.9	127.2	104.7
“三五”时期 (1966–1970)	106.9	107.6	113.1	115.5	93.3	103.1
“四五”时期 (1971–1975)	109.0	109.2	111.2	111.1	113.9	105.9
“五五”时期 (1976–1980)	108.0	103.2	113.9	113.5	118.5	108.2
“六五”时期 (1981–1985)	108.6	106.9	109.1	108.3	117.7	111.5
“七五”时期 (1986–1990)	109.4	103.5	110.4	111.3	102.8	115.9
“八五”时期 (1991–1995)	114.6	108.5	116.6	113.6	138.8	118.0
“九五”时期 (1996–2000)	110.5	107.2	108.4	107.2	113.0	114.4
“十五”时期 (2001–2005)	111.5	105.5	114.2	112.8	118.8	112.3
“十一五”时期 (2006–2010)	115.6	106.5	119.2	119.9	117.2	115.9
“十二五”时期 (2011–2015)	110.6	104.8	114.2	114.6	113.0	109.2
“十三五”时期 (2016–2020)	105.7	104.9	102.4	100.1	105.9	107.2
1951 年至 2020 年	109.7	105.8	114.3	113.9	115.1	111.3
1979 年至 2020 年	110.7	105.8	112.0	111.2	115.2	112.6
1993 年至 2020 年	111.5	106.1	112.7	111.5	117.4	112.8

注：全市 2015—2018 年数据已依据全国第四次经济普查结果进行修订，因此“十三五”时期数据也相应修订。

2-6 全市财政收入相当于地区生产总值的比例

（按当年价格计算）

年份	财政收入（万元）	地区生产总值（万元）	比重（%）
1950	781	14272	5.47
1965	6293	53362	11.79
1978	23188	147407	15.73
1980	27538	180111	15.29
1985	42633	309278	13.78
1990	82478	708788	11.64
1991	89637	793241	11.30
1992	94542	918098	10.30
1993	141425	1346171	10.51
1994	193018	1872259	10.31
1995	219576	2358085	9.31
1996	240141	2671991	8.99
1997	273637	3044914	8.99
1998	308392	3395532	9.08
1999	339803	3569886	9.52
2000	375390	3779364	9.93
2001	452926	4181684	10.83
2002	529594	4631795	11.43
2003	610594	5217793	11.70
2004	746328	6191189	12.05
2005	1002186	7279032	13.77
2006	1203609	8801064	13.68
2007	1508393	10890730	13.85
2008	1911682	13204348	14.48
2009	2313664	15247144	15.17
2010	3008756	18002613	16.71
2011	3635192	22114358	16.44
2012	4219938	25031812	16.86
2013	4736644	28455976	16.65
2014	5265905	31483154	16.73
2015	5724781	31479150	18.19
2016	6138280	34059878	18.02
2017	6879808	38043331	18.08
2018	7532000	41623699	18.10
2019	8006868	45065576	17.77
2020	7960876	47263421	16.84

2-7 全市生产总值及指数

单位：万元

指标名称	2020年	2019年	以上年为100的发展速度（%）
地区生产总值	**47263421**	**45065576**	**103.7**
农林牧渔业	5441221	5163687	104.7
工业	5838094	5834774	102.6
建筑业	5027126	4633997	108.8
批发和零售业	3737073	3590171	102.2
批发业	1631163	1737916	110.8
零售业	2105910	1852255	96.8
交通运输、仓储和邮政业	2554662	2533994	98.0
住宿和餐饮业	1210455	1327107	88.7
住宿业	212586	318904	90.5
餐饮业	997869	1008203	88.2
金融业	5744824	5336320	105.8
房地产业	5738392	5516114	101.3
房地产业(K门类)	3775073	4328980	99.6
自有房地产经营活动	1963319	1187134	105.0
其他服务业	11971574	11129413	105.3
营利性服务业	5495271	4167134	106.5
非营利性服务业	6476303	6962279	104.1
第一产业	**5343563**	**5072701**	**104.7**
第二产业	**10843178**	**10449719**	**105.3**
第三产业	**31076680**	**29543157**	**102.9**

注：总量按当年价格计算，发展速度按可比价格计算；由于营利性服务业、非营利性服务业行业划分调整，2020年总量数据较2019年差异较大。

2-8 全市生产总值构成

（按当年价格计算）

单位：%

指标名称	2020 年	2019 年
地区生产总值	**100.00**	**100.00**
农林牧渔业	11.51	11.46
工业	12.35	12.95
建筑业	10.64	10.28
批发和零售业	7.91	7.97
批发业	3.45	3.86
零售业	4.46	4.11
交通运输、仓储和邮政业	5.41	5.62
住宿和餐饮业	2.56	2.94
住宿业	0.45	0.71
餐饮业	2.11	2.24
金融业	12.15	11.84
房地产业	12.14	12.24
房地产业（K 门类）	7.99	9.61
自有房地产经营活动	4.15	2.63
其他服务业	25.33	24.70
营利性服务业	11.63	9.25
非营利性服务业	13.70	15.45
第一产业	**11.31**	**11.26**
第二产业	**22.94**	**23.19**
第三产业	**65.75**	**65.56**

2-9 隆安县主要年份生产总值

（按当年价格计算）

单位：万元

年份	生产总值	第一产业	第二产业	第三产业
1950	665	636	14	15
1965	1191	989	87	115
1978	6584	4443	1397	744
1980	7035	5051	952	1032
1985	11226	7978	1595	1653
1990	22680	15139	3539	4002
1991	22769	12989	3976	5804
1992	30629	18985	4185	7459
1993	42693	22609	10867	9217
1994	54271	30404	12689	11178
1995	66397	41404	12175	12818
1996	79632	47148	17033	15451
1997	83434	51527	15774	16133
1998	89193	52396	19124	17673
1999	87159	49569	19408	18182
2000	90831	54288	16685	19858
2001	101901	57762	21035	23104
2002	113014	62918	22496	27600
2003	122210	61994	29286	30930
2004	151386	73454	37668	40264
2005	187889	87368	50092	50429
2006	223503	94072	68896	60535
2007	279143	116435	83140	79568
2008	332916	136589	103347	92980
2009	337085	133668	106277	97140
2010	389769	149040	132156	108573
2011	488000	193334	170821	123845
2012	496441	199881	162922	133638
2013	547683	218972	170511	158200
2014	571956	231771	171316	168869
2015	690207	271335	189980	228892
2016	731707	307570	174398	249739
2017	808908	326354	201167	281387
2018	845214	322955	206811	315448
2019	942651	382721	221192	338738
2020	993852	420542	224632	348678

注：各县（市、区）2015—2020 年数据依据第四次全国经济普查及第七次全国人口普查修订数进行相应修订。

2-10 隆安县主要年份生产总值构成

（按当年价格计算） 单位：%

年份	生产总值	第一产业	第二产业	第三产业
1950	100.00	95.64	2.11	2.25
1965	100.00	83.04	7.30	9.66
1978	100.00	67.48	21.22	11.30
1980	100.00	71.80	13.53	14.67
1985	100.00	71.07	14.21	14.72
1990	100.00	66.75	15.60	17.65
1991	100.00	57.05	17.46	25.49
1992	100.00	61.98	13.66	24.36
1993	100.00	52.96	25.45	21.59
1994	100.00	56.02	23.38	20.60
1995	100.00	62.36	18.34	19.30
1996	100.00	59.21	21.39	19.40
1997	100.00	61.76	18.91	19.33
1998	100.00	58.74	21.44	19.82
1999	100.00	56.87	22.27	20.86
2000	100.00	59.77	18.37	21.86
2001	100.00	56.68	20.64	22.68
2002	100.00	55.67	19.91	24.42
2003	100.00	50.73	23.96	25.31
2004	100.00	48.52	24.88	26.60
2005	100.00	46.50	26.66	26.84
2006	100.00	42.09	30.83	27.08
2007	100.00	41.71	29.78	28.51
2008	100.00	41.03	31.04	27.93
2009	100.00	39.65	31.53	28.82
2010	100.00	38.24	33.91	27.85
2011	100.00	39.62	35.00	25.38
2012	100.00	40.26	32.82	26.92
2013	100.00	39.98	31.13	28.89
2014	100.00	40.52	29.95	29.53
2015	100.00	39.31	27.53	33.16
2016	100.00	42.03	23.83	34.13
2017	100.00	40.35	24.87	34.79
2018	100.00	38.21	24.47	37.32
2019	100.00	40.60	23.46	35.93
2020	100.00	42.31	22.60	35.08

2-11 隆安县主要年份生产总值指数

（按可比价格计算，以上年为 100）

单位：%

年份	生产总值	第一产业	第二产业	第三产业
1951	107.8	107.1	121.4	126.7
1965	101.1	100.9	101.2	102.3
1978	105.3	104.1	109.0	107.8
1980	104.4	103.7	97.5	115.5
1985	106.0	107.1	118.3	93.1
1990	100.3	109.0	109.0	83.2
1991	104.7	91.6	120.4	140.4
1992	113.8	115.4	96.3	123.2
1993	116.3	101.9	194.1	103.4
1994	106.5	114.5	96.7	98.9
1995	104.3	113.2	86.6	100.2
1996	113.4	105.0	137.8	115.5
1997	111.8	119.1	98.1	107.4
1998	111.3	105.0	132.4	108.4
1999	108.1	108.0	110.8	105.0
2000	103.5	103.0	98.9	111.3
2001	105.8	104.5	110.7	105.4
2002	110.0	108.7	120.5	104.4
2003	114.2	103.3	152.3	106.0
2004	107.1	104.8	107.3	113.8
2005	113.4	106.0	125.4	116.5
2006	115.7	109.2	126.0	116.8
2007	119.7	107.8	131.9	125.7
2008	111.5	106.6	116.9	112.2
2009	104.9	103.8	105.0	106.0
2010	111.5	106.7	118.7	109.5
2011	113.1	106.4	125.2	107.3
2012	106.9	105.8	109.3	105.0
2013	107.3	105.1	109.2	107.3
2014	104.8	104.8	105.6	105.2
2015	107.6	105.0	103.8	116.6
2016	103.6	108.5	94.5	105.5
2017	106.9	105.7	106.7	108.6
2018	105.3	106.5	98.0	109.3
2019	105.1	105.2	106.7	103.9
2020	103.0	103.7	105.3	100.5

2-12 隆安县各时期生产总值平均指数

（按可比价格计算，以上年为100）　　　　单位：%

时期	生产总值	第一产业	第二产业	第三产业
恢复时期(1950–1952)	106.7	106.6	108.7	110.1
“一五”时期(1953–1957)	107.8	106.6	125.9	125.8
“二五”时期(1958–1962)	99.0	97.1	110.2	112.4
调整时期(1963–1965)	102.1	102.7	97.8	100.5
“三五”时期(1966–1970)	106.3	103.3	121.0	114.6
“四五”时期(1971–1975)	107.3	104.8	112.9	118.5
“五五”时期(1976–1980)	103.5	104.3	95.7	110.0
“六五”时期(1981–1985)	104.9	103.0	110.0	108.8
“七五”时期(1986–1990)	102.8	101.3	108.2	105.2
“八五”时期(1991–1995)	109.0	106.9	113.5	112.1
“九五”时期(1996–2000)	109.6	107.9	114.4	109.5
“十五”时期(2001–2005)	110.0	105.4	122.3	109.1
“十一五”时期(2006–2010)	112.5	106.8	119.4	113.8
“十二五”时期(2011–2015)	107.9	105.4	110.4	108.2
“十三五”时期(2016–2020)	104.8	105.9	102.1	105.5
1951年至2020年	106.4	104.6	111.8	111.3
1979年至2020年	107.3	105.3	110.6	109.3
1993年至2020年	108.9	106.6	113.9	108.3

2-13 马山县主要年份生产总值

（按当年价格计算）

单位：万元

年份	生产总值	第一产业	第二产业	第三产业
1950	1552	1162	34	356
1965	2983	2095	307	581
1978	5207	3721	602	884
1980	5791	4184	771	836
1985	8164	5661	1072	1431
1990	16751	9325	1866	5560
1991	18721	10702	2202	5817
1992	20354	10739	2838	6777
1993	25374	13413	4236	7725
1994	31672	16943	7295	7434
1995	47879	25708	8362	13809
1996	52488	27413	9117	15958
1997	65433	35111	9963	20359
1998	78920	38167	19120	21633
1999	85021	39430	22151	23440
2000	89021	39117	24132	25772
2001	93432	41004	22727	29701
2002	101700	44001	24275	33424
2003	128181	47399	42967	37815
2004	140115	55210	40572	44333
2005	157182	58579	49007	49596
2006	186151	65034	60099	61018
2007	219836	79808	67193	72835
2008	258689	90440	80172	88077
2009	279447	90632	89335	99480
2010	313555	102023	96928	114604
2011	393711	129209	136370	128132
2012	403895	135964	121846	146085
2013	441644	147197	119635	174812
2014	467751	153446	124569	189736
2015	588502	167269	128122	293112
2016	645865	176333	136633	332899
2017	709552	202642	136496	370414
2018	770133	195044	177845	397244
2019	858363	228418	198671	431273
2020	901272	260896	199326	441051

2-14 马山县主要年份生产总值构成

（按当年价格计算）　　单位：%

年份	生产总值	第一产业	第二产业	第三产业
1950	100.00	74.87	2.19	22.94
1965	100.00	70.23	10.29	19.48
1978	100.00	71.46	11.56	16.98
1980	100.00	72.25	13.31	14.44
1985	100.00	69.34	13.13	17.53
1990	100.00	55.67	11.14	33.19
1991	100.00	57.17	11.76	31.07
1992	100.00	52.76	13.94	33.30
1993	100.00	52.86	16.69	30.45
1994	100.00	53.50	23.03	23.47
1995	100.00	53.69	17.46	28.85
1996	100.00	52.23	17.37	30.40
1997	100.00	53.66	15.23	31.11
1998	100.00	48.36	24.23	27.41
1999	100.00	46.38	26.05	27.57
2000	100.00	43.94	27.11	28.95
2001	100.00	43.89	24.32	31.79
2002	100.00	43.27	23.87	32.86
2003	100.00	36.98	33.52	29.50
2004	100.00	39.40	28.96	31.64
2005	100.00	37.27	31.18	31.55
2006	100.00	34.94	32.29	32.77
2007	100.00	36.30	30.57	33.13
2008	100.00	34.96	30.99	34.05
2009	100.00	32.43	31.97	35.60
2010	100.00	32.54	30.91	36.55
2011	100.00	32.82	34.64	32.54
2012	100.00	33.66	30.17	36.17
2013	100.00	33.33	27.09	39.58
2014	100.00	32.81	26.63	40.56
2015	100.00	28.42	21.77	49.81
2016	100.00	27.30	21.15	51.54
2017	100.00	28.56	19.24	52.20
2018	100.00	25.33	23.09	51.58
2019	100.00	26.61	23.15	50.24
2020	100.00	28.95	22.12	48.94

2-15 马山县主要年份生产总值指数

（按可比价格计算，以上年为 100）

单位：%

年份	生产总值	第一产业	第二产业	第三产业
1951				
1965	100.7	100.6	101.7	100.2
1978	101.2	103.0	90.3	101.9
1980	105.0	115.8	102.2	75.1
1985	104.9	104.8	104.7	104.8
1990	97.7	95.1	110.2	98.4
1991	108.5	111.9	126.2	96.7
1992	108.0	103.8	106.5	116.6
1993	106.9	110.1	120.4	96.0
1994	94.5	89.6	146.5	78.2
1995	131.1	124.8	117.6	158.3
1996	108.8	103.7	114.6	113.7
1997	121.3	123.6	106.3	128.3
1998	119.3	108.9	166.3	108.3
1999	109.7	108.1	115.5	109.5
2000	105.2	99.3	108.5	111.4
2001	104.4	108.6	90.7	110.8
2002	107.9	105.6	104.7	113.6
2003	109.2	108.8	115.0	105.5
2004	103.7	100.7	99.5	111.0
2005	112.9	109.2	122.8	109.7
2006	113.8	106.7	116.8	119.3
2007	114.0	106.8	120.3	115.4
2008	111.0	103.2	114.4	115.3
2009	111.5	104.1	114.8	114.8
2010	112.5	105.8	117.4	113.0
2011	109.8	105.0	120.3	105.3
2012	107.3	104.8	105.7	111.1
2013	107.2	105.0	106.4	109.8
2014	104.5	104.3	102.2	106.7
2015	103.5	104.0	96.3	109.1
2016	106.7	100.9	104.4	111.1
2017	106.2	105.4	106.2	106.5
2018	107.8	111.6	115.2	102.8
2019	106.3	104.6	111.1	105.1
2020	103.0	106.7	103.7	100.5

2-16 马山县各时期生产总值平均指数

（按可比价格计算，以上年为 100） 单位：%

时期	生产总值	第一产业	第二产业	第三产业
恢复时期 (1950–1952)				
“一五”时期 (1953–1957)	104.6	104.5	113.6	103.6
“二五”时期 (1958–1962)	98.9	97.0	103.0	101.8
调整时期 (1963–1965)	103.9	104.5	115.3	97.1
“三五”时期 (1966–1970)	105.4	104.6	121.1	99.7
“四五”时期 (1971–1975)	105.6	107.6	99.6	102.1
“五五”时期 (1976–1980)	103.6	106.4	99.8	96.7
“六五”时期 (1981–1985)	104.8	103.9	102.6	110.0
“七五”时期 (1986–1990)	104.5	101.3	103.3	113.6
“八五”时期 (1991–1995)	109.2	107.4	122.7	106.0
“九五”时期 (1996–2000)	112.7	108.4	120.5	114.0
“十五”时期 (2001–2005)	107.6	106.5	105.9	110.1
“十一五”时期 (2006–2010)	112.6	105.3	116.7	115.5
“十二五”时期 (2011–2015)	106.4	104.6	105.9	108.4
“十三五”时期 (2016–2020)	106.0	105.8	108.0	105.1
1951 年至 2020 年	106.0	104.7	109.1	105.9
1979 年至 2020 年	107.8	105.6	110.1	109.2
1993 年至 2020 年	109.1	106.2	112.9	110.1

2-17 上林县主要年份生产总值

（按当年价格计算）

单位：万元

年份	生产总值	第一产业	第二产业	第三产业
1950	1830	1670	12	148
1965	3249	2770	76	403
1978	5387	4069	530	788
1980	5729	3876	747	1106
1985	12477	9229	1437	1811
1990	30386	16962	4578	8846
1991	34809	17956	5612	11241
1992	39327	20221	5639	13467
1993	48910	24042	9622	15246
1994	69971	43636	11353	14982
1995	78742	49884	10633	18225
1996	85830	50853	14013	20964
1997	91990	51775	14971	25244
1998	97597	54281	16260	27056
1999	102412	57221	16719	28472
2000	105567	57572	17673	30322
2001	110386	57804	18026	34556
2002	118584	51147	19091	48346
2003	116299	54507	24201	37591
2004	135008	64180	30359	40469
2005	165733	75174	37681	52878
2006	195079	90289	44447	60343
2007	231935	100051	57278	74606
2008	265183	110519	70469	84195
2009	271785	108041	69108	94636
2010	318502	128018	81794	108690
2011	390554	160428	106591	123535
2012	403080	166752	97553	138775
2013	449293	177700	104177	167416
2014	466025	184289	100927	180809
2015	577299	192349	113219	271731
2016	618542	211111	105396	302036
2017	672359	219132	110157	343070
2018	714686	220973	105670	388043
2019	810876	261680	122319	426877
2020	905743	276228	167348	462167

2-18 上林县主要年份生产总值构成

（按当年价格计算）　　　　单位：%

年份	生产总值	第一产业	第二产业	第三产业
1950	100.00	91.26	0.66	8.08
1965	100.00	85.26	2.34	12.40
1978	100.00	75.53	9.84	14.63
1980	100.00	67.66	13.04	19.30
1985	100.00	73.97	11.52	14.51
1990	100.00	55.82	15.07	29.11
1991	100.00	51.58	16.12	32.30
1992	100.00	51.42	14.34	34.24
1993	100.00	49.16	19.67	31.17
1994	100.00	62.36	16.23	21.41
1995	100.00	63.35	13.50	23.15
1996	100.00	59.25	16.33	24.42
1997	100.00	56.28	16.27	27.45
1998	100.00	55.62	16.66	27.72
1999	100.00	55.87	16.33	27.80
2000	100.00	54.54	16.74	28.72
2001	100.00	52.37	16.33	31.30
2002	100.00	43.13	16.10	40.77
2003	100.00	46.87	20.81	32.32
2004	100.00	47.54	22.49	29.97
2005	100.00	45.36	22.74	31.90
2006	100.00	46.28	22.78	30.94
2007	100.00	43.14	24.70	32.16
2008	100.00	41.68	26.57	31.75
2009	100.00	39.75	25.43	34.82
2010	100.00	40.19	25.68	34.13
2011	100.00	41.08	27.29	31.63
2012	100.00	41.37	24.20	34.43
2013	100.00	39.55	23.19	37.26
2014	100.00	39.54	21.66	38.80
2015	100.00	33.32	19.61	47.07
2016	100.00	34.13	17.04	48.83
2017	100.00	32.59	16.38	51.02
2018	100.00	30.92	14.79	54.30
2019	100.00	32.27	15.08	52.64
2020	100.00	30.50	18.48	51.03

2-19 上林县主要年份生产总值指数

（按可比价格计算，以上年为 100）

单位：%

年份	生产总值	第一产业	第二产业	第三产业
1951	109.2	110.0	108.3	108.8
1965	110.9	111.3	97.3	62.9
1978	114.0	108.1	126.5	132.8
1980	100.4	96.3	121.5	103.9
1985	86.3	77.2	121.7	114.4
1990	105.8	103.6	111.4	107.5
1991	113.5	107.6	115.3	123.9
1992	112.9	117.5	105.4	108.9
1993	102.8	95.4	140.6	98.4
1994	101.7	105.7	122.8	80.6
1995	101.2	100.2	98.3	106.5
1996	106.8	100.8	117.2	110.1
1997	116.3	114.4	115.3	121.1
1998	106.5	106.3	103.5	109.5
1999	105.0	103.0	106.6	107.1
2000	104.4	102.5	105.0	107.1
2001	104.7	103.3	100.2	109.9
2002	107.8	106.6	104.1	111.8
2003	107.4	105.0	121.6	104.3
2004	106.0	106.9	107.1	103.5
2005	107.6	106.0	112.8	107.2
2006	110.7	109.0	113.6	111.1
2007	115.2	106.7	125.0	120.0
2008	110.4	105.0	123.2	107.4
2009	104.4	99.8	99.4	114.3
2010	111.6	106.3	117.3	112.9
2011	108.4	102.3	119.5	107.3
2012	106.4	105.2	104.5	109.4
2013	108.7	104.9	112.9	109.3
2014	106.9	104.8	110.3	106.3
2015	107.0	103.6	109.4	108.4
2016	103.8	101.8	97.0	108.0
2017	105.6	104.1	99.8	108.8
2018	103.6	102.8	89.0	109.1
2019	107.6	107.1	114.4	106.1
2020	109.6	103.9	129.3	106.8

2-20 上林县各时期生产总值平均指数

（按可比价格计算，以上年为 100）

单位：%

时期	生产总值	第一产业	第二产业	第三产业
恢复时期 (1950–1952)	104.9	105.1	114.5	104.7
“一五”时期 (1953–1957)	104.1	102.9	130.1	112.0
“二五”时期 (1958–1962)	96.5	94.3	94.1	106.9
调整时期 (1963–1965)	108.6	108.8	110.8	84.2
“三五”时期 (1966–1970)	103.6	103.5	106.8	121.6
“四五”时期 (1971–1975)	108.1	107.7	126.2	104.7
“五五”时期 (1976–1980)	102.3	98.1	114.3	115.2
“六五”时期 (1981–1985)	109.0	109.1	105.6	110.7
“七五”时期 (1986–1990)	111.9	101.2	125.5	128.0
“八五”时期 (1991–1995)	106.3	105.0	115.6	102.6
“九五”时期 (1996–2000)	107.7	105.3	109.4	110.9
“十五”时期 (2001–2005)	106.7	105.5	108.9	107.3
“十一五”时期 (2006–2010)	110.4	105.3	115.3	113.1
“十二五”时期 (2001–2015)	107.5	104.2	111.2	108.1
“十三五”时期 (2016–2020)	106.0	103.9	105.0	107.8
1951 年至 2020 年	106.2	103.8	112.7	109.8
1979 年至 2020 年	107.7	104.3	112.2	111.1
1993 年至 2020 年	107.0	104.4	110.9	107.7

2-21 宾阳县主要年份生产总值

（按当年价格计算）

单位：万元

年份	生产总值	第一产业	第二产业	第三产业
1950	1104	873	82	149
1965	4915	3273	692	950
1978	17179	10385	2514	4280
1980	18504	10820	2624	5060
1985	37507	23285	7741	6481
1990	57140	32925	16251	7964
1991	73981	33258	19235	21488
1992	83599	37236	22255	24108
1993	117440	47222	40089	30129
1994	159806	65305	55536	38965
1995	187576	80338	56221	51017
1996	212482	90587	63589	58306
1997	220185	92024	64539	63622
1998	231395	93508	69887	68000
1999	231655	94285	62778	74592
2000	232591	90922	59639	82030
2001	261909	92456	74232	95221
2002	294093	98389	87133	108571
2003	354618	102774	114609	137235
2004	434304	119321	159134	155849
2005	520234	151038	196020	173176
2006	592612	164269	231116	197227
2007	698957	199648	269174	230135
2008	822741	228131	320165	274445
2009	888748	235731	351918	301099
2010	1128954	279286	469734	379934
2011	1375181	357612	565307	452262
2012	1401260	375979	529109	496172
2013	1571698	406284	578723	586690
2014	1730158	419340	651189	659628
2015	1787736	437002	566674	784061
2016	1983100	486167	581393	915540
2017	2217124	507481	640074	1069569
2018	2484206	522279	734014	1227913
2019	2719591	587936	803727	1327928
2020	2799583	609525	831909	1358150

2-22 宾阳县主要年份生产总值构成

（按当年价格计算） 单位：%

年份	生产总值	第一产业	第二产业	第三产业
1950	100.00	79.08	7.43	13.49
1965	100.00	66.59	14.08	19.33
1978	100.00	60.45	14.63	24.92
1980	100.00	58.47	14.18	27.35
1985	100.00	62.08	20.64	17.28
1990	100.00	57.62	28.44	13.94
1991	100.00	44.95	26.00	29.05
1992	100.00	44.54	26.62	28.84
1993	100.00	40.21	34.14	25.65
1994	100.00	40.87	34.75	24.38
1995	100.00	42.83	29.97	27.20
1996	100.00	42.63	29.93	27.44
1997	100.00	41.79	29.31	28.90
1998	100.00	40.41	30.20	29.39
1999	100.00	40.70	27.10	32.20
2000	100.00	39.09	25.64	35.27
2001	100.00	35.30	28.34	36.36
2002	100.00	33.46	29.63	36.91
2003	100.00	28.98	32.32	38.70
2004	100.00	27.47	36.64	35.89
2005	100.00	29.03	37.68	33.29
2006	100.00	27.72	39.00	33.28
2007	100.00	28.56	38.51	32.93
2008	100.00	27.73	38.91	33.36
2009	100.00	26.52	39.60	33.88
2010	100.00	24.74	41.61	33.65
2011	100.00	26.00	41.11	32.89
2012	100.00	26.83	37.76	35.41
2013	100.00	25.85	36.82	37.33
2014	100.00	24.24	37.64	38.12
2015	100.00	24.44	31.70	43.86
2016	100.00	24.52	29.32	46.17
2017	100.00	22.89	28.87	48.24
2018	100.00	21.02	29.55	49.43
2019	100.00	21.62	29.55	48.83
2020	100.00	21.77	29.72	48.51

2-23 宾阳县主要年份生产总值指数

（按可比价格计算，以上年为 100）　　单位：%

年份	生产总值	第一产业	第二产业	第三产业
1951	117.1	115.0	131.7	118.6
1965	109.4	107.9	115.8	112.7
1978	115.1	115.3	115.0	114.5
1980	108.6	113.5	114.2	93.1
1985	128.3	133.0	133.0	104.3
1990	104.2	106.5	117.6	94.5
1991	106.9	103.6	113.6	107.0
1992	108.1	104.5	113.7	109.3
1993	110.5	105.9	118.8	110.1
1994	109.4	104.8	117.8	108.0
1995	108.9	108.1	106.3	113.1
1996	110.5	107.7	114.1	110.7
1997	107.9	105.9	108.8	109.7
1998	107.4	105.8	109.0	107.8
1999	106.0	104.2	103.3	111.5
2000	102.0	96.4	101.0	110.3
2001	107.9	102.6	112.0	110.7
2002	109.7	106.8	114.2	109.5
2003	113.8	104.4	117.9	120.1
2004	110.1	105.7	118.7	108.1
2005	114.1	113.2	117.5	112.1
2006	111.0	109.5	113.0	110.2
2007	112.9	108.2	115.7	113.7
2008	110.6	106.8	111.3	113.1
2009	109.6	103.0	112.6	111.3
2010	120.4	106.7	125.4	124.3
2011	113.9	107.3	118.6	112.9
2012	107.7	104.8	110.0	106.6
2013	109.3	105.1	113.2	107.2
2014	108.0	103.4	108.1	110.8
2015	108.8	103.9	106.7	114.5
2016	108.5	105.4	103.3	114.1
2017	108.5	103.7	106.1	112.5
2018	108.2	103.2	107.4	111.0
2019	106.0	103.6	109.2	105.1
2020	103.4	104.3	107.3	100.6

2-24 宾阳县各时期生产总值平均指数

（按可比价格计算，以上年为 100）　　单位：%

时期	生产总值	第一产业	第二产业	第三产业
恢复时期 (1950–1952)	118.8	114.5	148.4	118.6
“一五”时期 (1953–1957)	112.5	113.1	111.7	110.7
“二五”时期 (1958–1962)	106.6	108.4	95.0	107.5
调整时期 (1963–1965)	112.9	113.0	119.8	108.2
“三五”时期 (1966–1970)	107.3	107.3	103.7	110.1
“四五”时期 (1971–1975)	111.1	111.1	113.1	110.1
“五五”时期 (1976–1980)	103.3	99.1	117.7	109.1
“六五”时期 (1981–1985)	116.3	116.6	124.0	106.1
“七五”时期 (1986–1990)	105.1	93.6	114.2	123.2
“八五”时期 (1991–1995)	108.8	105.4	114.0	109.5
“九五”时期 (1996–2000)	106.7	103.9	107.1	110.0
“十五”时期 (2001–2005)	111.1	106.5	116.0	112.0
“十一五”时期 (2006–2010)	112.8	106.8	115.5	114.4
“十二五”时期 (2001–2015)	109.5	104.9	111.3	110.4
“十三五”时期 (2016–2020)	106.9	104.0	106.6	108.5
1951 年至 2020 年	109.5	106.5	112.9	111.0
1979 年至 2020 年	109.0	104.4	113.6	111.2
1993 年至 2020 年	109.4	105.3	111.5	111.0

2-25 横州市主要年份生产总值

（按当年价格计算） 单位：万元

年份	生产总值	第一产业	第二产业	第三产业
1950	2545	2327	115	103
1965	8027	4033	2540	1454
1978	24204	14749	7107	2348
1980	26146	15527	7334	3285
1985	40663	23746	10827	6090
1990	89305	44969	22192	22144
1991	103261	51189	25027	27045
1992	119391	57465	29032	32894
1993	170404	70668	55506	44230
1994	224688	97339	69744	57605
1995	262239	124194	65074	72971
1996	287040	140137	58408	88495
1997	321477	157297	61787	102393
1998	322694	155913	57645	109136
1999	318133	148457	53283	116393
2000	318352	148626	44415	125311
2001	324768	141005	46378	137385
2002	353303	142135	60888	150280
2003	383406	147166	96675	139565
2004	435213	168671	107689	158853
2005	538036	223947	134627	179462
2006	647019	249125	181085	216809
2007	809990	302345	237571	270074
2008	980181	337257	327165	315759
2009	1136532	358537	405184	372811
2010	1348911	424495	496008	428408
2011	1762178	534026	698445	529707
2012	2226099	569227	1079757	577115
2013	2496785	608449	1212669	675667
2014	2486787	650484	1077301	759002
2015	2394452	649570	985732	759149
2016	2517826	638332	988027	891466
2017	2784744	696177	1055660	1032907
2018	3110018	730970	1197769	1181279
2019	3288958	770895	1249755	1268308
2020	3204449	862647	999201	1342601

2-26 横州市主要年份生产总值构成

（按当年价格计算）

单位：%

年份	生产总值	第一产业	第二产业	第三产业
1950	100.00	91.43	4.52	4.05
1965	100.00	50.24	31.64	18.12
1978	100.00	60.94	29.36	9.70
1980	100.00	59.39	28.05	12.56
1985	100.00	58.40	26.63	14.97
1990	100.00	50.35	24.85	24.80
1991	100.00	49.57	24.24	26.19
1992	100.00	48.13	24.32	27.55
1993	100.00	41.47	32.57	25.96
1994	100.00	43.32	31.04	25.64
1995	100.00	47.36	24.81	27.83
1996	100.00	48.82	20.35	30.83
1997	100.00	48.93	19.22	31.85
1998	100.00	48.32	17.86	33.82
1999	100.00	46.67	16.75	36.58
2000	100.00	46.69	13.95	39.36
2001	100.00	43.42	14.28	42.30
2002	100.00	40.23	17.23	42.54
2003	100.00	38.38	25.21	36.41
2004	100.00	38.76	24.74	36.50
2005	100.00	41.62	25.02	33.36
2006	100.00	38.50	27.99	33.51
2007	100.00	37.33	29.33	33.34
2008	100.00	34.41	33.38	32.21
2009	100.00	31.55	35.65	32.80
2010	100.00	31.47	36.77	31.76
2011	100.00	30.30	39.64	30.06
2012	100.00	25.57	48.50	25.93
2013	100.00	24.37	48.57	27.06
2014	100.00	26.16	43.32	30.52
2015	100.00	27.13	41.17	31.70
2016	100.00	25.35	39.24	35.41
2017	100.00	25.00	37.91	37.09
2018	100.00	23.50	38.51	37.98
2019	100.00	23.44	38.00	38.56
2020	100.00	26.92	31.18	41.90

2-27 横州市主要年份生产总值指数

（按可比价格计算，以上年为 100）　　　　单位：%

年份	生产总值	第一产业	第二产业	第三产业
1951	113.4	112.4	114.3	138.8
1965	118.4	119.8	125.1	97.3
1978	115.1	112.1	115.7	132.0
1980	103.8	104.2	105.9	97.4
1985	92.3	91.0	88.1	107.3
1990	110.8	112.7	111.1	108.4
1991	105.8	103.1	102.8	114.4
1992	115.8	116.3	112.1	118.4
1993	114.7	103.9	139.8	112.7
1994	104.7	98.3	111.7	107.9
1995	110.6	117.3	101.3	110.8
1996	106.5	110.5	91.2	115.6
1997	112.6	113.8	104.9	116.8
1998	105.0	104.6	99.1	109.8
1999	104.2	101.6	104.1	107.9
2000	100.5	102.3	84.1	108.0
2001	103.4	100.3	97.2	109.4
2002	107.7	102.0	125.4	108.2
2003	106.7	102.1	150.2	94.3
2004	107.1	109.2	97.5	110.6
2005	113.3	109.8	121.0	112.7
2006	117.9	112.3	128.3	117.2
2007	117.3	109.3	126.1	119.7
2008	113.6	103.4	128.6	111.7
2009	115.9	103.9	123.8	120.0
2010	112.4	105.3	118.2	112.7
2011	120.1	107.9	133.2	116.9
2012	117.3	104.6	134.7	105.9
2013	110.7	104.9	115.3	108.3
2014	103.4	104.5	98.8	110.7
2015	106.2	104.9	104.6	109.9
2016	105.0	99.9	101.2	114.2
2017	106.8	104.4	103.7	112.1
2018	106.7	106.2	103.6	110.3
2019	104.1	103.3	104.3	104.4
2020	94.9	101.8	82.4	102.5

2-28 横州市各时期生产总值平均指数

（按可比价格计算，以上年为 100）

单位：%

时期	生产总值	第一产业	第二产业	第三产业
恢复时期 (1950–1952)	108.8	107.3	120.7	124.1
“一五”时期 (1953–1957)	106.0	103.0	119.4	124.7
“二五”时期 (1958–1962)	100.1	95.4	114.6	106.9
调整时期 (1963–1965)	112.4	108.8	127.6	99.1
“三五”时期 (1966–1970)	109.6	111.8	106.7	107.0
“四五”时期 (1971–1975)	110.3	112.3	106.8	107.9
“五五”时期 (1976–1980)	107.1	102.0	111.2	114.5
“六五”时期 (1981–1985)	101.9	99.2	103.7	107.7
“七五”时期 (1986–1990)	111.2	105.6	109.1	125.7
“八五”时期 (1991–1995)	110.2	107.5	112.7	112.8
“九五”时期 (1996–2000)	105.7	106.4	96.3	111.6
“十五”时期 (2001–2005)	107.6	104.6	116.7	106.8
“十一五”时期 (2006–2010)	115.4	106.8	125.0	116.2
“十二五”时期 (2001–2015)	111.4	105.4	116.4	110.3
“十三五”时期 (2016–2020)	103.4	103.1	98.7	108.6
1951 年至 2020 年	108.0	105.1	111.5	112.3
1979 年至 2020 年	108.1	104.5	109.1	112.4
1993 年至 2020 年	108.7	105.3	110.7	110.6

2-29 各县（市）主要年份人均生产总值

（按当年价格计算）

单位：元

年份	隆安县	马山县	上林县	宾阳县	横州市
1950	52	63	95	29	56
1965	56	101	126	102	136
1978	225	122	156	254	306
1980	231	130	161	263	321
1985	340	166	322	487	456
1990	644	367	730	679	931
1991	640	404	828	860	1059
1992	854	438	926	961	1209
1993	1183	544	1141	1336	1704
1994	1497	673	1620	1789	2220
1995	1825	1008	1812	2066	2562
1996	2184	1094	1966	2317	2784
1997	2284	1353	2098	2378	3101
1998	2441	1622	2215	2481	3096
1999	2383	1740	2314	2463	3041
2000	2464	1812	2361	2436	3014
2001	2758	1893	2449	2711	3044
2002	3067	2048	2622	3026	3298
2003	2259	2563	2560	3626	3565
2004	4091	2785	2949	4429	4025
2005	5047	3105	3567	5256	4929
2006	5943	3646	4137	5913	5788
2007	7320	4236	4853	6883	7074
2008	8604	4910	5528	7983	8454
2009	8590	5257	5664	8588	9703
2010	9774	5827	6565	10835	11347
2011	12095	7216	7969	13138	14617
2012	12257	7336	8212	13465	18379
2013	13378	7945	9178	15093	20349
2014	18664	11698	13296	21626	28163
2015	22366	15224	16338	22493	27126
2016	23448	16737	17404	24876	28373
2017	25635	18396	18844	27768	31245
2018	26533	19985	19952	31066	34780
2019	29371	22324	22593	33957	36717
2020	30703	23504	25195	34908	35732

注：1. 从 2010 年开始，各县（市）的人均生产总值根据常住人口口径计算。

2. 2015—2020 年各县（市）人均生产总值依据第四次全国经济普查以及第七次全国人口普查修订数据进行了相应修订。

2-30 各县（市）生产总值

（2020 年，按当年价格计算）　　单位：万元

指标名称	隆安县	马山县	上林县	宾阳县	横州市
地区生产总值	**993852**	**901272**	**905743**	**2799583**	**3204449**
农、林、牧、渔业	426590	261339	276840	615202	882445
工业	152432	123741	57835	547871	805464
建筑业	72457	76465	109832	285773	195098
批发和零售业	25293	33472	34823	207437	213220
批发业	5820	2654	5851	31834	115743
零售业	19473	30818	28971	175603	97477
交通运输、仓储和邮政业	20626	37835	20434	202654	141140
住宿和餐饮业	5443	8149	7690	41946	36566
住宿业	751	604	1045	4325	2529
餐饮业	4692	7545	6645	37621	34036
金融业	48643	36472	44419	99169	109243
房地产业	65593	85702	78936	216393	289873
房地产业（k）	2124	2784	5571	40041	25255
居民自有住房折旧	63469	82918	73365	176352	264619
其他服务业	176777	238098	274934	583139	531400
营利性服务业	20583	30343	35648	136689	156299
非营利性服务业	156194	207756	239286	446450	375101
第一产业	420542	260896	276228	609525	862647
第二产业	224632	199326	167348	831909	999201
第三产业	348678	441051	462167	1358150	1342601
人均生产总值（元）	30703	23504	25195	34908	35732

2-31 各县（市）生产总值指数

（2020 年，按可比价格计算，以上年为 100）

单位：%

指标名称	隆安县	马山县	上林县	宾阳县	横州市
地区生产总值	**103.0**	**103.0**	**109.6**	**103.4**	**94.9**
农、林、牧、渔业	103.6	106.7	103.9	104.3	102.0
工业	107.2	106.2	96.7	108.0	87.0
建筑业	101.3	98.5	160.3	105.9	67.4
批发和零售业	76.9	80.9	87.5	99.2	93.8
批发业	78.9	84.0	98.8	107.4	97.0
零售业	76.3	80.7	85.7	98.0	90.5
交通运输、仓储和邮政业	96.1	101.4	111.6	89.1	97.5
住宿和餐饮业	72.3	85.7	82.1	87.5	85.7
住宿业	103.1	89.9	79.4	109.5	92.7
餐饮业	68.5	85.3	82.6	85.3	85.1
金融业	115.1	108.8	111.2	109.1	105.4
房地产业	103.1	103.1	104.1	103.6	100.9
房地产业（k）	70.0	69.1	94.4	98.4	74.1
居民自有住房折旧	105.0	105.0	105.0	105.0	105.0
其他服务业	102.6	103.2	111.0	104.7	110.0
营利性服务业	98.1	99.0	121.7	103.9	123.2
非营利性服务业	103.4	103.9	109.4	105.0	104.5
第一产业	103.7	106.7	103.9	104.3	101.8
第二产业	105.3	103.7	129.3	107.3	82.4
第三产业	100.5	100.5	106.8	100.6	102.5
人均生产总值	102.1	103.2	109.4	103.2	94.8

2-32 各县（市）财政收入相当于地区生产总值的比例

单位：%

年份	隆安县	马山县	上林县	宾阳县	横州市
1950	16.39	0.45	0.00	3.08	9.31
1965	16.12	8.08	6.28	10.32	8.35
1978	7.72	5.99	5.07	4.76	4.86
1980	8.60	4.70	5.32	5.44	6.38
1985	7.02	8.68	3.86	5.44	7.79
1990	8.94	6.73	5.87	10.81	8.32
1991	8.92	5.84	5.43	9.24	7.49
1992	6.92	5.98	5.01	8.59	7.20
1993	9.12	6.28	6.31	10.01	8.58
1994	9.49	9.62	5.09	8.63	7.67
1995	9.45	8.37	3.19	8.90	7.25
1996	8.69	8.61	3.64	8.02	6.29
1997	8.54	8.08	4.35	8.11	7.33
1998	9.43	7.45	5.13	8.34	7.61
1999	10.71	7.52	7.10	9.14	8.02
2000	11.24	7.58	7.18	9.38	8.17
2001	9.96	6.47	6.35	8.09	7.16
2002	10.92	6.75	6.65	9.15	7.31
2003	10.06	5.70	7.67	7.34	7.35
2004	8.63	5.75	7.47	6.91	7.06
2005	7.70	6.12	6.82	6.74	6.56
2006	7.01	5.92	6.61	0.63	6.44
2007	7.20	5.73	6.49	5.89	5.93
2008	6.66	5.85	6.65	6.10	5.93
2009	6.61	6.23	6.59	6.79	6.25
2010	7.19	6.98	7.08	7.17	6.54
2011	7.03	6.71	7.00	7.46	6.25
2012	8.65	8.25	8.62	9.21	7.74
2013	8.47	7.39	8.16	8.94	6.04
2014	8.96	7.04	8.56	9.01	6.75
2015	7.98	5.67	7.80	9.64	7.64
2016	6.26	5.17	6.54	8.79	7.30
2017	6.18	4.82	6.41	8.31	7.39
2018	6.36	4.63	6.38	7.95	6.54
2019	5.59	4.28	5.97	7.40	5.94
2020	5.39	4.01	5.77	5.55	5.24

2-33 各城区生产总值

（2020 年，按当年价格计算）　　单位：万元

指标名称	市 区	兴宁区	青秀区	江南区	西乡塘区	良庆区	邕宁区	武鸣区
地区生产总值	**38458522**	**3664392**	**12552590**	**5228504**	**8160465**	**4060364**	**1608061**	**3193408**
农、林、牧、渔业	2978805	148424	227098	296631	382975	281993	336049	1305636
工业	4150752	132330	109740	1012293	1469119	707044	260405	458821
建筑业	4287502	452099	1039504	706517	841944	804542	162523	281873
批发和零售业	3222828	396823	645543	669719	1102807	279847	44026	84323
批发业	1469261	124917	286299	307546	607005	122928	3494	17073
零售业	1753567	271906	359245	362173	495802	156920	40532	67250
交通运输、仓储和邮政业	2131974	112896	894872	492050	327710	77159	20402	206205
住宿和餐饮业	1110662	214360	321748	87609	407506	37906	9295	32240
住宿业	203332	39518	74220	12973	66197	6885	1041	2498
餐饮业	907330	174842	247528	74636	341309	31020	8254	29742
金融业	5406879	744980	3083106	435014	926800	39467	48014	129498
房地产业	5001894	458978	1608575	639820	442160	1178266	487670	193516
房地产业（k）	3699298	296341	1267981	437137	256415	1028948	381851	37715
居民自有住房折旧	1302597	162637	340594	202683	185745	149318	105819	155802
其他服务业	10167226	1003502	4622404	888852	2259445	654139	239678	501296
营利性服务业	5115709	463817	2596233	470129	1008788	382113	44480	151605
非营利性服务业	5051517	539685	2026171	418723	1250658	272027	195198	349691
第一产业	2913725	146679	200834	289995	375998	280409	333984	1285828
第二产业	8420763	583946	1145526	1717569	2308208	1505683	421067	739265
第三产业	27124034	2933767	11206231	3220940	5476259	2274273	853010	1168315
人均生产总值（元）	65406	60639	113686	53963	50347	70572	48796	47180

2-34 各城区生产总值指数

（2020 年，按可比价格计算，以上年为 100）　　单位：%

指标名称	市 区	兴宁区	青秀区	江南区	西乡塘区	良庆区	邕宁区	武鸣区
地区生产总值	**104.4**	**99.4**	**105.0**	**102.7**	**102.2**	**113.7**	**105.0**	**105.9**
农、林、牧、渔业	105.7	108.2	100.8	104.3	111.3	106.0	103.5	105.8
工业	105.3	101.2	149.9	95.9	97.6	140.0	110.8	106.6
建筑业	111.6	116.1	108.1	124.6	104.1	114.6	99.4	112.7
批发和零售业	103.7	94.3	106.0	102.5	103.8	120.7	106.7	97.5
批发业	112.5	100.1	113.5	114.9	112.6	122.7	90.4	90.1
零售业	97.9	92.0	101.2	94.5	95.3	119.3	108.3	99.4
交通运输、仓储和邮政业	98.9	102.9	98.8	95.5	99.9	105.9	95.6	101.3
住宿和餐饮业	89.0	92.9	82.2	85.5	94.0	90.1	92.3	85.3
住宿业	90.2	96.1	82.0	88.9	95.6	116.2	81.1	89.9
餐饮业	88.6	92.1	82.3	84.8	93.6	85.2	94.2	84.9
金融业	105.6	105.5	105.5	105.5	105.5	105.5	105.5	110.0
房地产业	101.1	81.8	105.9	101.3	91.2	104.1	111.8	105.2
房地产业（k）	100.0	74.0	106.1	99.9	84.1	104.0	113.6	105.9
居民自有住房折旧	105.1	105.0	105.0	105.0	105.0	105.0	105.0	105.0
其他服务业	105.0	99.2	106.1	102.4	106.2	109.1	94.9	106.6
营利性服务业	106.1	95.6	108.3	101.3	108.1	112.1	69.4	111.3
非营利性服务业	103.8	102.8	103.2	103.8	104.5	104.7	105.1	104.4
第一产业	105.7	108.1	101.0	104.4	111.3	106.0	103.5	105.8
第二产业	108.3	112.3	111.5	105.8	99.7	125.7	105.9	108.8
第三产业	103.0	96.7	104.4	101.0	102.9	107.4	105.1	104.2
人均生产总值	100.7	95.4	101.0	98.0	99.2	108.5	102.9	103.6

CHAPTER 3 POPULATION

3-1 全市主要年份人口

年份	户籍总户数（户）	户籍总人口（人）	男	女	城镇人口	人口自然增长率（‰）	常住人口（万人）	城镇人口	城镇化率（%）
1950	203312	887405	438013	449392	157630				
1965	299085	1429352	732110	697242	412728	29.3			
1978	387853	1960454	1013310	947144	516796	16.4			
1980	410131	2055433	1059660	995773	576965	16.6			
1985	479524	2294642	1191771	1102871	703285	14.0			
1986	497956	2346191	1219054	1127137	732040	14.2			
1987	520280	2402548	1247705	1154843	775932	12.2			
1988	546451	2451770	1272979	1178791	815688	8.9			
1989	565288	2483593	1290928	1192665	835634	7.9			
1990	586171	2521885	1314990	1206895	851694	8.2			
1991	595112	2547957	1328493	1219464	871597	6.6			
1992	619613	2594228	1355291	1238937	917878	7.6			
1993	642254	2646075	1384775	1261300	958649	6.1			
1994	663893	2686557	1407350	1279207	995856	4.9			
1995	677603	2731908	1429732	1302176	1034903	5.4			
1996	702328	2779142	1454335	1324807	1073692	4.9			
1997	719455	2812025	1469086	1342939	1103802	4.7			
1998	744972	2846264	1485054	1361210	1142897	6.0			
1999	764494	2858711	1489427	1369284	1161833	5.8			
2000	1582100	6252697	3256917	2995780	1578160	6.1			
2001	1584300	6297521	3281911	3015601	1591821	4.9			
2002	1615500	6346838	3306515	3040323	1614238	5.1			
2003	1656644	6416736	3347842	3068894	1679929	6.5			
2004	1750997	6488450	3393652	3094798	1718176	7.9			
2005	1807185	6595402	3452663	3142739	1773200	8.5			
2006	1902477	6718928	3513115	3205813	1817485	11.2			
2007	1958717	6835117	3571952	3263165	1859508	10.5			
2008	2011573	6916874	3614759	3302115	1889351	10.5			
2009	2062411	6978957	3647913	3331044	1908770	8.2			
2010	2113500	7073720	3698242	3375478	1919790	5.5	667.22	351.22	52.6
2011	2145780	7114879	3719295	3395584	1929426	3.8	689.78	379.02	54.9
2012	2180344	7134979	3731114	3403865	1926150	4.6	708.42	401.62	56.7
2013	2198494	7244309	3792969	3451340		7.1	726.17	426.39	58.7
2014	2200923	7296565	3826517	3470048		7.0	744.70	445.46	59.8
2015	2223817	7402302	3875130	3527172	3262903	6.0	763.66	468.47	61.3
2016	2249585	7517446	3929997	3587449		6.2	787.05	493.61	62.7
2017	2257759	7568656	3944813	3623843	3324893	7.4	811.50	521.46	64.3
2018	2306799	7708223	4011052	3697171	3430769	7.0	833.27	548.12	65.8
2019	2360220	7819667	4062268	3757399	3531093	6.7	853.83	577.16	67.6
2020	2424639	7913770	4104693	3809077	3684505	7.6	875.25	603.10	68.9

注：1. 2000年以后数据为行政区划调整后大南宁范围口径的数据，其余年份为原南宁口径的数据。
2. 本表人口自然增长率按公安户籍人口统计报表中的本年出生人口计算，下同。

3-2 全市户籍人口数

指标名称	单位	2020 年	2019 年
总户数	**户**	**2424639**	**2360220**
总人口数	**人**	**7913770**	**7819667**
#男性人口	人	4104693	4062268
女性人口	人	3809077	3757399
年平均人口	人	7866719	7763945
城镇人口	人	3684505	3531093
乡村人口	人	4229265	4288574
出生人数	人	86329	73223
出生率	‰	10.97	9.43
死亡人数	人	26836	21059
死亡率	‰	3.41	2.71
自然增长人数	人	59493	52164
自然增长率	‰	7.56	6.72
迁入人数	人	202514	148560
迁出人数	人	137514	103670
机械增长人数	人	65000	44890
机械增长率	‰	8.26	5.78

注：1. 本表的出生率、死亡率、人口自然增长率按户籍人口统计的本年出生数、本年死亡人数计算，下同。
2. 本表的出生人数、死亡人数为当年出生和死亡人口。

3-3 全市户籍人口分地区统计

（2020 年）

单位：户、人

指标名称	总户数	总人口	按性别分		城镇人口	乡村人口
			男性	女性		
全市	**2424639**	**7913770**	**4104693**	**3809077**	**3684505**	**4229265**
市区	**1331529**	**4093156**	**2069034**	**2024122**	**2652714**	**1440442**
兴宁区	126220	378986	188036	190950	272377	106609
青秀区	279401	832003	408780	423223	709648	122355
江南区	191082	579157	291496	287661	411706	167451
西乡塘区	276691	841277	419103	422174	662344	178933
良庆区	107534	347617	178510	169107	191913	155704
邕宁区	111913	385151	203176	181975	185822	199329
武鸣区	238688	728965	379933	349032	218904	510061
隆安县	118093	421915	224792	197123	91942	329973
马山县	157000	571282	301865	269417	104740	466542
上林县	153121	500987	264583	236404	104032	396955
宾阳县	304040	1053924	566359	487565	333924	720000
横州市	360856	1272506	678060	594446	397153	875353

3-4 全市户籍人口分年龄统计

（2020 年）　　单位：人

指标名称	总人口	按年龄分			
		18 岁以下	18–34 岁	35–59 岁	60 岁以上
全市	**7913770**	**1916992**	**1740493**	**2991018**	**1265267**
市区	**4093156**	**1010981**	**834993**	**1579500**	**667682**
兴宁区	378986	96059	72822	145278	64827
青秀区	832003	217855	154093	331780	128275
江南区	579157	148561	117525	221575	91496
西乡塘区	841277	193212	161680	328320	158065
良庆区	347617	103843	79977	122485	41312
邕宁区	385151	99124	92263	140004	53760
武鸣区	728965	152327	156633	290058	129947
隆安县	421915	103625	87041	162073	69176
马山县	571282	147458	131254	210785	81785
上林县	500987	112211	119243	188835	80698
宾阳县	1053924	236242	269408	386417	161857
横州市	1272506	306475	298554	463408	204069

3-5 全市户籍人口变动情况

（2020 年）

单位：人

指标名称	出生人数	死亡人数	自然增长人数	迁入人数	迁出人数	机械增长人数
全市	**86329**	**26836**	**59493**	**202514**	**137514**	**65000**
市区	**49996**	**9627**	**40369**	**178821**	**96012**	**82809**
兴宁区	4884	622	4262	22985	11494	11491
青秀区	10067	1049	9018	58043	31524	26519
江南区	7270	1023	6247	25948	13191	12757
西乡塘区	9269	1352	7917	32595	24481	8114
良庆区	5654	806	4848	24014	4626	19388
邕宁区	4823	1555	3268	8180	3204	4976
武鸣区	8029	3220	4809	7056	7492	–436
隆安县	3917	1513	2404	2891	4521	–1630
马山县	5701	2519	3182	2841	6062	–3221
上林县	4959	2802	2157	2265	4583	–2318
宾阳县	9774	5207	4567	7158	12783	–5625
横州市	11982	5168	6814	8538	13553	–5015

注：本表的出生人数、死亡人数为当年出生和死亡人口。

3-6 市区户籍人口数

指标名称	单位	2020 年	2019 年
总户数	**户**	**1331529**	**1270991**
总人口数	**人**	**4093156**	**3977743**
#男性人口	人	2069034	2019377
女性人口	人	2024122	1958366
年平均人口	人	4035450	3924525
城镇人口	人	2652714	2522442
乡村人口	人	1440442	1455301
出生人数	人	49996	42825
出生率	‰	12.39	10.91
死亡人数	人	9627	7208
死亡率	‰	2.39	1.84
自然增长人数	人	40369	35617
自然增长率	‰	10.00	9.08
迁入人数	人	178821	129039
迁出人数	人	96012	68716
机械增长人数	人	82809	60323
机械增长率	‰	20.52	15.37

注：本表的出生人数、死亡人数为当年出生和死亡人口。

3–7 各县（市）户籍人口数

（2020 年）

指标名称	单位	隆安县	马山县	上林县	宾阳县	横州市
总户数	**户**	**118093**	**157000**	**153121**	**304040**	**360856**
总人口数	**人**	**421915**	**571282**	**500987**	**1053924**	**1272506**
#男性人口	人	224792	301865	264583	566359	678060
女性人口	人	197123	269417	236404	487565	594446
年平均人口	人	423193	572858	501799	1058054	1275366
城镇人口	人	91942	104740	104032	333924	397153
乡村人口	人	329973	466542	396955	720000	875353
出生人数	人	3917	5701	4959	9774	11982
出生率	‰	9.26	9.95	9.88	9.24	9.39
死亡人数	人	1513	2519	2802	5207	5168
死亡率	‰	3.58	4.40	5.58	4.92	4.05
自然增长人数	人	2404	3182	2157	4567	6814
自然增长率	‰	5.68	5.55	4.30	4.32	5.34
迁入人数	人	2891	2841	2265	7158	8538
迁出人数	人	4521	6062	4583	12783	13553
机械增长人数	人	–1630	–3221	–2318	–5625	–5015
机械增长率	‰	–3.85	–5.62	–4.62	–5.32	–3.93

注：本表的出生人数、死亡人数为当年出生和死亡人口。

3-8 主要年份全市城镇单位在岗职工人数及构成

年份	在岗职工人数（人）	国有经济单位	城镇集体单位	其他经济单位	构成（%） 国有经济单位	城镇集体单位	其他经济单位
1950	4645						
1965	141718						
1978	316466						
1980	348858						
1981	365994	291928	74066		79.76	20.24	
1982	393866	320038	73828		81.26	18.74	
1983	388923	315746	73177		81.18	18.82	
1984	393707	319171	74536		81.07	18.93	
1985	406270	326815	79406	49	80.44	19.55	
1986	441427	341108	99973	346	77.27	22.65	
1987	457911	355604	101217	1090	77.66	22.10	
1988	474252	372567	99503	2182	78.56	20.98	
1989	483379	378469	101782	3128	78.30	21.06	0.65
1990	473944	400527	69077	4340	84.00	14.57	0.92
1991	496852	417411	74011	5430	84.01	14.90	1.09
1992	505474	424700	73863	6911	84.02	14.61	1.37
1993	517971	432101	69896	15974	83.42	14.00	3.08
1994	511592	431517	63237	16838	84.35	13.00	3.29
1995	500975	419903	63706	17366	83.82	12.72	3.47
1996	504483	423637	60769	20077	83.97	12.05	3.98
1997	498410	412593	55477	30340	82.78	11.00	6.09
1998	457129	347893	46047	63189	76.10	10.07	13.82
1999	434883	313178	40782	80923	72.01	9.38	18.61
2000	544799	409279	46455	89065	75.12	8.53	16.35
2001	524004	389988	44496	89520	74.43	8.49	17.08
2002	497509	345039	39573	112897	69.36	7.95	22.69
2003	506235	353927	35024	117284	69.91	6.92	23.00
2004	542585	363721	32842	146022	67.00	6.00	27.00
2005	583660	369442	23797	190421	63.00	4.00	33.00
2006	581428	356460	19434	205534	61.31	3.34	35.35
2007	604935	360783	20196	223956	59.63	3.34	37.02
2008	616998	357166	17789	242043	57.89	2.88	39.23
2009	640175	362807	13656	263712	56.67	2.13	41.19
2010	661866	362021	13411	286434	54.69	2.03	43.28
2011	666720	382765	11357	272598	57.41	1.70	40.89
2012	674362	379053	10569	284740	56.21	1.57	42.22
2013	686534	363632	9771	313131	52.97	2.69	45.61
2014	722808	364801	8653	349354	50.47	2.37	48.33
2015	733478	332957	8259	392262	45.39	1.13	53.48
2016	734898	336374	8004	390520	45.86	1.09	53.24
2017	724807	326268	7407	391132	45.01	1.02	53.96
2018	734321	320686	6704	406931	44.24	0.92	56.14
2019	784033	346380	6824	430829	47.79	0.94	59.44
2020	783749						

注：本篇“城镇单位”2014 年后均指城镇非私营单位，下同。

3-9 主要年份全市城镇单位在岗职工工资总额及平均工资

年份	在岗职工工资总额（万元）	国有经济单位	城镇集体单位	其他经济单位	在岗职工年平均工资（元/人）	国有经济单位	城镇集体单位	其他经济单位
1950	157				338			
1965	7289				539			
1978	17231				565			
1980	24735				730			
1981	26943	22465	4478		746	780	611	
1982	30422	25370	5052		791	811	706	
1983	31673	26383	5290		818	841	722	
1984	37673	31578	6095		963	1010	776	
1985	42058	34452	7601	5	1051	1074	958	2083
1986	55807	45152	10628	27	1292	1359	1069	1421
1987	63803	51904	11727	172	1428	1499	1179	1610
1988	78020	63716	13992	312	1685	1755	1423	1859
1989	84956	68826	15620	510	1784	1850	1543	1749
1990	98238	85247	12200	791	2111	2173	1765	1942
1991	112323	96853	14324	1146	2331	2385	2029	2234
1992	135093	117682	15870	1541	2720	2820	2174	2453
1993	192696	164018	21759	6919	3786	3863	3170	4386
1994	250214	217510	24695	8009	4976	5136	3925	4864
1995	281024	241990	28661	10373	5668	5835	4514	5907
1996	300874	257886	30801	12187	6009	6159	4957	6144
1997	321010	270037	31518	19455	6508	6605	5718	6651
1998	334839	265276	25626	43937	7315	7580	5649	7040
1999	353051	261468	25622	65961	8077	8303	6225	8142
2000	445883	339842	28724	77318	8185	8342	6062	8591
2001	502894	384613	32309	85973	9572	9867	7151	9507
2002	568118	416947	30413	120758	11363	11917	7718	10908
2003	668976	499260	31082	138634	13172	14082	8870	11721
2004	829568	611737	31265	186566	15447	16969	9753	12914
2005	985557	690902	26776	267879	17520	19202	11326	14960
2006	1177159	814083	24108	338968	20650	23225	12277	16958
2007	1479269	1033933	28205	417130	24789	28796	13774	19204
2008	1798691	1221827	31603	545261	29377	34417	17937	22752
2009	2047363	1384938	27818	634608	32596	38599	20040	24846
2010	2427224	1614433	31857	780934	37042	44735	24955	27732
2011	2638622	1786349	34555	817718	40120	47418	30848	30313
2012	2940889	1905537	37477	997875	43847	48930	35002	35193
2013	3337032	1834375	34209	1468449	48188	50193	38077	46622
2014	4074039	2071677	37934	1964428	54826	56836	44050	53471
2015	4857782	2375128	38282	2444373	63820	70155	48458	59945
2016	5216656	2615948	37613	2563095	68560	77362	50920	63043
2017	5763215	2908728	39664	2814823	75481	87999	59207	68026
2018	6539357	3130255	33269	3375833	83452	96698	56764	76169
2019	7510813	3628058	38320	3844435	90986	102912	62362	84089
2020	8163735				97079			

注：本篇“城镇单位”2014 年后均指城镇非私营单位，下同。

3-10 全市城镇非私营单位从业人员人数

（2020年）　　单位：人

指标名称	单位数（个）	从业人员年末人数	#女性	在岗职工	劳务派遣人员	其他从业人员	在岗职工年平均人数
总计	**9206**	**1097671**	**442526**	**783749**	**212649**	**101274**	**777213**
农、林、牧、渔业	91	4210	1601	3766	63	381	3832
采矿业	11	153	35	146	3	5	143
制造业	670	93907	38864	87354	4575	1977	87993
电力、热力、燃气及水生产和供应业	82	62965	16277	60146	2634	185	60076
建筑业	250	244660	28423	56929	174110	13621	53203
批发和零售业	844	49795	25974	46959	1345	1491	45523
交通运输、仓储和邮政业	194	48892	12952	38208	1183	9500	39339
住宿和餐饮业	200	19385	11809	19066	89	230	20170
信息传输、软件和信息技术服务业	241	29530	10336	25579	906	3045	24932
金融业	196	84787	52899	37945	1490	45352	37873
房地产业	827	33071	14744	30284	1900	887	31374
租赁和商务服务业	654	36442	12358	26962	4301	5180	28312
科学研究和技术服务业	679	40340	13889	35838	2417	2085	35005
水利、环境和公共设施管理业	195	17579	8973	16151	829	599	15933
居民服务、修理和其他服务业	93	2709	1176	2131	379	199	2290
教育	1560	147175	94408	131743	4595	10837	128386
卫生和社会工作	495	75946	53265	73015	1955	976	71429
文化、体育和娱乐业	266	11557	5753	10231	210	1117	10349
公共管理、社会保障和社会组织	1658	94567	38790	81295	9665	3607	81052

3-11 全市城镇非私营单位从业人员工资总额

（2020 年）

单位：万元

指标名称	从业人员工资总额	在岗职工工资总额	劳务派遣人员工资总额	其他人员工资总额	在岗职工年平均工资（元/人）
总计	**9817307**	**8163735**	**1265690**	**387882**	**97079**
农、林、牧、渔业	25449	23849	328	1272	62255
采矿业	1306	1285	10	11	88924
制造业	659267	622501	27454	9313	70250
电力、热力、燃气及水生产和供应业	728706	709883	18110	713	115907
建筑业	1693052	566799	1062124	64129	77699
批发和零售业	369132	358196	6994	3941	77779
交通运输、仓储和邮政业	424412	351732	11736	60944	87707
住宿和餐饮业	79025	78116	384	525	38752
信息传输、软件和信息技术服务业	279585	264393	4645	10547	104486
金融业	864507	715526	11562	137420	185254
房地产业	339678	324674	11229	3774	101244
租赁和商务服务业	285241	249929	21427	13885	84883
科学研究和技术服务业	482588	456414	14758	11416	126748
水利、环境和公共设施管理业	127316	122401	3409	1506	74971
居民服务、修理和其他服务业	17803	15612	1515	677	64063
教育	1391163	1330038	15256	45868	101510
卫生和社会工作	1006189	992674	7702	5813	136772
文化、体育和娱乐业	113318	109847	1099	2373	105088
公共管理、社会保障和社会组织	929569	869864	45948	13757	101015

3-12 各县（市、区）城镇非私营单位年平均工资情况

（2020 年）　　单位：元

指标名称	从业人员平均工资	在岗职工平均工资
南宁市	**92241**	**97079**
兴宁区	98157	102384
青秀区	104198	112656
江南区	78187	82379
西乡塘	101441	103070
良庆区	85589	90415
邕宁区	66594	67416
武鸣区	96632	100114
隆安县	78852	89025
马山县	80137	89929
上林县	79771	85336
宾阳县	78228	81517
横州市	71350	75974
高新区	89395	89923
经开区	73103	74092
东盟区	65069	65750

四 农业

CHAPTER 4　AGRICULTURE

4-1 全市主要年份农林牧渔业总产值

（按当年价格计算）

单位：万元

年份	合计	农业	林业	畜牧业	副业	渔业	服务业
1950	5596	3785	75	814	718	204	
1965	12602	8259	140	2317	1710	176	
1978	36029	25540	447	5228	4256	558	
1980	44588	31178	788	4326	7494	802	
1985	70586	43266	1618	18990	4840	1872	
1986	78390	49427	1794	19138	5601	2430	
1987	91989	59881	1805	22627	4750	2926	
1988	116437	73400	2027	32509	4576	3925	
1989	125320	75059	2330	38702	4618	4611	
1990	169865	111699	2681	42149	6551	6785	
1991	175633	109121	3150	47954	7958	7450	
1992	210826	133273	5048	54433	8203	9869	
1993	270146	169444	7684	72479	8118	12421	
1994	372063	246897	7906	95979		21281	
1995	465896	317943	6553	115373		26027	
1996	533484	352786	8056	141505		31137	
1997	620077	405089	10778	167764		36446	
1998	684870	447697	13885	183967		39321	
1999	720486	477719	14965	182088		45714	
2000	1377932	889321	29672	362916		96024	
2001	1407186	907068	28533	381030		90555	
2002	1455675	897032	37551	419320		84538	17134
2003	1519259	936298	44241	431564		89587	17569
2004	1798585	1025366	54055	593160		90556	35448
2005	2045862	1154289	59541	677600		96624	57808
2006	2384753	1311708	81098	804014		102827	85105
2007	2944579	1535416	108658	1057025		119032	124448
2008	3380719	1701526	115181	1276515		142870	144627
2009	3511968	1826447	132117	1240689		145047	167667
2010	4032427	2111841	187594	1376318		169229	187447
2011	5071561	2598349	258539	1796992		206679	211002
2012	5345172	2827673	268263	1789465		204323	255449
2013	5772670	3115745	290811	1849520		225971	290621
2014	6094853	3379373	284733	1854103		251312	325333
2015	6386212	3545515	285898	1935776		265617	353406
2016	6891485	3818375	310431	2125962		274368	362350
2017	7004068	3994748	367388	1975377		297169	369386
2018	7092330	4512727	364641	1734153		269214	211595
2019	8037403	5316254	398836	1803139		292314	226859
2020	8855069	5751429	466321	2089820		310460	237039

注：1. 1994 年后副业产值并入种植业；2000 年以后为行政区划调整后的数据，其余年份为原南宁口径；从 2003 年起农业总产值含农林牧渔服务业产值。2. 2004—2007 年农林牧渔业总产值根据第二次农业普查数据进行了衔接修正。3. 2018 年为根据第三次农业普查数据进行衔接修正，下同。

4-2 全市主要年份农林牧渔业总产值发展速度

（按可比价计算，上年为100）

单位：%

年份	合计	农业	林业	畜牧业	副业	渔业	服务业
1951	107.8	107.2	111.8	117.1	101.1	102.5	
1965	125.2	130.4	96.8	120.0	114.7	98.4	
1978	107.4	106.8	132.1	97.7	116.4	162.9	
1980	110.8	108.2	157.6	101.9	4256.0	114.1	
1985	103.6	102.7	99.5	119.7	84.2	102.4	
1986	107.0	107.2	118.0	99.0	120.0	112.1	
1987	105.8	106.9	109.2	107.7	91.1	117.2	
1988	99.4	99.1	92.9	104.0	91.1	107.7	
1989	109.0	111.5	114.7	107.7	91.6	102.6	
1990	115.5	117.0	98.7	111.7	109.1	135.0	
1991	99.8	94.4	102.7	114.9	105.4	105.8	
1992	120.5	124.7	126.5	110.6	102.1	130.1	
1993	113.2	112.4	125.6	113.3	98.7	133.0	
1994	108.9	112.3	99.6	112.2		127.4	
1995	109.2	109.0	84.6	110.4		118.3	
1996	104.9	101.4	110.3	112.1		115.4	
1997	113.4	114.6	109.4	110.3		114.4	
1998	112.1	112.5	115.2	110.2		114.6	
1999	113.6	116.1	102.0	108.7		108.5	
2000	100.7	97.4	105.0	109.5		104.5	
2001	102.9	101.8	108.9	106.2		98.8	
2002	117.3	113.4	148.4	124.1		108.8	
2003	102.9	99.7	137.1	106.7		105.4	102.0
2004	106.1	103.2	111.8	112.1		104.3	106.3
2005	108.6	109.5	112.1	117.4		105.7	105.8
2006	109.1	109.2	130.0	116.7		111.6	107.0
2007	107.7	107.4	120.2	106.7		109.6	106.8
2008	105.8	104.7	100.8	108.1		102.1	107.7
2009	105.8	104.4	111.7	105.5		108.3	118.3
2010	105.9	105.4	111.4	105.9		106.3	106.1
2011	106.0	105.6	122.3	104.2		107.2	105.4
2012	105.3	106.1	99.5	104.6		105.8	107.3
2013	104.7	105.7	100.3	102.5		107.4	111.4
2014	104.6	106.4	100.2	101.3		105.0	109.6
2015	104.2	103.6	103.6	102.0		103.8	110.2
2016	104.0	105.6	114.6	100.1		103.5	100.8
2017	103.9	103.5	117.2	101.6		106.5	108.1
2018	103.6	104.9	99.6	102.2		110.7	88.9
2019	104.3	107.7	112.7	94.3		100.8	103.4
2020	104.8	106.2	115.3	98.7		105.0	102.6

注：2018年发展速度为根据第三次农业普查数据进行衔接修正后得到的增速，下同。

4-3 全市主要年份主要农产品产量

年份	粮食产量（吨）	甘蔗产量（吨）	水果产量（吨）	肉类总产量（吨）	水产品产量（吨）
1950	198004	71282	4748	5490	5350
1965	319410	298784	8908	15915	3241
1978	590420	562171	24576	25752	4366
1980	670813	798831	31114	4256	4895
1985	551860	1339141	53925	29885	6939
1986	552903	1569850	93984	32396	8551
1987	590276	1633498	115847	35854	9790
1988	526325	1979810	110614	36833	10438
1989	624509	1958128	105346	39659	10705
1990	725954	2358841	120262	45934	14663
1991	548210	2559124	140926	53082	15383
1992	697128	3075803	164661	55278	21304
1993	744101	3413703	213470	61211	26550
1994	746956	3116366	272561	70388	33743
1995	779251	2908195	316342	77774	39509
1996	781201	2946903	281615	84889	46030
1997	801830	3267654	377862	95439	53290
1998	814459	3786929	395986	106962	60619
1999	796159	3373039	485971	115648	65333
2000	1847949	5885534	515447	333757	131888
2001	1711033	7382372	523893	349101	130396
2002	1804051	9111682	596258	364413	139641
2003	1753387	9279100	572372	385334	145468
2004	1700479	8586119	670431	419792	158829
2005	1810164	8609336	718249	464764	167330
2006	1996596	10536802	812826	486544	149128
2007	2001090	14369814	892798	502324	162075
2008	2018111	15062914	731100	548185	165581
2009	2091145	12263008	1045158	583071	180216
2010	2042253	10440083	1232941	607581	191702
2011	2070587	10636574	1420294	619621	205697
2012	2151398	11302193	1579305	645080	217438
2013	2234391	12369908	1705101	655301	232972
2014	2252668	12399757	1826919	659076	244635
2015	2254186	10853284	2139284	660196	254440
2016	2233587	11154659	2338025	650442	261172
2017	2168063	11615755	2483209	658062	274533
2018	2114181	11635979	2743696	657412	224202
2019	2054565	11818247	3369630	588034	219959
2020	2092837	10919356	4012153	570164	224889

注：1. 2000 年以后为行政区划调整后的数据，其余年份为原南宁口径。

2. 2018 年为根据第三次农业普查数据衔接后修正的数据，下同。

3. 由于农村统计报表制度改革，从 2018 年起水产品产量由农业部门提供数据，2020 年以后粮食、畜牧生产数据由国家统计局南宁调查队提供，下同。

4-4 全市农村基本情况

指标名称	单 位	全 市	
		2020 年	2019 年
农村基层组织			
乡镇个数	个	109	102
# 镇个数	个	89	90
村民委员会	个	1357	1384
居民委员会	个	243	237
农村社会基础设施			
自来水受益村数	个	1367	1395
通有线电视村数	个	1348	1368
通宽带村数	个	1379	1400

4-5 全市农林牧渔业总产值

单位：万元

指标名称	2020年		2019年	
	可比价增速（%）	现行价（万元）	可比价增速（%）	现行价（万元）
农林牧渔业总产值	**4.8**	**8855069**	**4.3**	**8037403**
农业产值	**6.2**	**5751429**	**7.7**	**5316254**
主产品产值	6.2	5716531	7.8	5277789
粮食作物合计	1.9	666652	−2.8	625157
经济作物合计	−6.4	867259	−0.3	857802
蔬菜（食用菌类）园艺作物	3.0	2069276	4.1	1939835
水果、饮料和香料	17.4	2064635	26.4	1808546
其他农作物	−5.3	48709	−12.1	46450
林业产值	**15.3**	**466321**	**12.7**	**398836**
营林	−13.2	14262	9.7	14464
全社会竹木采伐	22.2	374908	19.2	307994
林产品	−7.3	77152	−4.7	76378
牧业产值	**−1.3**	**2089820**	**−5.7**	**1803139**
牛饲养	6.8	120549	17.7	122245
羊饲养	−2.2	11286	11.3	11539
猪的饲养	−10.4	988089	-30.3	676445
家禽的饲养	11.1	615726	17.9	607427
活的畜禽产品	8.6	41282	24.3	52926
其他动物及产品	−9.9	312723	2.7	332402
渔业产值	**5.0**	**310460**	**0.8**	**292314**
服务业产值	**2.6**	**237039**	**3.4**	**226859**

4-6 全市农业林牧渔业总产值及构成

（2020 年，按当年价计算）

指标名称	农林牧渔业总产值	农业	林业	牧业	渔业	服务业
总产值（万元）						
全市	**8855069**	**5751429**	**466321**	**2089820**	**310460**	**237039**
兴宁区	255613	135885	52881	41738	20554	4556
青秀区	389278	173998	35225	108531	10271	61253
江南区（本级）	384787	294758	13049	46900	15045	15035
西乡塘区（本级）	624834	376206	6568	206920	15677	19463
良庆区	455580	301893	43645	90664	14527	4851
邕宁区	551227	313895	23731	193162	14152	6288
武鸣区（本级）	1953861	1543821	80710	230855	51546	46929
隆安县	687568	511743	26687	111956	20588	16595
马山县	429600	211857	33319	170479	12729	1216
上林县	451744	273471	19993	131496	25181	1603
宾阳县	993827	618865	42393	273914	43804	14852
横州市	1511552	907755	60404	440231	62698	40464
经开区	77597	32520	26111	14934	2017	2016
高新区	5403	3600	1174		629	
东盟经开区	82600	51164	432	28042	1042	1920
构成（%）						
全市	**100.00**	**64.95**	**5.27**	**23.60**	**3.51**	**2.68**
兴宁区	100.00	53.16	20.69	16.33	8.04	1.78
青秀区	100.00	44.70	9.05	27.88	2.64	15.74
江南区（本级）	100.00	76.60	3.39	12.19	3.91	3.91
西乡塘区（本级）	100.00	60.21	1.05	33.12	2.51	3.11
良庆区	100.00	66.27	9.58	19.90	3.19	1.06
邕宁区	100.00	56.94	4.31	35.04	2.57	1.14
武鸣区（本级）	100.00	79.01	4.13	11.82	2.64	2.40
隆安县	100.00	74.43	3.88	16.28	2.99	2.41
马山县	100.00	49.31	7.76	39.68	2.96	0.28
上林县	100.00	60.54	4.43	29.11	5.57	0.35
宾阳县	100.00	62.27	4.27	27.56	4.41	1.49
横州市	100.00	60.05	4.00	29.12	4.15	2.68
经开区	100.00	41.91	33.65	19.25	2.60	2.60
高新区	100.00	66.63	21.73		11.64	
东盟经开区	100.00	61.94	0.52	33.95	1.26	2.32

4-7 全市农作物播种面积和产量

项 目	2020年			2019年		
	播种面积（公顷）	单产（公斤/公顷）	产量（吨）	播种面积（公顷）	单产（公斤/公顷）	产量（吨）
农作物总播种面积	**976167**			**977069**		
粮食合计	**424440**	**4931**	**2092837**	**419433**	**4898**	**2054565**
稻谷	269549	5480	1477092	262570	5471	1436405
早稻	127238	5878	747882	121553	5845	710508
中稻	2715	6660	18083	2811	6260	17596
晚稻	139596	5094	711127	138207	5125	708301
玉米	110230	4900	540134	109296	4909	536527
豆类合计	21604	1559	33686	22687	1483	33649
大豆	15569	1536	23910	17178	1456	25008
绿豆	2050	1324	2714	2070	1287	2663
薯类	22650	1818	41169	24228	9677	46892
红薯	16774	1752	29389	16569	8601	28503
经济作物播种面积	**551727**			**557634**		
油料作物	50407	3033	152884	50854	3062	155699
花生	48419	3126	151373	49383	3125	154340
油菜籽	1723	530	913	1123	543	610
芝麻	265	2260	598	343	2182	749
麻类	87	3103	270	81	2877	233
甘蔗	130350	83769	10919356	138953	85052	11818247
糖料蔗	127694	82916	10587918	135370	83750	11337236
果蔗	2656	124798	331438	3580	134363	481006
中草药材	11803			11490		
蔬菜	273035	24651	6570227	267296	24492	6339526
食用菌			160280			207193
瓜果类	45473	24555	1116589	47514	26262	1247844
其他农作物	**40569**			**41442**		
木薯	16866	12591	212351	17974	12223	219694
青饲料	4374			4596		
饲草	1790			1598		
绿肥	6189			5833		
马蹄	75	16377	1234	85	16282	1384
其他	11255			11301		
年末桑园面积	**30987**			**33940**		

4–8 全市茶叶及水果生产情况

指标名称	单 位	全 市	
		2020 年	2019 年
茶叶合计	**吨**	**4790**	**4529**
园林水果合计	**吨**	**4012153**	**3369630**
梨	吨	12791	14210
# 雪花梨	吨	328	329
柑橘类水果	吨	2020422	1335559
# 柑	吨	1896285	1229722
橘	吨	22748	24030
橙	吨	41046	35843
柚	吨	60284	44422
热带水果	吨	1782821	1812953
# 香蕉	吨	1218792	1315984
菠萝	吨	1661	2825
荔枝	吨	30520	30936
龙眼	吨	69496	72258
芒果	吨	27131	29432
火龙果	吨	314452	241038
百香果	吨	59668	56080
其他蕉	吨	57375	60497
其他热带水果	吨	3727	3903
其他水果	吨	196120	206909
# 桃	吨	2960	4239
葡萄	吨	26753	30108
红枣（按鲜枣计算）	吨	819	1112
柿子（按鲜柿计算）	吨	8955	10215
李子	吨	6622	7675
其他	吨	150010	153153
食用坚果	**吨**	**18541**	**18612**
# 板栗	吨	16727	17161
年末实有茶园面积	**公顷**	**2693**	**2737**
# 当年采摘面积	公顷	2587	2625
年末果园面积	**公顷**	**148371**	**144522**
# 梨 园	公顷	402	679
柑橘园	公顷	72701	62258
# 柑 园	公顷	64242	
橘 园	公顷	3128	
橙 园	公顷	1550	1440
柚子园	公顷	3635	2691
蕉园	公顷	30934	33323
# 香蕉园	公顷	28006	30187
菠萝园	公顷	104	199
荔枝园	公顷	7015	7893
龙眼园	公顷	7557	8742
芒果园	公顷	2512	2679
桃 园	公顷	222	273
葡萄园	公顷	1302	1548
枣 园	公顷	471	458
柿子园	公顷	237	236
李子园	公顷	458	412
火龙果园	公顷	11676	10099
百香果园	公顷	3173	4775
其他果园	公顷	9604	10947

4-9 全市林业生产情况

指标名称	单 位	全 市	
		2020 年	2019 年
营林情况			
造林面积	公顷	16494	16271
# 新造林	公顷	555	701
人工造林	公顷	555	701
# 退化林修复	公顷	175	
# 人工更新（迹地更新）	公顷	15764	15570
四旁（零星）植树	万株	86	185
森林抚育面积	公顷	48086	59544
育苗面积	公顷	837	799
全社会竹木采伐运输			
全社会木材采伐运输	万立方米	630	541
篙竹	万根	327	322
大杂竹	万根	2700	6817
小杂竹	吨	58251	56589
主要林产品产量			
油桐籽	吨	239	297
油茶籽	吨	207	189
天然松脂	吨	66094	70217
竹笋干	吨	3141	3496
八角	吨	6909	7496
桉叶油	吨		1

4-10 全市畜牧业生产情况

项 目	计量单位	全 市	
		2020 年	2019 年
畜禽出栏			
猪	万头	319	352
牛	万头	15	14
山羊	万头	17	17
家禽	万只	18240	15932
鸡	万只	14060	10241
畜禽存栏			
牛	万头	44	44
猪	万头	229	193
#能繁殖母猪	万头	27	22
山羊	万头	21	21
家禽	万只	6145	6269
鸡	万只	4792	5205
其中：肉鸡	万只	4369	4805
蛋鸡	万只	423	400
畜禽产品产量			
肉类总产量	吨	570164	576236
猪肉	吨	242213	270602
牛肉	吨	15687	14676
羊肉	吨	2683	2754
禽肉	吨	296796	275557
#鸡	吨	217458	167299
兔肉	吨	674	771
其他肉产量	吨	12112	11877
禽蛋	吨	28010	25902
鸡蛋	吨	24177	23030
奶类产量	吨	14603	12656
蚕茧	吨	75868	88504

4-11 全市渔业生产情况

指标名称	计量单位	全 市	
		2020 年	2019 年
水产品总产量	**吨**	**224889**	**219959**
淡水捕捞	吨	10124	12707
鱼 类	吨	9352	11673
甲壳（虾蟹）类	吨	434	532
贝 类	吨	317	413
其他类	吨	22	89
淡水养殖	吨	214765	207252
鱼 类	吨	208158	203074
虾蟹类	吨	2235	1689
贝 类	吨	516	497
其他类	吨	3856	1992
水产品养殖面积	**公顷**	**19974**	**20126**
池塘养殖	公顷	9203	9258
河沟养殖	公顷	905	1034
山塘水库养殖	公顷	9651	9616
其他养殖	公顷	216	219

注：由于农村统计报表制度改革，从 2018 年起水产品产量由农业部门提供数据。

4-12 全市农村水电、化肥用量及灌溉情况

指标名称	单 位	全 市	
		2020 年	2019 年
农村用电量	**万千瓦小时**	**184815**	**141207**
农用化肥施用量			
按实物量计算	吨	1385733	1420898
氮肥	吨	390561	409431
磷肥	吨	266336	274271
钾肥	吨	183572	191208
复合肥	吨	545262	545989
按折纯法计算	吨	471697	461576
氮肥	吨	125759	117271
磷肥	吨	47211	44807
钾肥	吨	91929	93699
复合肥	吨	206798	205798
农用塑料薄膜使用量	**吨**	**12884**	**12830**
# 地膜使用量	吨	8318	8643
地膜覆盖面积	公顷	108146	110804
农用柴油使用量	**吨**	**89527**	**93972**
农药使用量（按实物量计算）	**吨**	**13696**	**13608**
灌溉情况			
有效灌溉面积	公顷	223208	216000
农机作业情况			
机耕面积	公顷	819012	734564
机播面积	公顷	361313	310103
机收面积	公顷	484038	514228

4-13 各县（市）农村基本情况

（2020 年）

指标名称	单位	隆安县	马山县	上林县	宾阳县	横州市
农村基层组织						
乡镇个数	个	10	11	11	16	17
#镇个数	个	6	7	7	16	16
村民委员会	个	118	134	115	192	276
居民委员会	个	20	22	19	45	32
农村社会基础设施						
自来水受益村数	个	118	133	125	192	274
通有线电视村数	个	118	135	134	192	273
通宽带村数	个	118	134	134	192	276

4-14 各县（市）农林牧渔业总产值

（2020年）

单位：万元

指标名称	隆安县		马山县	
	可比价增速（%）	现行价	可比价增速（%）	现行价
农林牧渔业总产值	**3.6**	**687568**	**6.8**	**429600**
农业产值	**2.4**	**511743**	**6.2**	**211857**
主产品产值	2.4	508682	6.1	209114
粮食作物合计	-3.5	49384	7.4	60332
经济作物合计	8.6	54985	4.0	23597
蔬菜（食用菌类）园艺作物	17.4	86556	6.9	84989
水果、饮料和香料	-1.9	316586	5.5	33488
其他农作物	20.9	1171	1.5	6708
林业产值	**15.9**	**26687**	**5.0**	**33319**
营林	104.5	1084	7.2	968
全社会竹木采伐	19.0	18430	3.4	29112
林产品	6.1	7173	23.1	3240
牧业产值	**7.2**	**111956**	**9.0**	**170479**
牛饲养	10.1	10513	0.4	13667
羊饲养	-20.9	1581	5.0	2813
猪的饲养	-11.2	59381	17.8	113680
家禽的饲养	28.2	34108	-3.6	23398
活的畜禽产品	8.9	1033	24.4	1336
其他动物及产品	61.5	5330	4.5	15586
渔业产值	**1.6**	**20588**	**3.1**	**12729**
服务业产值	**-0.4**	**16595**	**3.7**	**1216**

4-14续表

单位：万元

指标名称	上林县		宾阳县		横州市	
	可比价增速（%）	现行价	可比价增速（%）	现行价	可比价增速（%）	现行价
农林牧渔业总产值	**4.1**	**451744**	**4.0**	**993827**	**2.1**	**1511552**
农业产值	**12.3**	**273471**	**5.2**	**618865**	**0.1**	**907755**
主产品产值	12.6	271686	5.3	614267	0.1	902514
粮食作物合计	-2.6	52857	3.3	114908	0.7	123278
经济作物合计	-19.6	34594	-2.7	133101	-9.6	128883
蔬菜（食用菌类）园艺作物	17.2	77998	0.5	242773	0.7	510873
水果、饮料和香料	37.4	101220	34.2	112061	8.4	124152
其他农作物	-4.0	5019	-8.3	11424	-7.2	15327
林业产值	**8.4**	**19993**	**4.5**	**42393**	**7.1**	**60404**
营林	33.9	1152	-18.3	2104	-32.7	2121
全社会竹木采伐	12.1	16203	12.6	32390	10.7	52017
林产品	-16.1	2638	-18.2	7900	-6.3	6266
牧业产值	**-12.2**	**131496**	**1.9**	**273914**	**4.3**	**440231**
牛饲养	35.1	11846	13.7	21474	13.7	17210
羊饲养	-15.9	906	20.7	677	32.7	681
猪的饲养	-14.4	73675	-10.8	95704	17.6	211129
家禽的饲养	-1.7	11414	18.3	77839	12.7	92942
活的畜禽产品	-26.6	2405	41.9	1981	-4.5	3946
其他动物及产品	-19.5	31251	-6.6	76238	-13.7	114323
渔业产值	**3.0**	**25181**	**-0.1**	**43804**	**15.0**	**62698**
服务业产值	**5.7**	**1603**	**3.9**	**14852**	**1.0**	**40464**

4-15 各县（市）农作物播种面积和产量

（2020年）

指标名称	隆安县			马山县		
	播种面积（公顷）	单产（公斤/公顷）	产量（吨）	播种面积（公顷）	单产（公斤/公顷）	产量（吨）
农作物总播种面积	**63785**			**66109**		
粮食合计	**34487**	**4433**	**152893**	**41047**	**4647**	**190750**
稻　谷	12648	5501	69576	14877	5466	81313
早　稻	5610	6019	33769	7007	5685	39835
中　稻	779	5920	4612	1213	6518	7906
晚　稻	6259	4984	31195	6657	5043	33572
玉　米	16407	4556	74752	21125	4870	102870
豆类合计	4050	1667	6750	2830	1256	3555
大　豆	3554	1721	6117	1844	1244	2294
绿　豆	168	1601	269	26	962	25
薯类	1091	1218	1329	2175	1347	2930
红　薯	1068	1204	1286	1664	1386	2306
经济作物播种面积	**29298**			**25062**		
油料作物	1447	2447	3541	1352	1999	2703
花生	1429	2467	3525	1121	2340	2623
油菜籽				222	306	68
芝麻	18	861	16	9	1333	12
麻　类						
甘　蔗	7996	76383	610762	3182	69120	219940
糖料蔗	7935	76315	605563	3068	68798	211073
果　蔗	61	85230	5199	114	77781	8867
中草药材	939			5005		
蔬菜	14508	22272	322961	12199	25869	315446
食用菌			165			133
瓜果类	61	22279	1359	231	22199	5128
其他农作物	**4345**			**3093**		
木　薯	3605	13241	47732	1628	10910	17762
青饲料	182			394		
饲　草	145			269		
绿　肥	413			576		
马　蹄						
其　他				226		
年末桑园面积	**477**			**2341**		

4–15 续表

指标名称	上林县			宾阳县			横州市		
	播种面积（公顷）	单产（公斤/公顷）	产量（吨）	播种面积（公顷）	单产（公斤/公顷）	产量（吨）	播种面积（公顷）	单产（公斤/公顷）	产量（吨）
农作物总播种面积	**53017**			**145613**			**165629**		
粮食合计	**34719**	**4806**	**166865**	**74565**	**4871**	**363210**	**74434**	**5204**	**387390**
稻谷	23761	5274	125315	57900	5347	309575	55262	5565	307520
早稻	11442	5551	63510	28554	5994	171153	26495	5900	156314
中稻									
晚稻	12319	5017	61805	29346	4717	138422	28767	5256	151206
玉米	7489	4789	35867	8756	4514	39522	15268	4777	72930
豆类合计	1597	1508	2408	2587	1407	3639	1847	1551	2864
大豆	1269	1416	1797	1058	1346	1424	1197	1730	2071
绿豆	103	1408	145	490	1118	548	638	1221	779
薯类	1859	1740	3235	5272	1969	10382	2057	1982	4076
红薯	1809	1710	3093	4708	1943	9148	1042	1963	2045
经济作物播种面积	**18297**			**71048**			**91195**		
油料作物	3909	1861	7274	6722	3111	20912	5702	3878	22115
花生	2406	2671	6428	6703	3117	20891	5657	3901	22070
油菜籽	1501	563	845						
芝麻	2	817	1	19	1105	21	45	1000	45
麻类									
甘蔗	4490	89653	402557	18052	97932	1767867	20161	92873	1872422
糖料蔗	4429	88615	392492	17426	96216	1676659	19192	90668	1740107
果蔗	61	165000	10065	626	145700	91208	969	136548	132315
中草药材	300			506			1077		
蔬菜	8093	36770	295678	35532	24258	854522	49512	24291	1068675
食用菌			1907			7422			134012
瓜果类	90	21525	1928	2902	32521	94377	5521	25844	142685
其他农作物	**1416**			**7334**			**9222**		
木薯	215	9648	2077	2400	10289	24694	1658	10598	17572
青饲料	637			1004			631		
饲草	165			409			41		
绿肥	397			3450			632		
马蹄	1	7407	10	32	13531	433	42	18833	791
其他				39			6198		
年末桑园面积	**2955**			**8394**			**12692**		

4–16 各县（市）茶叶及水果生产情况

（2020 年）

指标名称	单位	隆安县	马山县	上林县	宾阳县	横州市
茶叶合计	**吨**		**69**	**626**		**3559**
园林水果合计	**吨**	**620803**	**62001**	**190037**	**162839**	**169165**
梨	吨	689	157	158	267	1956
#雪花梨	吨					
柑橘类水果	吨	163807	41241	156027	102638	71001
#柑	吨	120904	37729	150573	97299	59399
橘	吨	18310		2787		
橙	吨	12430	2023	936	857	1399
柚	吨	12163	1489	1716	4462	10203
热带水果	吨	447159	11834	31851	44733	72080
#香蕉	吨	303316	3220	13008	1748	21881
菠萝	吨	170				
荔枝	吨	372	211	26	338	8207
龙眼	吨	4173	1476	247	840	11977
芒果	吨	672		3873	357	2172
火龙果	吨	137146	764	9409	33898	10207
百香果	吨	53	2811	2407	5821	8279
其他蕉	吨	1212	350	2803	1406	9247
其他热带水果	吨	45	3002	78	325	110
其他水果	吨	9148	8769	2001	15201	24128
#桃	吨	17	235	28	246	505
葡萄	吨	340	917	1418	7028	4539
红枣（按鲜枣计算）	吨			17	299	453
柿子（按鲜柿计算）	吨	151	984	1	263	6259
李子	吨	90	129	83	410	374
其他	吨	8550	6504	455	6955	11998
食用坚果	吨	15481			262	1051
#板栗	吨	15481				118
年末实有茶园面积	**公顷**	**7**	**69**	**634**		**1789**
#当年采摘面积	公顷	6	69	627		1732
年末果园面积	**公顷**	**22816**	**3656**	**7020**	**6023**	**13694**
#梨 园	公顷	23	41	21	32	96
柑橘园	公顷	8146	1828	5627	4147	3856
柑 园	公顷	5487	1725	5169	3612	3316
橘 园	公顷	1217		260	13	
橙 园	公顷	379	33	27	106	76
柚子园	公顷	1024	68	169	411	463
蕉园	公顷	8116	299	534	134	1266
#香蕉园	公顷	7843	132	478	73	876
菠萝园	公顷	19		9		7
荔枝园	公顷	134	55	2	27	2885
龙眼园	公顷	279	355	3	73	2156
芒果园	公顷	180		153	81	216
桃 园	公顷	3	24	25	18	47
葡萄园	公顷	76	171	57	172	350
枣 园	公顷	169	56	25	28	84
柿子园	公顷	7	6	1	12	155
李子园	公顷	30	23	14	55	66
火龙果园	公顷	4374	160	254	764	416
百香果园	公顷	15	187	175	140	482
其他果园	公顷	1247	451	118	341	1613

4-17 各县（市）林业生产情况

（2020 年）

指标名称	单位	隆安县	马山县	上林县	宾阳县	横州市
营林情况						
造林面积	公顷	962	1280	1571	2265	2366
#新造林	公顷	8	133	246	31	
人工造林	公顷	8	133	246	31	
#退化林修复	公顷					
#人工更新（迹地更新）	公顷	954	1147	1325	2234	2366
四旁（零星）植树	万株				86	
森林抚育面积	公顷	4040	3333	3902	4080	8743
育苗面积	公顷	200	15		0	41
全社会竹木采伐运输						
全社会木材采伐运输	万立方米	31	47	28	53	85
簕竹	万根	30				297
大杂竹	万根	66	187	39	630	741
小杂竹	吨	198	34589	3056	15500	1113
主要林产品产量						
油桐籽	吨				7	232
油茶籽	吨			72	42	71
天然松脂	吨	6833	2723	1693	7884	4896
竹笋干	吨	128	150	235	50	337
八角	吨	70	2042	2882		
桉叶油	吨					

4-18 各县（市）主要牲畜年末存栏情况

（2020 年）

指标名称	单位	隆安县	马山县	上林县	宾阳县	横州市
畜禽出栏						
猪	万头	19.4	39.2	22.8	30.4	69.1
牛	万头	1.2	1.5	1.5	2.6	2.1
山 羊	万头	2.4	4.2	1.4	1.0	1.0
家 禽	万只	1063.8	608.9	394.3	2237.8	2660.0
鸡	万只	878.8	401.8	279.2	1704.0	1882.7
畜禽存栏						
牛	万头	4.9	6.3	2.9	6.2	5.8
猪	万头	12.1	33.7	18.3	17.3	43.6
#能繁殖母猪	万头	2.4	2.5	1.6	3.3	5.1
山 羊	万头	5.3	5.2	2.7	0.9	1.0
家 禽	万只	497.6	201.5	138.0	644.2	997.4
鸡	万只	339.9	110.4	108.2	485.7	734.1
其中：肉鸡	万只	329.8	97.3	81.2	458.6	720.3
蛋鸡	万只	10.0	13.1	27.0	27.1	13.7
畜禽产品产量						
肉类总产量	吨	33756.6	41822.3	25442.1	62833.0	98198.6
猪肉	吨	14583.8	29672.5	17197.7	22827.0	51898.0
牛肉	吨	1400.6	1501.2	1578.3	2806.5	2292.9
羊肉	吨	391.7	648.4	214.9	170.1	167.3
禽肉	吨	16868.0	9643.2	6053.0	34974.0	42645.5
#鸡	吨	13446.1	5987.5	4331.0	25732.0	29187.7
兔肉	吨	26.0	58.0	41.1	165.4	9.0
其他肉产量	吨	486.5	299.0	357.1	1890.0	1186.0
禽蛋	吨	874.8	1129.7	2033.7	1675.7	1270.1
鸡蛋	吨	712.2	706.7	1796.4	1359.9	886.7
奶类产量	吨					4567.0
蚕茧	吨	790.5	3751.8	9048.7	18772.0	32680.2

4-19 各县（市）渔业主要产品产量

（2020年）

指标名称	计算单位	隆安县	马山县	上林县	宾阳县	横州市
水产品总产量	**吨**	**12272**	**10288**	**18393**	**34186**	**47989**
淡水捕捞	吨	480	362	434	1371	4725
鱼 类	吨	336	293	425	1152	4525
甲壳（虾蟹）类	吨	30	48	6	111	175
贝 类	吨	114	21	1	88	25
其他类	吨			2	20	
淡水养殖	吨	11792	9926	17959	32815	43264
鱼 类	吨	10942	9767	16303	32072	42710
虾蟹类	吨	258	110	1135	330	6
贝 类	吨		34	259	187	4
其他类	吨	592	15	262	226	544
水产品养殖面积	**公顷**	**1182**	**1058**	**2226**	**2757**	**3005**
池塘养殖	公顷	605	404	1247	1228	767
河沟养殖	公顷	5	213	16		652
山塘水库养殖	公顷	476	438	950	1519	1565
其他养殖	公顷	96	3	13	10	21

4-20 各县（市）农村水电、化肥用量及灌溉情况

（2020年）

指标名称	单位	隆安县	马山县	上林县	宾阳县	横州市
农村用电量	**万千瓦小时**	**7991**	**49177**	**9781**	**22608**	**23188**
农用化肥施用量						
按实物量计算	吨	135854	40697	59972	191488	218070
氮肥	吨	38669	18724	20391	53863	56337
磷肥	吨	30780	5565	9984	48438	44097
钾肥	吨	22932	3351	5642	31918	21542
复合肥	吨	43473	13057	23955	57269	96094
按折纯法计算	吨	49400	11370	17947	63222	58109
氮肥	吨	14226	4628	4908	21547	11267
磷肥	吨	7942	794	1486	7266	6615
钾肥	吨	12323	1563	2490	14365	9478
复合肥	吨	14909	4386	9062	20044	30749
农用塑料薄膜使用量	吨	489	256	733	1558	1795
# 地膜使用量	吨	201	147	392	741	1034
地膜覆盖面积	公顷	4933	3530	2613	9755	10275
农用柴油使用量	吨	6622	2950	6701	14626	11705
农药使用量（按实物量计算）	吨	1739	294	639	3154	1690
灌溉情况						
有效灌溉面积	公顷	14153	11597	19515	46369	37980
农机作业情况						
机耕面积	公顷	60774	54973	43093	118933	149585
机播面积	公顷	19437	22452	13589	52566	79944
机收面积	公顷	20319	31406	25375	72083	97328

4-21 各城区农村基本情况

（2020 年）

指标名称	单位	兴宁区	青秀区	江南区（本级）	西乡塘区（本级）	良庆区	邕宁区	武鸣区（本级）	高新区	经开区	东盟经开区
农村基层组织											
乡镇个数	个	4	5	4	5	6	5	13		2	
#镇个数	个	3	4	3	3	5	5	13		1	
村民委员会	个	35	37	39	55	57	65	198	14	22	
居民委员会	个	11	9	7	4	9	16	22	8	19	
农村社会基础设施											
自来水受益村数	个	36	37	39	56	57	66	198	14	22	
通有线电视村数	个	28	37	39	56	57	47	198	14	20	
通宽带村数	个	36	37	39	56	57	66	198	14	22	

4-22 各城区农林牧渔业总产值

（2020 年）

单位：万元

指标名称	兴宁区		青秀区		江南区（本级）	
	可比价增速（%）	现行价	可比价增速（%）	现行价	可比价增速（%）	现行价
农林牧渔业总产值	**8.0**	**255613**	**1.7**	**389278**	**2.2**	**384787**
农业产值	**-0.7**	**135885**	**1.1**	**173998**	**0.8**	**294758**
主产品产值	-0.7	135455	1.1	172555	0.8	292530
粮食作物合计	0.4	15579	1.0	25340	3.3	21121
经济作物合计	-8.9	10083	-3.3	45260	-1.3	75656
蔬菜（食用菌类）园艺作物	-0.9	100623	-0.1	66645	3.0	129462
水果、饮料和香料	11.6	7953	8.3	34441	-1.5	64845
其他农作物	-9.4	1217	-8.5	870	3.1	1446
林业产值	**62.5**	**52881**	**9.5**	**35225**	**23.8**	**13049**
林木的培育与种植	-18.6	577	-51.6	394	-37.3	1373
全社会竹木采伐	67.9	51071	65.5	14933	40.9	11335
林产品	-18.9	1233	-13.7	19898	-6.1	341
牧业产值	**-9.2**	**41738**	**2.6**	**108531**	**9.8**	**46900**
牛饲养	2.0	884	14.5	7419	11.3	3308
羊饲养	-6.0	219	8.0	321	81.3	202
猪的饲养	-65.9	5884	-30.5	43036	46.4	22696
家禽的饲养	16.8	30653	43.1	43079	1.5	10374
活的畜禽产品	19.3	3902	18.1	4278	26.1	4130
其他动物及产品	-10.3	195	-19.2	10399	-27.7	6191
渔业产值	**7.9**	**20554**	**-6.3**	**10271**	**1.7**	**15045**
服务业产值	**18.6**	**4556**	**-0.6**	**61253**	**1.3**	**15035**

单位：万元

指标名称	西乡塘区（本级）		良庆区		邕宁区		武鸣区（本级）	
	可比价增速（%）	现行价	可比价增速（%）	现行价	可比价增速（%）	现行价	可比价增速（%）	现行价
农林牧渔业总产值	**11.4**	**624834**	**5.9**	**455580**	**3.1**	**551227**	**6.3**	**1953861**
农业产值	**7.1**	**376206**	**9.5**	**301893**	**0.3**	**313895**	**13.4**	**1543821**
主产品产值	7.1	374955	9.6	298804	0.4	311197	13.5	1538062
粮食作物合计	4.4	18809	3.5	27436	5.0	43614	2.1	108967
经济作物合计	1.8	28522	–4.0	78174	–7.4	94072	–13.7	143391
蔬菜（食用菌类）园艺作物	3.6	94315	1.9	112719	1.4	97033	3.9	440799
水果、饮料和香料	9.4	232169	42.6	80287	7.0	73832	27.2	843443
其他农作物	1.0	1141	–11.0	188	–6.0	2647	–31.2	1462
林业产值	**43.1**	**6568**	**–0.2**	**43645**	**14.6**	**23731**	**8.3**	**80710**
营林	21.5	486	15.9	936	–47.9	710	–7.3	1249
全社会竹木采伐	48.6	5881	–0.4	37083	28.4	18628	12.4	61218
林产品	–13.8	201	–0.9	5626	–10.7	4393	–2.8	18243
牧业产值	**26.8**	**206920**	**–1.0**	**90664**	**6.7**	**193162**	**–27.9**	**230855**
牛饲养	–4.5	1552	8.4	3557	–13.7	6627	–7.5	22185
羊饲养	–100.0	0	17.8	176	8.2	179	4.1	3528
猪的饲养	46.1	144642	–17.8	23071	1.9	67837	–54.5	106292
家禽的饲养	2.1	44687	4.0	60866	11.9	95342	–1.1	81834
活的畜禽产品	6.9	4939	9.4	1476	58.4	1034	88.4	1218
其他动物及产品	18.4	11100	–5.5	1518	–2.8	22143	–14.4	15642
渔业产值	**–8.4**	**15677**	**0.3**	**14527**	**1.5**	**14152**	**11.7**	**51546**
服务业产值	**10.0**	**19463**	**5.2**	**4851**	**2.0**	**6288**	**4.5**	**46929**

4–22 续表 2

单位：万元

指标名称	高新区		经开区		东盟经开区	
	可比价增速（%）	现行价	可比价增速（%）	现行价	可比价增速（%）	现行价
农林牧渔业总产值	**–4.7**	**5403**	**12.9**	**77597**	**3.3**	**82600**
农业产值	**–12.1**	**3600**	**–2.8**	**32520**	**10.7**	**51164**
主产品产值	–12.1	3600	–2.8	32110	10.8	50999
粮食作物合计			–2.2	4264	1.2	764
经济作物合计			–4.6	10865	6.0	6078
蔬菜（食用菌类）园艺作物	–12.1	3600	6.1	12645	–15.7	8246
水果、饮料和香料			–18.6	4336	20.3	35822
其他农作物					–67.5	90
林业产值	**85.6**	**1174**	**79.4**	**26111**	**–57.8**	**432**
营林	–69.0	9	137.2	1089	–66.6	10
全社会竹木采伐	95.0	1165	77.7	25022	–57.6	422
林产品						
牧业产值			**–16.0**	**14934**	**–4.9**	**28042**
牛饲养			10.6	259	–62.0	49
羊饲养			–58.5	2		1
猪的饲养			–51.5	6111	–22.5	14953
家禽的饲养			31.5	6348	–9.9	2843
活的畜禽产品			18.1	1634	6.1	7969
其他动物及产品			26.7	580	35.0	2228
渔业产值	**–30.3**	**629**	**133.2**	**2017**		**1042**
服务业产值			**14.5**	**2016**	**1.6**	**1920**

注：2019 年东盟经开区农林牧渔业产值从武鸣区分离出来开始独立核算。

4-23 各城区农作物播种面积和产量

（2020 年）

指标名称	兴宁区			青秀区			江南区（本级）		
	播种面积（公顷）	单产（公斤/公顷）	产量（吨）	播种面积（公顷）	单产（公斤/公顷）	产量（吨）	播种面积（公顷）	单产（公斤/公顷）	产量（吨）
农作物总播种面积	**26787**			**37798**			**62687**		
粮食合计	**10075**	**4914**	**49505**	**14631**	**5475**	**80101**	**12364**	**5363**	**66302**
稻 谷	7717	5273	40694	10768	5680	61167	9027	5679	51266
早 稻	2854	5798	16547	5209	6126	31911	2330	6062	14124
中 稻									
晚 稻	4863	4965	24147	5559	5263	29256	6697	5546	37142
玉 米	2010	4149	8340	2948	5450	16066	2637	5130	13528
豆类合计	32	2094	67	275	2382	655	465	1763	820
大 豆	9	2556	23	172	2209	380	195	1826	356
绿 豆	4	1000	4	35	2486	87	222	1658	368
薯类	316	1278	404	627	3440	2157	235	2928	688
红 薯	316	1278	404	469	3612	1694	235	2928	688
经济作物播种面积	**16713**			**23167**			**50323**		
油料作物	1665	2663	4433	2876	3284	9445	2734	3339	9129
花 生	1665	2663	4433	2876	3284	9445	2734	3339	9129
油菜籽									
芝 麻									
麻 类				15	7400	111	72	2208	159
甘 蔗	472	62463	29470	5860	91584	536682	12644	97594	1233974
糖料蔗	448	61010	27333	5818	91554	532659	12600	97520	1228750
果 蔗	24	89815	2138	42	95786	4023	44	118727	5224
中草药材	126			262			28		
蔬 菜	9007	20692	186106	8775	24336	206950	21424	21793	466883
食用菌			265			6600			
瓜果类	135	29052	3920	3353	29322	98315	11929	23491	280223
其他农作物	**5309**			**2026**			**1492**		
木 薯	869	11947	10378	763	17143	13080	396	9482	3755
青饲料	49			623			256		
饲 草	228			25			269		
绿 肥				592					
马 蹄									
其 他	4163			23			571		
年末桑园面积				**435**					

4-23 续表 1

指标名称	西乡塘区（本级）			良庆区			邕宁区			武鸣区（本级）		
	播种面积（公顷）	单产（公斤/公顷）	产量（吨）	播种面积（公顷）	单产（公斤/公顷）	产量（吨）	播种面积（公顷）	单产（公斤/公顷）	产量（吨）	播种面积（公顷）	单产（公斤/公顷）	产量（吨）
农作物总播种面积	**42934**			**62392**			**66074**			**171084**		
粮食合计	**12192**	**4883**	**59534**	**18017**	**4788**	**86257**	**27365**	**5051**	**138211**	**67505**	**4974**	**335795**
稻谷	6728	5265	35421	14314	4939	70695	20075	5562	111666	34671	5859	203134
早稻	3083	5938	18307	7257	5310	38537	9902	6093	60337	17133	5925	101521
中稻										723	7697	5565
晚稻	3645	4695	17114	7057	4557	32158	10173	5046	51329	16815	5712	96048
玉米	4881	4707	22974	2505	5229	13099	4263	5377	22920	20751	5352	111069
豆类合计	355	1718	610	766	1670	1279	301	1545	465	6491	1626	10557
大豆	293	1747	512	383	1762	675	184	1391	256	5406	1479	7996
绿豆	61	1574	96	180	1350	243	71	1225	87	51	1176	60
薯类	228	2320	529	432	2741	1184	2726	1159	3160	5592	1974	11036
红薯	228	2320	529	432	2741	1184	2444	1014	2479	2320	1929	4476
经济作物播种面积	**30742**			**44375**			**38709**			**103579**		
油料作物	2654	2953	7838	2516	2417	6082	5036	2711	13652	13004	3299	42894
花生	2654	2953	7838	2400	2376	5703	5036	2711	13652	12948	3303	42770
油菜籽												
芝麻												
麻类												
甘蔗	4426	72302	320010	18709	66113	1236913	13222	72615	960116	18042	83996	1515460
糖料蔗	4414	72413	319631	18694	66110	1235856	13018	72518	944036	17558	83186	1460577
果蔗	12	31583	379	15	70467	1057	204	78824	16080	484	113395	54883
中草药材				270			1912			1123		
蔬菜	17283	21179	365973	15634	26810	419127	14426	24437	352395	63347	26161	1655517
食用菌			60			29			140			1715
瓜果类	4786	18621	89121	5722	22532	128929	2976	27261	81130	6046	27595	166837
其他农作物	**1593**			**1523**			**1137**			**2017**		
木薯	1158	10659	12343	1437	13376	19221	935	14075	13160	1756	16657	29250
青饲料	223			76			167			132		
饲草	212			10								
绿肥										129		
马蹄												
其他							35					
年末桑园面积	**20.67**			**113**			**2697.33**			**862.47**		

4-23 续表 2

指标名称	高新区			经开区			东盟经开区		
	播种面积（公顷）	单产（公斤/公顷）	产量（吨）	播种面积（公顷）	单产（公斤/公顷）	产量（吨）	播种面积（公顷）	单产（公斤/公顷）	产量（吨）
农作物总播种面积	**709**			**9393**			**2155**		
粮食合计				**2593**	**5239**	**13585**	**446**	**5465**	**2438**
稻谷				1612	5328	8588	189	6148	1162
早稻				249	5161	1285	113	6475	732
中稻									
晚稻				1363	5358	7303	76	5662	430
玉米				969	5144	4985	221	5487	1212
豆类合计							8	2125	17
大豆							5	1800	9
绿豆							1	3000	3
薯类				12	1000	12	28	1665	47
红薯				12	1000	12	27	1653	45
经济作物播种面积	**709**			**6800**			**1709**		
油料作物				757	3665	2773	34	2775	94
花生				757	3665	2773	34	2775	94
油菜籽									
芝麻									
麻类									
甘蔗				2032	74595	151577	1062	58001	61606
糖料蔗				2032	74595	151577	1062	58001	61606
果蔗									
中草药材				209			46		
蔬菜	709	16865	11913	2286	19399	43887	299	38499	4194
食用菌			49			456			7327
瓜果类				1479	11186	16542	243	25090	6095
其他农作物				**38**			**25**		
木薯				38	29803	1133	8	24218	195
青饲料									
饲草							17		
绿肥									
马蹄									
其他									
年末桑园面积									

4-24 各城区茶叶及水果生产情况

（2020 年）

指标名称	单位	兴宁区	青秀区	江南区（本级）	西乡塘区（本级）	良庆区	邕宁区	武鸣区（本级）	高新区	经开区	东盟经开区
茶叶合计	**吨**		**9**					**329**			**198**
园林水果合计	**吨**	**12065**	**38474**	**74949**	**636346**	**109752**	**104763**	**1751816**		**6236**	**72906**
梨	吨	192	459	33	6	20	1647	7196			11
#雪花梨			308			20					
柑橘类水果	吨	4115	18944	24035	119816	30413	51834	1183761		4744	48046
#柑	吨	4061	15675	22706	113687	18520	49352	1156399		4741	45238
橘	吨	1	1297				350				3
橙	吨	5	1394	1150	312	11040	662	8653			185
柚	吨	48	578	179	5817	853	1470	18689		2	2615
热带水果	吨	6713	14462	45092	489362	66078	45262	484073		470	23651
#香蕉	吨	2528	2922	23071	441734	12313	4074	372971		95	15913
菠萝	吨			200		1	249	1041			
荔枝	吨	439	1633	866	2224	7248	5152	3618		8	178
龙眼	吨	1656	3252	2718	1353	6059	5640	29904		105	96
芒果	吨	92	745	973	2891	4841	3546	6969			
火龙果	吨	1221	3539	7605	11910	28647	16237	47640		202	6027
百香果	吨	522	1917	4458	545	6397	9083	15895		52	1428
其他蕉	吨	256	454	5201	28705	573	1131	6026		9	2
其他热带水果	吨						150	9			8
其他水果	吨	1045	4609	5789	27162	13241	6020	76786		1022	1198
#桃	吨	69	98			120	49	1593			
葡萄	吨	279	1996	165	259	13	75	8700			1024
红枣（按鲜枣计算	吨	5	13					32			
柿子（按鲜柿计算）	吨	38	39			50	154	1017			
李子	吨	56	68	157	2	63	177	5013		1	
其他	吨	598	2395	5467	26901	12995	5565	60431		1022	174
食用坚果	**吨**	**4**	**49**	**18**	**128**	**330**	**231**	**986**			**2**
#板栗	吨	4	19		128		31	944			2
年末实有茶园面积	**公顷**	**3**	**13**					**170**			**9**
#当年采摘面积	公顷							145			9
年末果园面积	**公顷**	**1241**	**2124**	**3944**	**19128**	**8803**	**8830**	**47407**		**771**	**2912**
#梨 园	公顷	9	23	11		7	48	89			
柑橘园	公顷	432	885	889	5247	1928	3065	34042		636	1974
柑 园	公顷	387	683	823	3333	1363	2673	33252		590	1829
橘 园	公顷	4	28		1533		32			41	
橙 园	公顷	2	58	27	61	465	73	234		3	5
柚子园	公顷	39	58	39	320	67	286	549		2	140
蕉园	公顷	116	118	985	10437	391	323	7725		14	476
#香蕉园	公顷	96	97	849	8823	377	247	7630		10	476
菠萝园	公顷			38		7	16	4			3
荔枝园	公顷	111	151	228	196	2026	1033	127		3	38
龙眼园	公顷	242	257	448	153	809	1173	1483		55	71
芒果园	公顷	44	48	236	288	473	512	251		12	19
桃 园	公顷	3	34			23	14	30			
葡萄园	公顷	22	125	13	24	1	7	216			70
枣 园	公顷	1	6	38	41		13	5			5
柿子园	公顷	3	7			15	12	20			
李子园	公顷	5	14	29	3	22	79	119			
火龙果园	公顷	52	180	339	789	1859	896	1430		9	153
百香果园	公顷	21	89	264	77	332	883	446		3	60
其他果园	公顷	180	187	426	1874	911	757	1418		39	43

4-25 各城区林业生产情况

（2020 年）

指标名称	单位	兴宁区	青秀区	江南区（本级）	西乡塘区（本级）	良庆区	邕宁区	武鸣区（本级）	高新区	经开区	东盟经开区
营林情况											
造林面积	公顷	666	415	1280	418.2	1240	866	1918.7	22.7	1198.1	25.3
# 新造林	公顷		32	30	55		7.3	11.3			
人工造林	公顷		32	30	55		7.3	11.3			
# 退化林修复	公顷						13.3	93.7		68.4	
# 人工更新（迹地更新）	公顷	666	383	1250	363.2	1240	845.4	1813.7	22.7	1129.7	25.3
四旁（零星）植树	万株				0.2						
森林抚育面积	公顷	2576	1500	3600	2337.1	3333	2776.7	3627.7		4237.3	
育苗面积	公顷		35.73	460	15	6		1.7		62.33	
全社会竹木采伐运输											
全社会木材采伐运输	万立方米	87.4	25.7	19.5	10.1	61.3	31.5391	106	2	43	1
篙竹	万根										
大杂竹	万根	181.7		5		750	100				
小杂竹	吨			595			3200				
主要林产品产量											
油桐籽	吨										
油茶籽	吨	9.6		12							
天然松脂	吨	1257.8	17100	114	206	5773	3696	13918			
竹笋干	吨		810	55			200	1176			
八角	吨	4						1911			
桉叶油	吨										

4-26 各城区主要牲畜年末存栏情况

（2020 年）

指标名称	单位	兴宁区	青秀区	江南区（本级）	西乡塘区（本级）	良庆区	邕宁区	武鸣区（本级）	高新区	经开区	东盟经开区
畜禽出栏											
猪	万头	2.0	13.5	7.1	48.5	7.4	21.4	31.8		2.2	4.7
牛	万头	0.1	0.9	0.4	0.2	0.5	0.8	2.8			
山 羊	万头	0.3	0.5	0.3		0.3	0.3	5.3			
家 禽	万只	953.6	1159.5	307.1	1235.3	1781.3	2870.8	2697.6		169.5	100.8
鸡	万只	785.0	919.4	160.0	947.6	1376.9	2446.7	2126.9		81.3	69.9
畜禽存栏											
牛	万头	0.5	2.2	2.0	1.2	1.1	2.3	8.0		0.1	
猪	万头	1.3	7.5	6.3	40.0	6.2	16.1	22.1		0.8	3.9
#能繁殖母猪	万头	0.2	0.7	1.2	4.0	0.8	1.5	2.4		0.1	0.9
山 羊	万头	0.5	0.5	0.3		0.2	0.3	4.1			
家 禽	万只	219.2	545.2	77.7	468.6	408.7	953.1	822.6		57.7	113.8
鸡	万只	205.3	459.4	48.6	383.0	325.4	834.2	613.4		35.6	108.6
其中：肉鸡	万只	159.5	385.0	36.5	346.3	306.0	826.3	597.4		20.8	3.5
蛋鸡	万只	45.8	74.4	12.1	36.6	19.4	7.9	16.0		14.8	105.1
畜禽产品产量											
肉类总产量	吨	17036.9	32401.8	12383.6	60043.8	36388.2	65334.7	74334.1		4837.6	5351.2
猪肉	吨	1532.6	10797.6	5425.5	36957.8	5667.0	16650.1	23868.0		1676.1	3459.4
牛肉	吨	117.8	988.2	440.7	206.7	473.6	883.3	2955.8		34.4	6.5
羊肉	吨	54.9	73.5	49.9		50.5	51.1	810.5		0.5	0.2
禽肉	吨	15293.5	19656.6	5395.5	20007.3	29738.4	46928.1	45023.8		2980.8	1588.4
#鸡	吨	11835.3	14442.9	2442.9	14745.3	21842.5	38323.4	32858.6		1200.6	1082.2
兔肉	吨	3.6	215.0	19.0		41.6	31.0	64.0			
其他肉产量	吨	34.5	671.0	1053.0	2871.9	417.0	791.0	1612.0		145.8	296.8
禽蛋	吨	2692.4	3618.0	1411.7	2459.3	1050.4	770.7	901.3		1382.3	6740.1
鸡蛋	吨	2564.0	3212.4	827.9	1996.9	869.6	590.3	751.8		1373.2	6529.0
奶类产量	吨	691.8		4597.3	3797.0	435.0	230.0	285.0			
蚕茧	吨		1460.0			290.0	5864.0	3211.0			

4-27 各城区渔业主要产品产量

（2020 年）

指标名称	计算单位	兴宁区	青秀区	江南区（本级）	西乡塘区（本级）	良庆区	邕宁区	武鸣区（本级）	高新区	经开区	东盟经开区
水产品总产量	**吨**	**7026**	**8078**	**12290**	**12603**	**10798**	**11405**	**36951**	**510**	**1255**	**845**
淡水捕捞	吨		78	358	155	1571	30	560			
鱼 类	吨		72.5	358	155	1503	27	505			
甲壳（虾蟹）类	吨		5.5				3	55			
贝 类	吨					68					
其他类	吨										
淡水养殖	吨	7026	8000	11932	12448	9227	11375	36391	510	1255	845
鱼 类	吨	5737	7955	11877	12409	8946	11344	35536	510	1205	845
虾蟹类	吨	22	10	48	20	94	22	180			
贝 类	吨			7				25			
其他类	吨	1267	35		19	187	9	650		50	
水产品养殖面积	**公顷**	**556**	**843**	**1224**	**1162**	**825**	**917**	**3706**	**62.56**	**365**	**85.4**
池塘养殖	公顷	408	282	719	689	456	365	1640	62.56	255	74.9
河沟养殖	公顷			4			15				
山塘水库养殖	公顷	148	527	501	470	369	533	2050		105	
其他养殖	公顷		34		3		4	16		5	10.5

4-28 各城区农村水电、化肥用量及灌溉情况

（2020 年）

指标名称	单位	兴宁区	青秀区	江南区（本级）	西乡塘区（本级）	良庆区	邕宁区	武鸣区（本级）	高新区	经开区	东盟经开区
农村用电量	**万千瓦小时**	**5625**	**3271**	**5878**	**9029**	**5862**	**4248**	**32363**	**0**	**5794**	
农用化肥施用量											
按实物量计算	吨	19732	39723	76295	98873	93640	102061	276084	410	18084	14750
氮肥	吨	5781	11624	15859	26703	32641	29814	73382	123	3837	2814
磷肥	吨	3674	9358	8996	16709	16978	27817	37994	65	2959	2923
钾肥	吨	2590	4194	7101	17560	10659	11503	39833	50	2051	2646
复合肥	吨	7687	14547	44339	37901	33362	32927	124875	172	9237	6367
按折纯法计算	吨	5954	12073	24876	30302	32678	28300	123571	74	7783	6038
氮肥	吨	1439	3292	3861	6897	9470	7335	33920	15	1633	1321
磷肥	吨	552	1400	1309	2856	3925	4250	7735	10	543	529
钾肥	吨	1223	1809	3196	7545	5645	5137	24387	6	1234	1529
复合肥	吨	2740	5572	16510	13004	13638	11578	57529	43	4373	2661
农用塑料薄膜使用量	吨	523	543	865	946	628	607	3487	0	345	109
# 地膜使用量	吨	478	449	741	721	542	602	1991	0	256	23
地膜覆盖面积	公顷	5246	11376	19213	13418	3422	5768	14931	25	3570	70
农用柴油使用量	吨	3271	6997	1911	8001	528	2845	18274		4926	170
农药使用量（按实物量计算）	吨	266	804	829	501	570	805	1871	42	185	308
灌溉情况											
有效灌溉面积	公顷	7673	7003	12132	14373	5571	11083	31465	85	2566	1643
农机作业情况											
机耕面积	公顷	25758	32442	54509	38491	46899	43769	142183		6503	1100
机播面积	公顷	5832	18088	25084	11807	12021	20498	75911		3442	642
机收面积	公顷	12181	18638	25114	19023	22780	31636	101331		5682	1142

五 工业

CHAPTER 5 INDUSTRY

5-1 全市主要年份工业总产值

（按当年价格计算）　　　　单位：万元

年份	全部工业总产值	轻工业	重工业	规模以上工业总产值	# 国有工业	# 集体工业
1950	767	704	63	238	37	201
1965	26370	17413	8957	23595	19842	3753
1978	111437	68785	42652	110979	91689	18287
1980	129920	94843	35077	128638	106710	21401
1985	216221	149483	66738	209855	178446	31211
1986	247582	169834	77748	236722	204570	31570
1987	310315	211666	98649	298512	257753	38720
1988	404796	279480	125316	387247	332131	51458
1989	504021	353985	150036	488566	417319	57031
1990	549256	382516	166740	528855	453624	59995
1991	625718	419582	206136	600539	507269	65208
1992	740112	487356	252756	700243	579918	82273
1993	1005613	628765	376848	909065	719657	122451
1994	1341785	812033	529752	1171195	888611	164083
1995	1529236	891430	637806	1303224	918567	231410
1996	1581367	933535	647832	1339026	848099	307245
1997	1696837	1008391	688446	1366220	762253	348946
1998	1824639	1090345	734294	1418302	739942	358305
1999	1870681	1096428	774253	1422855	492613	325646
2000	2417251	1400496	1016755	1485196	486501	177095
2001	2608099	1489715	1118384	1685135	358901	194259
2002	2911858	1579082	1332776	1987028	363601	164196
2003	3341980	1846907	1495073	2418570	556669	117223
2004	4040693	2037693	2003000	3003353	842068	57348
2005	4909198	2559317	2349881	3701812	968474	64551
2006	6392812	3342337	3050475	4954808	1038323	88873
2007	8302142	4293941	4008201	6690667	1303988	96465
2008	10598632	5123335	5475297	8649563	1471132	87492
2009	11757647	6222870	5534777	9816480	1654334	73099
2010	15011824	7440694	7571130	12854044	1700981	54174
2011	20002301	10092932	9909369	17252922	1937849	82630
2012	22827319	11226164	11601155	21093267	2512372	112116
2013	26591777	12068752	14523024	25571348	1942979	137903
2014	29550538	12711226	16839312	28566304	1801199	111823
2015	33238249	13738436	19499813	32370606	2159725	48183
2016	36280744	14717868	21562877	35219998	1683493	52072
2017	37941377	15400515	22540862	37130696	1327571	65904

注：2000 年以后为行政区划调整后的数据，其余年份为原南宁口径。2000 年以前规模以上工业产值为乡及乡以上工业口径，2001—2010 年规模以上工业统计口径为年主营业务收入 500 万元及以上工业法人单位，2011 年以后规模以上工业统计口径为年主营业务收入 2000 万元以上工业法人单位。

5-2 全市主要年份工业总产值发展速度

单位：%

年份	全部工业总产值	轻工业	重工业	规模以上工业总产值	# 国有工业	# 集体工业
1951	180.0	178.3	200.0	160.9	367.6	124.9
1965	142.1	138.4	149.8	142.8	146.6	125.4
1978	108.3	105.6	112.8	108.3	108.3	108.0
1980	113.7	122.9	97.6	113.9	113.2	117.7
1985	120.0	118.4	124.6	117.5	117.0	117.8
1986	108.0	108.7	106.2	107.1	108.5	99.2
1987	117.9	115.9	123.2	116.8	117.0	112.0
1988	116.2	116.7	114.7	115.8	114.3	122.2
1989	108.3	108.3	108.3	109.2	109.0	102.0
1990	107.0	106.5	108.1	108.6	107.9	105.4
1991	111.2	105.0	127.0	109.1	108.0	109.3
1992	117.2	117.9	115.6	117.6	114.8	117.8
1993	118.7	116.2	124.2	111.4	107.4	128.1
1994	117.8	111.3	131.0	120.7	107.2	132.2
1995	116.6	106.5	134.1	106.9	104.7	146.9
1996	101.1	102.4	99.3	101.2	91.5	132.1
1997	110.8	111.9	109.2	105.9	94.7	118.6
1998	109.7	110.1	109.1	106.1	101.3	99.2
1999	107.3	105.6	109.8	104.7	68.0	94.7
2000	106.8	104.4	110.1	106.4	79.0	90.6
2001	107.9	106.4	110.0	113.5	73.8	109.7
2002	111.6	106.0	119.2	117.9	101.3	84.5
2003	114.8	117.0	112.2	121.7	153.1	71.4
2004	120.9	110.3	134.0	124.2	151.3	48.9
2005	121.5	125.6	117.3	123.3	115.0	112.6
2006	130.2	130.6	129.8	133.8	107.2	137.7
2007	129.9	128.5	131.4	135.0	125.6	108.5
2008	127.7	119.3	136.6	129.3	112.8	90.7
2009	110.9	121.5	101.1	113.5	112.5	83.5
2010	127.7	128.4	127.0	130.9	102.8	74.1
2011	133.2	135.7	130.9	134.2	113.9	152.5
2012	114.1	111.2	117.1	122.3	129.6	135.7
2013	116.5	107.5	125.2	121.2	77.3	123.0
2014	111.1	105.3	115.9	111.7	92.7	81.1
2015	112.5	108.1	115.8	113.3	119.9	43.1
2016	109.2	107.1	110.6	108.8	77.9	108.1
2017	104.6	104.6	104.5	105.4	78.9	126.6
2018	105.3			105.2	100.8	102.3
2019	104.3			104.9	108.0	112.9
2020	100.8			101.4	99.1	82.9

注：2001 年以后工业总产值发展速度按当年价格计算，其余年份按可比价计算。

5-3 全市规模以上主要工业产品产量

（2020 年）

产品名称	单位	生产量	产品名称	单位	生产量
大米	吨	510754	中成药	吨	20584
小麦粉	吨		塑料制品	吨	245860
精制食用植物油	吨	20795	硅酸盐水泥熟料	吨	9590622
鲜、冷藏肉	吨	103477	水泥	吨	16627368
成品糖	吨	964431	水泥混凝土电杆	根	672684
饲料	吨	4746399	商品混凝土	立方米	31695579
方便面	吨	4929	砖	万块	12780
乳制品	吨	101904	平板玻璃	重量箱	12529172
液体乳	吨	101904	钢化玻璃	平方米	1681625
罐头	吨	51644	卫生陶瓷制品	件	3241610
冷冻饮品	吨	63316	粗钢	吨	
发酵酒精（折 96 度，商品量）	千升	62604	钢材	吨	1311950
饮料酒	千升	279240	铝材	吨	283367
啤酒	千升	279240	起重机	吨	115449
饮料	吨	1825653	铸铁件	吨	
精制茶	吨	46315	锻件	吨	2853
卷烟	万支	3533950	矿山专用设备	吨	52369
纱	吨	22312	小型拖拉机	台	1236
蚕丝	吨	3542	发电机组（发电设备）	千瓦	123670
服装	万件	776	电力电缆	千米	312603
轻革	平方米	332855	变压器	千伏安	
人造板	立方米	6587446	通信及电子网络用电缆	对千米	
家具	件	461536	家用电风扇	台	145324
纸浆（原生浆及废纸浆）	吨	190256	家用吸排油烟机	台	1412
机制纸及纸板（外购原纸加工除外）	吨	227361	表	只	507520
纸制品	吨	460214	电子元件	万只	501405
合成氨（无水氨）	吨		淀粉及淀粉制品	吨	127895
农用氮、磷、钾化学肥料（折纯）	吨		松香	吨	17052
氮肥（折含氮 100%）	吨		自来水生产量	万立方米	53254
初级形态塑料	吨	15970			
化学药品原药	吨	9879			

5-4 全市规模以上工业企业主要财务状况

（2020年）　　单位：万元

指标名称	单位数（个）	#亏损企业	从业人员平均人数（人）	负债合计
总计	**1155**	**267**	**170120**	**19911780**
#亏损企业	267	267	39418	5171596
国有控股企业	116	27	26804	7194296
按登记注册类型分组				
国有企业	13	4	2143	2030928
#中央企业				
地方企业	13	4	2143	2030928
集体企业	3		617	5262
股份合作企业	1		38	26842
联营企业				
有限责任公司	232	62	38838	5017809
#国有独资公司	23	3	5080	542634
其他有限责任公司	209	59	33758	4475175
股份有限公司	11	3	5913	1872347
私营企业	803	181	84320	6782367
其他企业				
港、澳、台商投资企业	46	10	18088	1938438
外商投资企业	46	7	20163	2237788
按轻重工业分				
轻工业	467	131	67352	5038857
重工业	688	136	102768	14872924
按大中小型工业分				
大型企业	15	3	33247	4577414
中型企业	98	24	52177	3506999
小微型企业	1042	240	84696	11827367

单位：万元

指标名称	单位数（个）	# 亏损企业	从业人员平均人数（人）	负债合计
按工业行业大类分	**1155**	**267**	**170120**	**19911780**
煤炭开采和洗选业	1	1	112	6181
石油和天然气开采业				
黑色金属矿采选业				
有色金属矿采选业	1	1	129	617
非金属矿采选业	20	6	717	102612
开采专业及辅助性活动				
其他采矿业				
农副食品加工业	129	31	18796	1867268
食品制造业	41	14	6300	366880
酒、饮料和精制茶制造业	48	8	6680	274429
烟草制品业	2	1	319	381185
纺织业	30	13	6473	263604
纺织服装、服饰业	7	3	1292	18674
皮革、毛皮、羽毛及其制品和制鞋业	2	1	1449	10930
木材加工和木、竹、藤、棕、草制品业	134	15	16116	627335
家具制造业	11	2	1202	69203
造纸和纸制品业	46	13	6675	842932
印刷和记录媒介复制业	20	4	1796	71789
文教、工美、体育和娱乐用品制造业	6	1	233	9314
石油、煤炭及其他燃料加工业	6	1	409	48527
化学原料和化学制品制造业	91	13	6758	800259
医药制造业	46	21	6002	440665
化学纤维制造业				
橡胶和塑料制品业	48	14	4643	158529
非金属矿物制品业	145	21	20357	1434290
黑色金属冶炼和压延加工业	13	8	1093	100934
有色金属冶炼和压延加工业	8	4	3169	919645
金属制品业	63	13	6839	398880
通用设备制造业	16	4	2277	162344
专用设备制造业	47	9	6736	1153507
汽车制造业	11	3	2692	408661
铁路、船舶、航空航天和其他运输设备制造业	3	1	347	11326
电气机械和器材制造业	61	15	3798	422743
计算机、通信和其他电子设备制造业	56	21	30892	4140279
仪器仪表制造业	7	2	764	16560
其他制造业	2		420	8877
废弃资源综合利用业	3		338	21517
金属制品、机械和设备修理业	1		25	3069
电力、热力生产和供应业	21	1	1370	2857782
燃气生产和供应业	5	1	1199	375590
水的生产和供应业	4	1	1703	1114845

指标名称	资产总计	流动资产合　计	# 存货	# 产成品
总计	**29950378**	**17024958**	**6654166**	**986785**
# 亏损企业	6345790	3479910	678847	280713
国有控股企业	10410153	3574061	4539125	169748
按登记注册类型分组				
国有企业	2076802	320567	22362	14704
# 中央企业				
地方企业	2076802	320567	22362	14704
集体企业	18755	17315	4526	1806
股份合作企业	30596	27856	4344	
联营企业				
有限责任公司	8209022	4310433	4768010	228331
# 国有独资公司	916983	471439	47851	18968
其他有限责任公司	7292040	3838994	4720159	209364
股份有限公司	2676886	552436	65916	52324
私营企业	10064796	6912683	1179657	526613
其他企业				
港、澳、台商投资企业	3046160	2107649	220449	78371
外商投资企业	3827362	2776019	388902	84636
按轻重工业分				
轻工业	8130244	4746156	4984521	393591
重工业	21820135	12278803	1669645	593194
按大中小型工业分				
大型企业	6540907	3343276	509504	153934
中型企业	6209039	3562311	620752	286658
小微型企业	17200433	10119371	5523910	546193

指标名称	资产总计	流动资产合　计	# 存货	# 产成品
按工业行业大类分	**29950378**	**17024958**	**6654166**	**986785**
煤炭开采和洗选业	9305	1258	10	10
石油和天然气开采业				
黑色金属矿采选业				
有色金属矿采选业	3933	1815	39	
非金属矿采选业	133457	69798	5933	5185
开采专业及辅助性活动				
其他采矿业				
农副食品加工业	2807957	1587137	321463	136597
食品制造业	604582	405510	55091	16384
酒、饮料和精制茶制造业	720050	349058	92529	40408
烟草制品业	1150438	801308	4080086	2769
纺织业	385255	236753	102199	51039
纺织服装、服饰业	44501	30475	5430	3689
皮革、毛皮、羽毛及其制品和制鞋业	15057	8526	4731	2275
木材加工和木、竹、藤、棕、草制品业	1253507	636555	140593	68179
家具制造业	92418	61491	22647	9305
造纸和纸制品业	832567	362311	61418	20384
印刷和记录媒介复制业	174429	72111	11458	4880
文教、工美、体育和娱乐用品制造业	21856	12025	3604	936
石油、煤炭及其他燃料加工业	87692	31925	10260	5549
化学原料和化学制品制造业	1444172	859106	186816	82525
医药制造业	645095	364661	97272	44550
化学纤维制造业				
橡胶和塑料制品业	262471	179764	62036	31012
非金属矿物制品业	3007658	1952936	180065	74161
黑色金属冶炼和压延加工业	180096	138707	37349	13587
有色金属冶炼和压延加工业	1282258	373705	120026	31901
金属制品业	593227	462682	105559	34878
通用设备制造业	244419	169661	34347	7033
专用设备制造业	1608158	1048332	140080	72456
汽车制造业	982322	523625	66069	37789
铁路、船舶、航空航天和其他运输设备制造业	53514	27374	6787	14
电气机械和器材制造业	649499	543283	104401	67198
计算机、通信和其他电子设备制造业	5125856	4758778	549046	106045
仪器仪表制造业	32676	25663	8433	4186
其他制造业	20860	7440	2044	468
废弃资源综合利用业	37457	29716	1126	656
金属制品、机械和设备修理业	4592	4008	591	578
电力、热力生产和供应业	3321104	486823	17162	2
燃气生产和供应业	536478	202019	11425	10158
水的生产和供应业	1581463	198620	6041	

5-4 续表 2 单位：万元

指标名称	营业收入	营业成本	营业外收入	营业外支出
总计	**24150226**	**19891690**	**144107**	**27608**
#亏损企业	3410782	3290721	20165	8133
国有控股企业	5993680	3700197	24069	7768
按登记注册类型分组				
国有企业	1537475	656033	3625	1488
#中央企业				
地方企业	1537475	656033	3625	1488
集体企业	12650	10423	53	3
股份合作企业	26550	25652	81	
联营企业				
有限责任公司	5894138	4374342	27539	6115
#国有独资公司	660780	536422	2592	839
其他有限责任公司	5233358	3837920	24947	5276
股份有限公司	498667	381153	4500	1944
私营企业	9050495	8037485	66208	14266
其他企业				
港、澳、台商投资企业	2306525	1980823	15887	2320
外商投资企业	4823726	4425779	26215	1472
按轻重工业分				
轻工业	7429483	5660705	44266	12938
重工业	16720743	14230984	99841	14670
按大中小型工业分				
大型企业	5592295	5153091	14307	3723
中型企业	4059061	3340196	47853	7132
小微型企业	14498870	11398403	81947	16752

5-4 续表 2.1

单位：万元

指标名称	营业收入	营业成本	营业外收入	营业外支出
按工业行业大类分	**24150226**	**19891690**	**144107**	**27608**
煤炭开采和洗选业	1357	1335	254	10
石油和天然气开采业				
黑色金属矿采选业				
有色金属矿采选业	1170	951	17	10
非金属矿采选业	85558	64257	261	862
开采专业及辅助性活动				
其他采矿业				
农副食品加工业	3005800	2708053	11238	4250
食品制造业	312208	243662	3683	487
酒、饮料和精制茶制造业	708450	510885	2587	730
烟草制品业	1261095	367926	271	1280
纺织业	293121	263614	9958	124
纺织服装、服饰业	32906	29234	533	51
皮革、毛皮、羽毛及其制品和制鞋业	24540	22691	395	4
木材加工和木、竹、藤、棕、草制品业	1219196	1118102	9508	1142
家具制造业	57610	48280	1286	39
造纸和纸制品业	472848	423484	2966	1738
印刷和记录媒介复制业	113275	91480	1375	155
文教、工美、体育和娱乐用品制造业	192778	191210	443	12
石油、煤炭及其他燃料加工业	86364	63674	370	209
化学原料和化学制品制造业	1165162	1003021	5469	1788
医药制造业	315392	206992	4572	2795
化学纤维制造业				
橡胶和塑料制品业	331513	287731	1852	222
非金属矿物制品业	2494739	1908461	17547	5913
黑色金属冶炼和压延加工业	265352	259477	585	74
有色金属冶炼和压延加工业	461036	434980	3563	685
金属制品业	968613	909794	3561	481
通用设备制造业	225343	193764	633	474
专用设备制造业	883761	722689	4423	978
汽车制造业	195781	166076	492	469
铁路、船舶、航空航天和其他运输设备制造业	92843	84685	36	5
电气机械和器材制造业	438862	381009	4651	639
计算机、通信和其他电子设备制造业	6462859	6266289	20800	858
仪器仪表制造业	17018	13445	188	41
其他制造业	10212	7557	102	11
废弃资源综合利用业	18863	13428	458	6.5
金属制品、机械和设备修理业	4449	3720		
电力、热力生产和供应业	1509029	569097	3027	923
燃气生产和供应业	255192	211108	23439	36
水的生产和供应业	165934	99530	3569	106

单位：万元

指标名称	销售费用	管理费用	财务费用	# 利息费用
总计	**478740**	**684559**	**265578**	**269117**
# 亏损企业	72249	140635	108249	108706
国有控股企业	89813	212324	106231	121013
按登记注册类型分组				
国有企业	8304	24458	436	552
# 中央企业				
地方企业	8304	24458	436	552
集体企业	443	1536	–2	15
股份合作企业	124	467	262	
联营企业				
有限责任公司	131868	240682	91623	100368
# 国有独资公司	15591	30280	8043	7343
其他有限责任公司	116277	210401	83580	93025
股份有限公司	10888	28348	44147	52025
私营企业	197320	297812	83151	84610
其他企业				
港、澳、台商投资企业	62167	42353	4015	6306
外商投资企业	67626	48905	41946	25242
按轻重工业分				
轻工业	236826	312290	96184	109156
重工业	241914	372269	169394	159961
按大中小型工业分				
大型企业	81516	79262	107547	93921
中型企业	106124	173572	56226	60378
小微型企业	291100	431725	101805	114817

5-4 续表 3.1　　　　单位：万元

指标名称	销售费用	管理费用	财务费用	
				# 利息费用
按工业行业大类分	**478740**	**684559**	**265578**	**269117**
煤炭开采和洗选业	69	133	222	222
石油和天然气开采业				
黑色金属矿采选业				
有色金属矿采选业	75	1070	–28	
非金属矿采选业	9014	7346	600	410
开采专业及辅助性活动				
其他采矿业				
农副食品加工业	57875	101076	42856	48014
食品制造业	25301	19625	9932	9948
酒、饮料和精制茶制造业	51471	23025	3016	4344
烟草制品业	25125	56493	–4276	6401
纺织业	4093	12106	6135	5679
纺织服装、服饰业	402	3816	215	90
皮革、毛皮、羽毛及其制品和制鞋业	20	1432	73	63
木材加工和木、竹、藤、棕、草制品业	18331	34949	12833	11846
家具制造业	4539	4503	864	626
造纸和纸制品业	8413	24328	20422	19007
印刷和记录媒介复制业	1917	10523	57	322
文教、工美、体育和娱乐用品制造业	349	1087	74	3
石油、煤炭及其他燃料加工业	858	1786	1102	1074
化学原料和化学制品制造业	28890	35164	8682	7685
医药制造业	43073	32791	10073	9413
化学纤维制造业				
橡胶和塑料制品业	7122	9524	3703	3196
非金属矿物制品业	80246	90070	11474	11943
黑色金属冶炼和压延加工业	3844	4226	1115	532
有色金属冶炼和压延加工业	9193	16346	29810	31149
金属制品业	10319	25885	4833	3570
通用设备制造业	8812	6725	3738	1432
专用设备制造业	29067	41850	18991	19090
汽车制造业	6111	9700	4848	5420
铁路、船舶、航空航天和其他运输设备制造业	542	1818	93	150
电气机械和器材制造业	14211	18728	4445	3481
计算机、通信和其他电子设备制造业	19071	42105	17490	9105
仪器仪表制造业	219	2873	53	54
其他制造业	506	1011	275	
废弃资源综合利用业		1802	818	821
金属制品、机械和设备修理业	207	383	32	33
电力、热力生产和供应业	80	25387	27005	27265
燃气生产和供应业	4606	5026	3405	3408
水的生产和供应业	4773	9851	20600	23323

5–4 续表 4

单位：万元

指标名称	营业利润	利润总额	亏损企业亏损额
总计	**1083121**	**1197484**	**213865**
#亏损企业	–225897	–213865	213865
国有控股企业	291295	305460	66899
按登记注册类型分组			
国有企业	18831	18834	1654
#中央企业			
地方企业	18831	18834	1654
集体企业	123	173	
股份合作企业	29	110	
联营企业			
有限责任公司	267991	289415	85805
#国有独资公司	58825	60578	1861
其他有限责任公司	209166	228837	83944
股份有限公司	25756	28312	10474
私营企业	297916	349855	67102
其他企业			
港、澳、台商投资企业	224738	238304	18449
外商投资企业	247738	272482	30381
按轻重工业分			
轻工业	334395	365723	97991
重工业	748726	831761	115874
按大中小型工业分			
大型企业	132830	143414	38447
中型企业	354461	395182	71549
小微型企业	595829	658889	103868

单位：万元

指标名称	营业利润	利润总额	亏损企业亏损额
按工业行业大类分	**1083121**	**1197484**	**213865**
煤炭开采和洗选业	-457	-213	213
石油和天然气开采业			
黑色金属矿采选业			
有色金属矿采选业	-917	-909	909
非金属矿采选业	-389	-989	5984
开采专业及辅助性活动			
其他采矿业			
农副食品加工业	89225	96213	25249
食品制造业	9104	12301	8350
酒、饮料和精制茶制造业	109246	111103	1301
烟草制品业	88555	87546	910
纺织业	452	10286	7676
纺织服装、服饰业	-1054	-573	1684
皮革、毛皮、羽毛及其制品和制鞋业	-248	143	89
木材加工和木、竹、藤、棕、草制品业	44861	53227	6985
家具制造业	-1689	-442	1549
造纸和纸制品业	-9585	-8358	33310
印刷和记录媒介复制业	8090	9309	232
文教、工美、体育和娱乐用品制造业	-179	250	18
石油、煤炭及其他燃料加工业	18327	18487	109
化学原料和化学制品制造业	105946	109628	1772
医药制造业	17234	19011	14573
化学纤维制造业			
橡胶和塑料制品业	17016	18647	1964
非金属矿物制品业	353574	365206	7489
黑色金属冶炼和压延加工业	-4421	-3911	4779
有色金属冶炼和压延加工业	-31338	-28461	30256
金属制品业	9849	12929	4805
通用设备制造业	4613	4772	266
专用设备制造业	28048	31492	6315
汽车制造业	7496	7519	4220
铁路、船舶、航空航天和其他运输设备制造业	2803	2833	991
电气机械和器材制造业	7490	11501	2033
计算机、通信和其他电子设备制造业	88413	108356	32528
仪器仪表制造业	-175	-28	533
其他制造业	775	866	
废弃资源综合利用业	2659	3110	
金属制品、机械和设备修理业	97	97	
电力、热力生产和供应业	58310	58280	3894
燃气生产和供应业	31154	54557	2873
水的生产和供应业	30237	33700	9

5-5 市区规模以上工业企业主要工业产品产量

（2020 年）

产品名称	单位	生产量	产品名称	单位	生产量
大米	吨	141634	蒸压加气混凝土板	立方米	116282
精制食用植物油	吨	20795	硅酸盐水泥熟料	吨	3528264
鲜冷藏冻肉	吨	60235	商品混凝土	立方米	28871312
成品糖	吨	466514	平板玻璃	重量箱	
饲料	吨	3008041	钢化玻璃	平方米	331073
乳制品	吨	101904	单色印刷品	令	936327
液体乳	吨	101904	钢材	吨	832915
罐头	吨	39407	铝材	吨	283367
冷冻饮品	吨	54390	起重机	吨	112064
发酵酒精（折 96 度，商品量）	千升		混凝土机械	台	84
饮料酒	千升	279240	铸钢件	吨	
啤酒	千升	279240	小型拖拉机	台	1236
饮料	吨	1825653	矿山专用设备	吨	48217
卷烟	万支	3533950	沥青和改性沥青防水卷材	平方米	38924359
纱	吨	22312	金属冶炼设备	吨	5492
服装	万件	776	环境污染防治专用设备	台（套）	634
人造板	立方米	3238940	改装汽车	辆	29
胶合板	立方米	1841463	变压器	千伏安	
家具	件	413406	发电机组（发电设备）	千瓦	123670
机制纸及纸板（外购原纸加工除外）	吨	10673	通信及电子网络用电缆	对千米	
纸制品	吨	268046	电力电缆	千米	312141
单色印刷品	令	936327	家用电风扇	台	145324
多色印刷品	对开色令	4639730	家用吸排油烟机	台	1412
化学药品原药	吨	9879	电饭锅	个	51025
中成药	吨	20584	光电子器件	万只	25523
香精	吨	1062	表	只	
塑料制品	吨	205787	淀粉及淀粉制品	吨	118356
水泥	吨	8325967	松香	吨	
水泥混凝土电杆	根	243157	自来水生产量	万立方米	50629

5-6 市区规模以上工业企业主要财务状况

（2020 年）

单位：万元

指标名称	单位数（个）	# 亏损企业	从业人员平均人数（人）	负债合计
总计	**819**	**204**	**118604**	**16342792**
# 亏损企业	204	204	28968	4021116
国有控股企业	89	24	20897	6164496
按登记注册类型分组				
国有企业	9	2	744	1993616
# 中央企业				
地方企业	9	2	744	1993616
集体企业	2		578	4877
股份合作企业	1		38	26842
联营企业				
有限责任公司	174	48	29414	3726565
# 国有独资公司	16	3	3580	331856
其他有限责任公司	158	45	25834	3394709
股份有限公司	9	3	5673	1751189
私营企业	544	137	46232	5309260
其他企业				
港、澳、台商投资企业	39	9	17043	1888336
外商投资企业	41	5	18882	1642108
按轻重工业分				
轻工业	305	93	41496	3253973
重工业	514	111	77108	13088820
按大中小型工业分				
大型企业	13	3	30391	4543568
中型企业	52	13	28892	2150828
小型、微型企业	754	188	59321	9648396

单位：万元

指标名称	单位数（个）	#亏损企业	从业人员平均人数（人）	负债合计
按工业行业大类分	**819**	**204**	**118604**	**16342792**
煤炭开采和洗选业				
石油和天然气开采业				
黑色金属矿采选业				
有色金属矿采选业				
非金属矿采选业	14	5	499	89430
开采专业及辅助性活动				
其他采矿业				
农副食品加工业	78	20	10160	1148540
食品制造业	34	12	5738	347404
酒、饮料和精制茶制造业	18	5	4089	169855
烟草制品业	2	1	319	381185
纺织业	8	2	1884	150151
纺织服装、服饰业	6	3	1111	17226
皮革、毛皮、羽毛及其制品和制鞋业	1		1194	6705
木材加工和木、竹、藤、棕、草制品业	82	12	6853	323814
家具制造业	10	2	1073	63803
造纸和纸制品业	19	6	2728	117790
印刷和记录媒介复制业	20	4	1796	71789
文教、工美、体育和娱乐用品制造业	4	1	112	1511
石油、煤炭及其他燃料加工业	4		358	41843
化学原料和化学制品制造业	62	10	4591	639145
医药制造业	42	20	5457	416339
化学纤维制造业				
橡胶和塑料制品业	39	13	3464	142364
非金属矿物制品业	107	15	13886	1079884
黑色金属冶炼和压延加工业	11	6	458	75700
有色金属冶炼和压延加工业	7	4	3151	918203
金属制品业	50	10	4476	292350
通用设备制造业	13	4	2049	158933
专用设备制造业	42	8	6251	1134799
汽车制造业	11	3	2692	408661
铁路、船舶、航空航天和其他运输设备制造业	3	1	347	11326
电气机械和器材制造业	55	14	3257	402581
计算机、通信和其他电子设备制造业	48	19	25825	4064004
仪器仪表制造业	7	2	764	16560
其他制造业	2		420	8877
废弃资源综合利用业	3		338	21517
金属制品、机械和设备修理业				
电力、热力生产和供应业	9	1	422	2131553
燃气生产和供应业	5	1	1199	375590
水的生产和供应业	3		1643	1113363

5-6 续表 1

单位：万元

指标名称	资产总计	流动资产合计	# 存货	# 产成品
总计	**24565853**	**14284968**	**6050726**	**730037**
# 亏损企业	5158634	2865112	527973	226875
国有控股企业	8730695	3084380	4476287	138428
按登记注册类型分组				
国有企业	2028407	298563	14164	6804
# 中央企业				
地方企业	2028407	298563	14164	6804
集体企业	18187	17033	4339	1647
股份合作企业	30596	27856	4344	
联营企业				
有限责任公司	6264221	3564881	4603587	168706
# 国有独资公司	587443	349157	37667	11182
其他有限责任公司	5676778	3215725	4565920	157524
股份有限公司	2555728	518516	65490	52322
私营企业	7651960	5405001	768484	342552
其他企业				
港、澳、台商投资企业	2801965	2003440	207465	74798
外商投资企业	3214790	2449677	382854	83208
按轻重工业分				
轻工业	5925303	3459121	4659808	260180
重工业	18640550	10825847	1390918	469857
按大中小型工业分				
大型企业	6498492	3317413	504558	152332
中型企业	4100730	2282063	367054	171432
小型、微型企业	13966630	8685492	5179114	406274

5-6 续表 1.1

单位：万元

指标名称	资产总计	流动资产合　计	# 存货	# 产成品
按工业行业大类分	**24565853**	**14284968**	**6050726**	**730037**
煤炭开采和洗选业				
石油和天然气开采业				
黑色金属矿采选业				
有色金属矿采选业				
非金属矿采选业	112970	57099	3802	3372
开采专业及辅助性活动				
其他采矿业				
农副食品加工业	1788036	914140	179528	89951
食品制造业	579575	391895	53055	15725
酒、饮料和精制茶制造业	562920	238666	46144	13103
烟草制品业	1150438	801308	4080086	2769
纺织业	240193	138306	47068	25108
纺织服装、服饰业	42489	28747	4886	3145
皮革、毛皮、羽毛及其制品和制鞋业	8752	5106	2554	1395
木材加工和木、竹、藤、棕、草制品业	803318	410639	59092	25370
家具制造业	84580	58792	22204	9256
造纸和纸制品业	175945	87316	30414	12564
印刷和记录媒介复制业	174429	72111	11458	4880
文教、工美、体育和娱乐用品制造业	13095	6550	1141	76
石油、煤炭及其他燃料加工业	79774	25469	6320	2705
化学原料和化学制品制造业	1172731	671313	123567	47634
医药制造业	594442	335361	88402	39117
化学纤维制造业				
橡胶和塑料制品业	231216	157527	56492	27736
非金属矿物制品业	1967101	1391607	110223	44607
黑色金属冶炼和压延加工业	101068	85378	30260	8802
有色金属冶炼和压延加工业	1280534	372223	120007	31893
金属制品业	437553	357003	80904	29343
通用设备制造业	227675	162878	32543	5578
专用设备制造业	1577805	1030488	132389	69476
汽车制造业	982322	523625	66069	37789
铁路、船舶、航空航天和其他运输设备制造业	53514	27374	6787	14
电气机械和器材制造业	614545	513262	98022	65566
计算机、通信和其他电子设备制造业	5028871	4697839	525039	97598
仪器仪表制造业	32676	25663	8433	4186
其他制造业	20860	7440	2044	468
废弃资源综合利用业	37457	29716	1126	656
金属制品、机械和设备修理业				
电力、热力生产和供应业	2280392	261400	3387	
燃气生产和供应业	536478	202019	11425	10158
水的生产和供应业	1572100	196709	5855	

5-6 续表 2

单位：万元

指标名称	营业收入	营业成本	营业外收入	营业外支出
总计	**19835147**	**16217039**	**116503**	**19533**
#亏损企业	2919189	2803155	15851	6482
国有控股企业	5148614	3095937	20565	6279
按登记注册类型分组				
国有企业	1450026	592916	2952	728
#中央企业				
地方企业	1450026	592916	2952	728
集体企业	9326	7191	53	3
股份合作企业	26550	25652	81	
联营企业				
有限责任公司	4695845	3374514	22904	5266
#国有独资公司	466362	401175	2044	687
其他有限责任公司	4229483	2973339	20859	4579
股份有限公司	477636	368045	4492	1942
私营企业	6291768	5604126	44477	8520
其他企业				
港、澳、台商投资企业	2140761	1880702	15410	2149
外商投资企业	4743236	4363893	26134	924
按轻重工业分				
轻工业	5474947	3912725	33490	9400
重工业	14360200	12304314	83012	10133
按大中小型工业分				
大型企业	5504978	5077959	13662	3648
中型企业	2489010	2069387	34734	3803
小型、微型企业	11841158	9069693	68107	12082

单位：万元

指标名称	营业收入	营业成本	营业外收入	营业外支出
按工业行业大类分	**19835147**	**16217039**	**116503**	**19533**
煤炭开采和洗选业				
石油和天然气开采业				
黑色金属矿采选业				
有色金属矿采选业				
非金属矿采选业	59188	47434	223	453
开采专业及辅助性活动				
其他采矿业				
农副食品加工业	1882622	1703359	5397	2415
食品制造业	293378	228191	3332	487
酒、饮料和精制茶制造业	565454	385008	1915	565
烟草制品业	1261095	367926	271	1280
纺织业	128586	115818	8428	101
纺织服装、服饰业	29288	26106	531	51
皮革、毛皮、羽毛及其制品和制鞋业	22654	21010	388	
木材加工和木、竹、藤、棕、草制品业	623560	561576	6360	677
家具制造业	47744	39188	1286	39
造纸和纸制品业	176472	154736	1763	321
印刷和记录媒介复制业	113275	91480	1375	155
文教、工美、体育和娱乐用品制造业	189276	188536	443	12
石油、煤炭及其他燃料加工业	80992	58726	288	207
化学原料和化学制品制造业	861280	735939	4681	1165
医药制造业	304413	198673	4386	2790
化学纤维制造业				
橡胶和塑料制品业	265251	226873	1560	217
非金属矿物制品业	1731088	1389990	7139	3404
黑色金属冶炼和压延加工业	161389	152863	515	71
有色金属冶炼和压延加工业	453865	427936	3543	685
金属制品业	837899	795293	2390	305
通用设备制造业	206896	178277	628	474
专用设备制造业	809275	656337	4060	826
汽车制造业	195781	166076	492	469
铁路、船舶、航空航天和其他运输设备制造业	92843	84685	36	5
电气机械和器材制造业	409045	353597	4288	639
计算机、通信和其他电子设备制造业	6317736	6140571	20103	778
仪器仪表制造业	17018	13445	188	41
其他制造业	10212	7557	102	11
废弃资源综合利用业	18863	13428	458	7
金属制品、机械和设备修理业				
电力、热力生产和供应业	1253328	380074	2960	777
燃气生产和供应业	255192	211108	23439	36
水的生产和供应业	160193	95223	3537	74

5-6 续表 3

单位：万元

指标名称	销售费用	管理费用	财务费用	#利息费用
总计	**401305**	**512279**	**196420**	**200735**
#亏损企业	59881	115277	83164	84268
国有控股企业	71950	171278	86310	100965
按登记注册类型分组				
国有企业	2855	14555	274	408
#中央企业				
地方企业	2855	14555	274	408
集体企业	418	1500	-3	15
股份合作企业	124	467	262	
联营企业				
有限责任公司	112489	191274	67474	75657
#国有独资公司	10744	23100	3775	3260
其他有限责任公司	101745	168174	63700	72398
股份有限公司	10888	27984	41636	49473
私营企业	151025	194869	54818	58068
其他企业				
港、澳、台商投资企业	56199	37527	3860	6105
外商投资企业	67309	44104	28099	11009
按轻重工业分				
轻工业	206185	223242	57786	71970
重工业	195121	289037	138634	128765
按大中小型工业分				
大型企业	80448	73042	107406	93817
中型企业	75311	89737	25513	27062
小型、微型企业	245546	349499	63501	79856

5-6 续表 3.1

单位：万元

指标名称	销售费用	管理费用	财务费用	# 利息费用
按工业行业大类分	**401305**	**512279**	**196420**	**200735**
煤炭开采和洗选业				
石油和天然气开采业				
黑色金属矿采选业				
有色金属矿采选业				
非金属矿采选业	6050	4836	585	408
开采专业及辅助性活动				
其他采矿业				
农副食品加工业	38448	52316	29629	34228
食品制造业	24499	18037	9381	9587
酒、饮料和精制茶制造业	48703	15855	1166	2562
烟草制品业	25125	56493	–4276	6401
纺织业	2541	5445	2864	2702
纺织服装、服饰业	287	3684	163	90
皮革、毛皮、羽毛及其制品和制鞋业		1247		3
木材加工和木、竹、藤、棕、草制品业	13597	22255	7094	6442
家具制造业	4356	4162	626	388
造纸和纸制品业	5552	7886	2850	2269
印刷和记录媒介复制业	1917	10523	57	322
文教、工美、体育和娱乐用品制造业	174	665	72	1
石油、煤炭及其他燃料加工业	815	1346	1067	1046
化学原料和化学制品制造业	21912	26998	7213	7029
医药制造业	42356	30788	9929	9271
化学纤维制造业				
橡胶和塑料制品业	6229	7760	3271	2761
非金属矿物制品业	53695	61332	8648	7323
黑色金属冶炼和压延加工业	3820	2295	1142	532
有色金属冶炼和压延加工业	9152	16286	29810	31149
金属制品业	7810	19565	2888	2155
通用设备制造业	8257	6242	3565	1386
专用设备制造业	27791	40310	18101	18233
汽车制造业	6111	9700	4848	5420
铁路、船舶、航空航天和其他运输设备制造业	542	1818	93	150
电气机械和器材制造业	13853	17099	4408	3480
计算机、通信和其他电子设备制造业	17600	33127	17265	8921
仪器仪表制造业	219	2873	53	54
其他制造业	506	1011	275	
废弃资源综合利用业		1802	818	821
金属制品、机械和设备修理业				
电力、热力生产和供应业	80	14986	8817	8872
燃气生产和供应业	4606	5026	3405	3408
水的生产和供应业	4704	8513	20595	23323

5-6 续表 4 单位：万元

指标名称	营业利润	利润总额	亏损企业 亏损额
总计	**803545**	**898379**	**152763**
#亏损企业	-162132	-152763	152763
国有控股企业	138057	150208	65185
按登记注册类型分组			
国有企业	11111	11200	849
#中央企业			
地方企业	11111	11200	849
集体企业	102	152	
股份合作企业	29	110	
联营企业			
有限责任公司	173735	191372	73941
#国有独资公司	18992	20349	1861
其他有限责任公司	154743	171023	72081
股份有限公司	21147	23697	10474
私营企业	176740	212694	47139
其他企业			
港、澳、台商投资企业	171582	184843	18405
外商投资企业	249099	274311	1954
按轻重工业分			
轻工业	297560	321652	48468
重工业	505985	576727	104295
按大中小型工业分			
大型企业	128827	138841	38447
中型企业	215689	246620	36366
小型、微型企业	459029	512917	77949

单位：万元

指标名称	营业利润	利润总额	亏损企业亏损额
按工业行业大类分	**803545**	**898379**	**152763**
煤炭开采和洗选业			
石油和天然气开采业			
黑色金属矿采选业			
有色金属矿采选业			
非金属矿采选业	–3095	–3324	5750
开采专业及辅助性活动			
其他采矿业			
农副食品加工业	56026	59010	13671
食品制造业	8725	11571	8196
酒、饮料和精制茶制造业	104753	106104	504
烟草制品业	88555	87546	910
纺织业	–2826	5502	2977
纺织服装、服饰业	–1228	–748	1684
皮革、毛皮、羽毛及其制品和制鞋业	–156	232	
木材加工和木、竹、藤、棕、草制品业	31595	37277	6489
家具制造业	–1692	–445	1549
造纸和纸制品业	3055	4497	1601
印刷和记录媒介复制业	8090	9309	232
文教、工美、体育和娱乐用品制造业	–383	47	18
石油、煤炭及其他燃料加工业	18434	18516	
化学原料和化学制品制造业	87643	91160	1625
医药制造业	17485	19081	14257
化学纤维制造业			
橡胶和塑料制品业	14822	16167	1810
非金属矿物制品业	182366	186098	4543
黑色金属冶炼和压延加工业	310	755	113
有色金属冶炼和压延加工业	–31358	–28500	30256
金属制品业	7609	9694	3899
通用设备制造业	3684	3838	266
专用设备制造业	24381	27615	6170
汽车制造业	7496	7519	4220
铁路、船舶、航空航天和其他运输设备制造业	2803	2833	991
电气机械和器材制造业	7161	10808	2007
计算机、通信和其他电子设备制造业	81892	101218	31728
仪器仪表制造业	–175	–28	533
其他制造业	775	866	
废弃资源综合利用业	2659	3110	
金属制品、机械和设备修理业			
电力、热力生产和供应业	22739	22788	3894
燃气生产和供应业	31154	54557	2873
水的生产和供应业	30246	33708	

5-7 各县（市、区）规模以上工业企业单位数

（2020年）

单位：个

指标名称	兴宁区	青秀区	江南区	西乡塘区	良庆区	邕宁区
总计	**27**	**30**	**187**	**239**	**67**	**35**
#亏损企业	1	5	40	76	15	11
国有控股企业	6	14	18	21	6	8
按登记注册类型分组						
国有企业		5		2	1	
#中央企业						
地方企业		5		2	1	
集体企业		1	1			
有限责任公司	9	9	43	43	16	15
#国有独资公司	2	4		4	2	2
其他有限责任公司	7	5	43	39	14	13
股份有限公司			2	5		
私营企业	17	13	116	163	42	18
港、澳、台商投资企业		1	9	17	5	1
外商投资企业	1		16	9	3	1
按轻重工业分						
轻工业	10	17	83	75	28	5
重工业	17	13	104	164	39	30
按大中小型工业分						
大型企业			5	4		2
中型企业	2	1	15	16	5	2
小微型企业	25	29	167	219	62	31

5-7 续表

单位：个

指标名称	武鸣区	隆安县	马山县	上林县	宾阳县	横州市
总计	231	56	19	23	106	132
# 亏损企业	55	11	7	7	17	21
国有控股企业	13	4	5		7	11
按登记注册类型分组						
国有企业		1			2	1
# 中央企业						
地方企业		1			2	1
集体企业						1
有限责任公司	38	10	4	4	23	17
# 国有独资公司	2		2		2	3
其他有限责任公司	36	10	2	4	21	14
股份有限公司	1	1	1			
私营企业	175	43	14	19	76	107
港、澳、台商投资企业	6	1			3	3
外商投资企业	11				2	3
按轻重工业分						
轻工业	85	24	5	7	52	74
重工业	146	32	14	16	54	58
按大中小型工业分						
大型企业	1				2	
中型企业	11	3	3	2	15	23
小微型企业	219	53	16	21	89	109

5–8 各县（市、区）规模以上工业企业主要工业产品产量

（2020 年）

产品名称	单位	兴宁区	青秀区	江南区	西乡塘区	良庆区	邕宁区
大米	吨		28183	66457			
精制食用植物油	吨			15083			
饲料	吨	98434		1526642	299551	568863	
#配合饲料	吨	98434		1264684	129388	204109	
混合饲料	吨				48198	322637	
成品糖	吨				61193	41724	
淀粉及淀粉制品	吨						
鲜、冷藏肉	吨	13542			6687		
乳制品	吨	1550			81925	18429	
罐头	吨			39407			
冷冻饮品	吨			15854			
蚕丝	吨						
服装	万件		85			74	
锯材	立方米			174623			
人造板	立方米	164445		678915	578676	37456	
家具	件	313077					
纸浆（原生浆及废纸浆）	吨						
机制纸及纸板（外购原纸加工除外）	吨		10673				
纸制品	吨			55377		8768	
单色印刷品	令	28230	412029		496068		
多色印刷品	对开色令	114004	1044863		3474858		
合成复合肥料（实物量）	吨	25947		20946	36655		
卷烟	万支						
植物类饮片	千克		340161	3372189	735464		
中成药	吨	1110	125	14133	2355	1157	
塑料制品	吨			146049	8336	2795	10266
松香	吨						
松节油	吨						
香精	吨		1062				
硅酸盐水泥熟料	吨				3463337		
水泥	吨				4234793		1092785
商品混凝土	立方米	3418152	1616256	5868719	5929936	5327800	2762566
水泥混凝土电杆	根					37196	
砖	万块			1235			
平板玻璃	重量箱						
钢材	吨			31187		168780	123028
铝材	吨			174623			
钢结构	吨			35912			352619
金属门窗及类似制品	吨	12056		29668	18788		12665
小型拖拉机	台	1236					
起重机	吨						112064
矿山专用设备	吨		46822		1395		
机动车（汽车）零配件	千元			43131	598449		
配电或电器控制设备（11 万伏以下）	台（套、面）			45946	40665		
电力电缆	千米			306046	1658		
家用电风扇	台				145324		
家用吸排油烟机	台				1412		
电饭锅	个				12808		
卫星导航定位接收机	部						
光电子器件	万只（片）			25523			
电子元件	万只			118341			
表	只						

5-8 续表

产品名称	单位	武鸣区	隆安县	马山县	上林县	宾阳县	横州市
小麦粉	吨						
大米	吨	8542					13185
精制食用植物油	吨						
饲料	吨	509751	655447			509325	573586
# 配合饲料	吨	453380	402369			433020	523950
混合饲料	吨	20185	253078				
成品糖	吨		43076	26006	31529	170867	226439
淀粉及淀粉制品	吨	118356	3015	6524			
鲜、冷藏肉	吨	40006					43242
方便面	吨	4929					
罐头	吨						12237
发酵酒精(折 96 度，商品量)	千升		42066	18636			
饮料	吨	218097					
精制茶	吨	1108					45207
蚕丝	吨	15	113		1017	700	1364
轻革	平方米						332855
人造板	立方米	1779448	726686	67307		887688	1666825
家具	件	74462					
纸浆(原生浆及废纸浆)	吨						190256
机制纸及纸板(外购原纸加工除外)	吨					88317	108246
纸制品	吨	186851					189465
甲醛	吨		195848			53670	
合成氨（无水氨）	吨						
农用氮、磷、钾化学肥料总计(折纯)	吨						
化学农药原药(折有效成分 100%)	吨						
中成药	吨	691					
塑料制品	吨	38342					8573
松香	吨		3685		13366		
硅酸盐水泥熟料	吨		1896102	748269		2026288	1391699
水泥	吨	2998389	2165632	670577	49518	2067370	3348304
商品混凝土	立方米	3154037		155639	500340	944320	721954
水泥混凝土电杆	根	39314				356529	55198
砖	万块	11545					
卫生陶瓷制品	件					3233788	
钢材	吨						479035
铝材	吨						
气动元件	件					28984	
电子元件	万只					335180	
小型拖拉机	台						

六 运输邮电

CHAPTER 6 TRANSPORT,POSTAL AND TEL-ECOMMUNICATION

6-1 全市主要年份交通邮电情况

年份	邮电业务总量（万元）	年末电话用户（户）	客运量（万人）	货运量（万吨）
1950	53	174		8
1965	381	4859		215
1978	420	7691		347
1980	487	9195		313
1985	1211	17277	3907	1055
1986	1384	20423	4615	1268
1987	1709	24171	5795	1428
1988	1990	28145	6234	2703
1989	2311	33663	6338	1915
1990	5219	37131	3908	1863
1991	6854	47878	2625	2226
1992	9807	60333	2896	2589
1993	16745	87174	2545	2908
1994	29695	140004	3835	3457
1995	47626	228940	4545	3341
1996	65478	248387	4959	3413
1997	86853	361554	5457	3450
1998	112896	403001	5026	3470
1999	133877	645717	5130	3293
2000	190253	865319	5149	3291
2001	255793	913508	5266	3371
2002	291117	1543341	5343	3442
2003	191649	2678588	7017	5893
2004	248049	3527773	8451	6791
2005	293587	3658498	9131	7236
2006	689043	4040947	9665	7853
2007	1033495	4408556	10532	9237
2008	1289710	4880161	8066	13044
2009	1459981	5498397	8987	15491
2010	1769876	6043808	10153	19171
2011	829763	7917861	11170	24326
2012	945554	8247169	12036	29783
2013	1009173	8526254	8364	30877
2014	1277064	8305419	8697	33146
2015	1579550	8213790	9185	36282
2016	2415421	8478748	8898	32429
2017	2062507	10096927	9245	35142
2018	4547164	13594994	9473	38382
2019	7813409	13721305	9520	41324
2020	8774174	13536276	6893	36769

注：1. 邮电业务总量 1950 年为 1952 年不变价，1965 年为 1957 年不变价，1978—1980 年为 1970 年不变价，1985—1989 年为 1980 年不变价，1990—2002 年为 1990 年不变价，2003—2010 年为 2000 年不变价，2011 年以后为 2010 年不变价。2003 年以后为行政区划调整后的数据，其余年份为原南宁口径。2. 年末电话用户数来自中国移动广西有限公司南宁分公司、中国联合网络通信有限公司南宁分公司、铁通公司南宁分公司、中国电信股份有限公司南宁分公司。

6-2 全市民用运输船舶拥有量

（2020 年）

指标名称	单 位	总 计	#私 人
机动船	艘	1097	100
载客量	客位	1013	
净载重量	吨位	1616806	94049
总功率	千瓦	385072	
客船	艘	18	
载客量	客位	1013	
货船	艘	1079	100
净载重量	吨位	1616806	94049

注：数据由南宁市交通运输局提供。

6-3 全市全社会客货运输量

（2020 年）

指标名称	客运量（万人）	旅客周转量（万人公里）	货运量（万吨）	货物周转量（万吨公里）
合计	**6893**	**686121**	**36769**	**6341880**
公路运输合计	3902	686007	32500	3409428
水上运输合计	8	114	4080	2932452
铁路发送运输合计	2440		179	
民航运输合计	542		11	

七 固定资产投资

CHAPTER 7 INVESTMENT IN FIXED ASSETS

7-1 全市主要年份固定资产投资情况

单位：万元

年份	全社会固定资产投资额	固定（城镇固定）资产投资额	新增固定资产
1950	312	312	
1965	5578	4577	3476
1978	17731	16886	6772
1980	16704	16078	12713
1985	44590	38447	25868
1986	59292	47569	37857
1987	67975	59092	52193
1988	91450	82364	64369
1989	73920	66787	64217
1990	75907	60046	61328
1991	84364	70739	75259
1992	113593	96412	59784
1993	236508	219395	123995
1994	339036	310598	191587
1995	563515	432100	247895
1996	643874	525891	330844
1997	747843	613987	379500
1998	823561	689875	533250
1999	880793	759931	480493
2000	1131659	878145	776010
2001	1214061	974531	836988
2002	1455615	1223609	807002
2003	1903567	1699199	1367881
2004	2627634	2401050	1776841
2005	3628975	3462384	2382248
2006	4472211	4077515	2410404
2007	5602200	5179195	2967701
2008	6934353	6500237	2786431
2009	10439120	9772424	5410422
2010	14830158	13893035	6761138
2011	20189453	19661255	9556262
2012	25851818	25176100	17714243
2013	24750080	24326855	15048368
2014	29338739	28866773	17754500
2015	34184261	33668913	20128960
2016		38247267	18708978
2017		43079465	25142928

注：1. 2000 年以后为行政区划调整后的数据，其余年份为原南宁口径。

2. 2011 年起以“固定资产投资”口径取代原“城镇固定资产投资”口径。

3. 2013 年起，固定资产投资起报点从计划总投资 50 万起报调整为计划总投资 500 万元起报。

4. 2016 年起，取消全社会固定资产投资统计。

5. 2018 年起，固定资产投资统计方法改变，统计口径发生变化，根据国家要求不公布总量数据，只公布增速，不可用 2017 年总量和 2018 年增速推算 2018 年总量。

7-2 全市固定资产投资

（2020 年）　　增速（%）

指标名称	固定资产投资增速	国有控股	集体控股	私人控股	港澳台商控股	外商控股	其 他
合计	**−2.5**	**7.2**	**−19.9**	**−4.2**	**61.5**	**−10.8**	**−48.6**
按隶属关系分							
中央	−25.6	−9.1			236.4	−42.0	−96.3
地方	10.6	9.7	50.7	78.9	152.4		−9.5
其他	−7.0	4.3	−28.6	−4.4	59.2	−23.0	−46.7
按三次产业分							
第一产业	27.0	35.0	−63.3	34.3		−96.8	34.5
第二产业	14.6	43.4	182.8	−12.5	29.1	128.0	17.4
#工业	8.1	26.0	182.8	−12.4	29.1	128.0	15.0
第三产业	−5.1	3.5	−24.8	−4.3	67.1	−17.7	−64.7
批发和零售业	−20.1	−44.2	−100.0	−57.8	1304.1		−50.5
交通运输、仓储和邮政业	10.2	12.5	−52.9	−39.5	1864.6		−40.2
住宿和餐饮业	1.8	255.8		−57.6		−55.9	−2.6
信息传输、软件和信息技术服务业	62.2	23.7		674.6			246.5
金融业	6.0	16.7	−43.4				
房地产业	−7.3	11.0	−18.3	−2.4	60.5	−31.9	−91.9
租赁和商务服务业	28.1	60.7	−87.6	−5.4			−3.5
科学研究和技术服务业	−13.5	−22.0		8.9			−100.0
水利、环境和公共设施管理业	−19.1	−17.2	−21.3	−73.2	−100.0	−42.1	−2.8
居民服务、修理和其他服务业	15.3	41.9		25.2			−100.0
教育	3.9	4.9	616.3	−26.5	−100.0		−7.1
卫生和社会工作	26.2	26.3	−100.0	17.8			30.9
文化、体育和娱乐业	−47.4	−45.2	−100.0	−16.5			−89.5
公共管理、社会保障和社会组织	−57.0	−54.0	−84.6				−80.9

7-3 全市按行业、注册类型、隶属关系和建设性质分固定资产投资

（2020 年）

增速（%）

指标名称	固定资产投资增速	指标名称	固定资产投资增速
本年完成投资	**-2.5**	电力、煤气及水的生产和供应业	16.2
投资额按登记注册类型分		建筑业	971.9
内资	**-2.6**	第三产业	-5.1
国有	-3.4	批发和零售业	-20.1
集体	-78.9	交通运输、仓储和邮政业	10.2
股份合作	-62.2	住宿和餐饮业	1.8
联营	-59.2	信息传输、软件和信息技术服务业	62.2
有限责任公司	1.6	金融业	6.0
股份有限公司	-16.5	房地产业	-7.3
私营	-8.3	租赁和商务服务业	28.1
其他	-32.8	科学研究和技术服务业	-13.5
港澳台商投资	**-4.3**	水利、环境和公共设施管理业	-19.1
合资经营	-30.6	居民服务、修理和其他服务业	15.3
合作经营		教育	3.9
独资	6.9	卫生和社会工作	26.2
股份有限	121.1	文化、体育和娱乐业	-47.4
其他		公共管理、社会保障和社会组织	-57.0
外商投资	**14.3**	**投资额按隶属关系分**	
合资经营	13.0	中央	-25.6
合作经营	-42.1	地（区、市、州、盟）	10.6
独资	22.3	其他	-7.0
股份有限	-95.0	**投资额按建设性质分（不含房开）**	
其他	1468.4	新建	0.5
个体经营	**-28.9**	扩建	-19.2
个人经营	-10.9	改建和技术改造	14.1
个人合伙	-90.8	单纯建造生活设施	-21.4
按国民经济行业分		迁建	42.4
农、林、牧、渔业	19.2	恢复	-82.0
采矿业	-57.6	单纯购置	-9.8
制造业	8.0		
# 制糖业	-45.6		

7-4 全市固定资产投资完成情况

（2020 年） 增速（%）

指标名称	合计	国有控股	集体控股	私人控股	港澳台商控股	外商控股	其他
本年完成投资	**-2.5**	**7.2**	**-19.9**	**-4.2**	**61.5**	**-10.8**	**-48.6**
#住宅（不含 500-5000 万元项目）	-2.7	23.6	8.4	1.3	52.0	-41.4	-94.5
投资额按构成分							
建筑安装工程	0.9	3.7	-40.4	10.6	17.5	-32.4	-38.4
设备工器具购置	11.9	40.1	-73.7	-21.1	5.1	25.8	4.3
其他费用	-10.7	6.8	144.3	-16.9	411.4	46.9	-80.1
#土地购置费	-14.8	15.7	141.4	-21.9	841.3	61.8	-89.4
本年新增固定资产	40.3	36.1	165.5	39.9	1198.2	166.8	-60.3
施工项目个数	-14.2	-6.8	-62.9	-22.0	0.0	30.8	-23.6
#本年新开工	-29.8	-26.8	-80.0	-31.0	8.3	0.0	-33.5
本年投产项目个数	-40.4	-29.6	-73.7	-49.5	0.0	-20.0	-42.1
上年末结余资金	-19.7	7.4	92.1	-13.8	61.2	-23.7	-96.2
本年资金来源小计	5.2	5.3	86.4	17.1	40.1	-41.7	-57.8
国家预算内资金	64.8	65.3		-22.1			-100.0
国内贷款	-2.7	-30.4	9456.6	42.6	101.2	-63.4	-77.8
债券	-82.4	-82.4					
利用外资	63.1	76.1		87.0			-100.0
自筹资金	16.3	14.4	16.7	10.4	383.1	-16.5	19.4
其他资金来源	0.3	16.6	45.9	13.2	-6.1	-42.3	-87.3
各项应付款合计	15.4	35.4	-54.4	15.9	13.3	43.6	-80.8
其中：工程款	16.5	26.0	64.8	22.8	-23.9	68.2	-71.1

注：施工、投产项目个数不含房地产开发项目。本年新增固定资产、资金来源不含 500 万—5000 万元项目。

7-5 房地产开发投资

单位：万元

指标名称	全市		市区	
	2020 年	2019 年	2020 年	2019 年
本年完成投资	**13782011**	**14610763**	**12928594**	**13161686**
投资额按登记注册类型分				
内资企业	**12968047**	**13674098**	**12114760**	**12234344**
国有企业	119875	43667	118295	43667
其他联营企业				
国有独资公司	828394	702884	828394	687822
其他有限责任公司	8406415	9148182	8259502	8510798
股份有限公司	39968	125552	39968	125552
私营企业	3573395	3653813	2868601	2866505
港澳台投资	**451642**	**540576**	**451642**	**533132**
合资经营	79676	160290	79676	152846
合作经营				
独资	371966	380286	371966	380286
外商投资	**359341**	**362407**	**359341**	**362407**
合资经营	66823	44005	66823	44005
合作经营				
外资企业	268396	318402	268396	318402
其他外商投资	24122		24122	
投资额按隶属关系分				
中央	289821	657918	289821	657918
地方	1791278	1684324	1789698	1623518
其他	11697931	12234839	10846224	10848447

7-6 房地产开发投资完成情况

指标名称	单位	全市		市区	
		2020年	2019年	2020年	2019年
本年完成投资	**万元**	**13782011**	**14610763**	**12928594**	**13161686**
投资额按构成分					
建筑工程	万元	6462932	6315336	5858447	5396921
安装工程	万元	584449	746445	556409	705093
设备工器具购置	万元	71495	97758	66512	90550
其他费用	万元	6663135	7451224	6447226	6969122
#土地购置费	万元	5779239	6718919	5575886	6298661
投资额按工程用途分					
住宅	万元	9886331	10340639	9101930	9161769
办公楼	万元	503299	827820	502994	824174
商业营业用房	万元	957590	1154100	924954	1059636
其他	万元	2434791	2288197	2398716	2116100
本年新增固定资产	万元	4496700	2753402	4344141	2044964
本年购置土地面积	平方米	4917455	2898219	4575733	2303772
上年末结余资金	万元	6486333	8041416		7500685
本年实际到位资金	万元	20706014	20077347	6005829	18227882
国内贷款	万元	3934024	3628594	3766930	3341518
利用外资	万元		50		
自筹资金	万元	4589667	4028501	4395232	3676567
其他资金来源	万元	844450	991611	830476	949417
本年各项应付款合计	万元	7021582	6260500	6825538	5790966
竣工房屋住宅套数合计	套	47782	40244	44617	24297
施工房屋面积	平方米	107124913	97040451	100280909	83156814
#住宅	平方米	69192148	63106904	63464926	51805650
本年新开工房屋面积	平方米	20795824	21561914	19195558	17874017
#住宅	平方米	13429962	15324387	12134576	12197519
竣工房屋面积	平方米	7999105	7107733	7531798	4379739
#住宅	平方米	5008478	4669001	4633923	2503026
竣工房屋价值	万元	3702230	2136048	3578380	1498183
#住宅	万元	2434493	1311691	2342206	803278
商品房销售面积	平方米	18375858	18052331	16601374	14664760
#住宅	平方米	14861899	15503301	13207954	12258890
商品房待售面积	平方米	2307260	2513776	1949243	1725929
#住宅	平方米	682581	1203068	570537	747134
办公楼	平方米	118499	43420	118499	43420
商业营业用房	平方米	470666	479595	339531	297858
其他	平方米	1035514	787693	920676	637517
商品房销售额	万元	15812101	15174870	14965999	13419503
#住宅	万元	13672809	13292268	12881075	11608355

7-7 房地产开发经营情况

单位：千元

指标名称	全市		市区	
	2020年	2019年	2020年	2019年
资产总计	819375370	717106801	688514362	603464911
固定资产累计折旧	2579439	2069648	1996445	1557328
#本年折旧	423399	374843	334225	293129
负债总计	698738172	606968332	585897844	511163156
所有者权益合计	120637198	110138469	102616518	92301755
#实收资本合计	60287911	52753494	48871042	42160031
土地转让收入	2864	581264		4203
商品房屋销售收入	88168568	90335248	71424483	73345199
房屋出租收入	1089791	1368492	1001450	1253167
其他收入	1207558	1533557	977846	1198621
主营业务成本	69896804	67062728	55119853	51992443
主营业务税金及附加	3783629	4056338	3423526	3603192
其他业务利润	249680	414043	212781	304985
销售费用	4619386	4580022	3907370	3912726
管理费用及财务费用	5090349	5342839	4418288	4728685
投资收益及营业外收入	898147	1964957	751581	1282468
营业外支出	595562	771825	458556	719470
利润总额	7978381	14053282	7316353	12726689

7-8 全市总承包和专业承包建筑业企业生产情况

（2020 年）

指标名称	企业个数（个）	# 有工作量的企业个数	建筑业总产值（万元）				
			合计	建筑工程	# 装修装饰	安装工程	其他
总计	**497**	**479**	**22374011**	**20050151**	**398122**	**1377539**	**946321**
# 二级以上企业	294	283	20782661	18955793	349984	994158	832710
国有及国有控股	73	71	15248756	14214376	107631	565304	469075
按登记注册类型分组							
国有企业	11	10	138927	135315	3525		3612
集体企业	8	8	80356	79079	3211	174	1104
有限责任公司	107	102	16875618	15550224	125991	838614	486781
股份有限公司	2	2	54043	40318		13597	129
私营企业	369	357	5225066	4245216	265395	525155	454695
按国民经济行业分组							
房屋建筑业	263	249	10650493	9588113	228631	674019	388361
土木工程建筑	132	130	10596999	9711618	41936	362357	523024
建筑安装业	50	50	630787	267762	506	335902	27122
建筑装饰和其他建筑业	52	50	495733	482658	127050	5261	7814
按企业资质等级分组							
施工总承包	380	365	20988353	19049345	281526	1101337	837671
特级	8	8	9965733	9476942	74985	15964	472827
一级	64	63	6770910	6157350	89462	447643	165917
二级	138	131	2832559	2399802	69538	336238	96519
三级及以下	170	163	1419151	1015251	47542	301492	102408
专业承包	117	114	1385658	1000806	116596	276202	108650
一级	42	41	894800	712084	66981	92561	90155
二级	42	40	318659	209615	49019	101752	7292
三级及以下	33	33	172200	79107	597	81890	11204
按地区分							
兴宁区	38	38	2341948	2276333	10664	58271	7345
青秀区	211	203	5182287	4312304	160740	498773	371210
江南区	37	36	1807009	1679886	20219	109405	17719
西乡塘区	45	43	3407234	3009937	70235	70321	326976
良庆区	45	41	4484303	3950576	39250	449230	84496
邕宁区	12	10	1465799	1353200	10236	102674	9925
武鸣区	8	8	744865	742194		1567	1104
隆安县	4	4	32149	32149			
马山县	5	5	54946	39744		4256	10945
上林县	14	14	58113	41138	18383	16670	305
宾阳县	10	10	197338	194510	3200	2829	
横州市	19	18	179387	82014	9958	8936	88437
高新区	14	14	1608325	1598382	261	1343	8600
经开区	28	28	747394	676679	54976	51840	18875
东盟区	7	7	62915	61105		1426	384

7-8 续表

指标名称	竣工产值（万元）	房屋施工面积（万平方米）	#本年新开工面积	房屋建筑竣工面积（万平方米）	从事建筑业活动的平均人数（万人）	建筑业企业年末人数（万人）
总计	**7581694**	**9220**	**2679**	**2018**	**47**	**44**
#二级以上企业	7154452	8994	2549	1920	42	41
国有及国有控股	5425352	6300	1374	1422	25	29
按登记注册类型分组						
国有企业	7878	1	1	1		
集体企业	44182	75	38	25		
有限责任公司	5778689	6963	1786	1484	29	34
股份有限公司						
私营企业	1750945	2181	854	508	17	10
按国民经济行业分组						
房屋建筑业	4874183	7888	2433	1769	30	27
土木工程建筑	2258463	999	208	201	14	14
建筑安装业	320933	294	16	46	2	1
建筑装饰和其他建筑业	128115	39	23	1	1	1
按企业资质等级分组						
施工总承包	7325096	9127	2654	1986	44	41
特级	3892294	5708	1225	1327	18	22
一级	2403658	2311	828	354	16	10
二级	635102	882	471	208	6	6
三级及以下	394042	227	130	97	4	3
专业承包	256598	93	25	31	3	3
一级	155854	52	3	31	2	2
二级	67544	42	23		1	1
三级及以下	33199					
按地区分						
兴宁区	432521	892	315	195	4	4
青秀区	2206047	2974	765	722	18	12
江南区	311803	23	5	13	1	1
西乡塘区	2342098	3390	699	766	6	8
良庆区	608791	610	223	77	8	8
邕宁区	324738	573	319	62	4	4
武鸣区	35964	123	31	28	1	1
隆安县	31949	41	38	14		
马山县	47264	29	6	27		
上林县	14255	9	4	3		
宾阳县	98648	109	48	64		
横州市	107798	100	92	21	1	1
高新区	730074	260	95	19	2	2
经开区	273354	48	18		1	1
东盟区	16390	39	22	5		

7-9 全市总承包和专业承包建筑业企业财务状况

（2020 年）　　单位：万元

指标名称	年初存货	年末资产负债		
		流动资产合计	#应收工程款	#存货
总计	**1895086**	**14580705**	**3853543**	**2106629**
#二级以上企业	1703509	13308395	3446221	1901764
国有及国有控股	1217311	9268254	2382092	1326198
按登记注册类型分组				
国有企业	18592	219018	90392	27047
集体企业	3215	33137	4671	6983
有限责任公司	1302241	9595161	2413267	1401943
股份有限公司	42687	459027	131472	90397
私营企业	528351	4274362	1213740	580259
按国民经济行业分组				
房屋建筑业	991223	7235498	2180592	984055
土木工程建筑	767747	6148698	1288303	910211
建筑安装业	87150	869747	279921	155921
建筑装饰和其他建筑业	48966	326762	104727	56443
按企业资质等级分组				
施工总承包	1807994	13697502	3593591	1979021
特级	841645	5477641	1495792	811412
一级	546048	4931739	1098288	678501
二级	258161	2169442	643735	298765
三级及以下	162141	1118681	355776	190344
专业承包	87092	883203	259952	127608
一级	29167	478909	120532	58944
二级	28489	250665	87874	54143
三级及以下	29436	153629	51546	14521
按地区分				
兴宁区	199417	1773232	285869	272605
青秀区	684178	3626549	984536	603551
江南区	65703	786674	210537	92060
西乡塘区	271274	2615176	890849	304109
良庆区	259557	2652376	753490	352748
邕宁区	63050	573428	85211	97194
武鸣区	14977	308128	123802	14201
隆安县	1441	26528	19131	5611
马山县	1893	12902	6827	637
上林县	892	16055	4911	2100
宾阳县	19878	73321	7892	3217
横州市	13550	59601	21807	7531
高新区	147702	1238449	287926	190433
经开区	119300	703419	153770	146170
东盟区	32275	114869	16987	14464

7–9 续表 1

单位：万元

指标名称	年末资产负债			
	固定资产减值准备	固定资产原价	累计折旧	# 本年折旧
总计	**868**	**1148317**	**653004**	**67720**
# 二级以上企业	834	1039777	601951	57480
国有及国有控股	8	716529	451761	31421
按登记注册类型分组				
国有企业		15660	11115	719
集体企业		13030	4754	219
有限责任公司	23	738957	474014	34944
股份有限公司		21261	3633	278
私营企业	845	359410	159489	31561
按国民经济行业分组				
房屋建筑业	691	342468	168095	32447
土木工程建筑	29	697760	437248	30474
建筑安装业	148	65717	29865	2144
建筑装饰和其他建筑业		42372	17796	2655
按企业资质等级分组				
施工总承包	720	1034289	593313	60902
特级		144847	75994	7874
一级	670	648355	421626	34904
二级	16	145735	52803	8630
三级及以下	34	95353	42891	9494
专业承包	148	114028	59691	6818
一级	148	68498	34247	4010
二级		32343	17281	2063
三级及以下		13187	8163	745
按地区分				
兴宁区	6	139940	84712	86
青秀区	184	391344	254348	25574
江南区		102579	57771	6527
西乡塘区	16	82000	28724	3768
良庆区		124960	61124	5297
邕宁区		46388	25968	4157
武鸣区		33329	11455	2827
隆安县		4044	2727	41
马山县		882	3	3
上林县		1353	296	129
宾阳县		2179	925	116
横州市		18883	6310	633
高新区		85661	46223	8575
经开区		101821	68743	9480
东盟区	663	12953	3677	506

指标名称	年末资产负债				
	资产合计	负债合计	# 流动负债合计	所有者权益合　计	实收资本合　计
总计	**17437286**	**13314839**	**12268644**	**4141714**	**2658935**
# 二级以上企业	15987337	12358605	11361014	3648000	2284429
国有及国有控股	11396247	9148085	8373662	2248161	1173517
按登记注册类型分组					
国有企业	241614	218395	207069	23220	28819
集体企业	43330	26184	23612	17146	8816
有限责任公司	11775311	9287808	8538284	2487503	1302288
股份有限公司	498987	498574	477074	414	50000
私营企业	4878044	3283879	3022605	1613432	1269013
按国民经济行业分组					
房屋建筑业	7962364	6306999	5969374	1674632	1172535
土木工程建筑	8139413	5922546	5244410	2216868	1260462
建筑安装业	957841	814632	788009	143209	151020
建筑装饰和其他建筑业	377668	270663	266851	107005	74918
按企业资质等级分组					
施工总承包	16405128	12600546	11570651	3823849	2437523
特级	7006358	5519285	5019317	1487073	615193
一级	5665953	4555008	4166154	1130212	946845
二级	2448566	1684029	1586526	764537	548661
三级及以下	1284251	842225	798654	442026	326824
专业承包	1032158	714294	697993	317864	221413
一级	565183	388948	383679	176235	110551
二级	301277	211335	205338	89942	63180
三级及以下	165698	114010	108976	51688	47682
按地区分					
兴宁区	2238539	1851165	1758233	387374	184122
青秀区	4020651	2870881	2533407	1149770	876462
江南区	948540	772428	724862	176112	157595
西乡塘区	2890620	2367221	2321609	542666	368866
良庆区	3790041	2913154	2509552	876887	410779
邕宁区	635965	423778	409507	212186	128521
武鸣区	357576	313507	305398	44069	34233
隆安县	27845	22379	22366	5467	4724
马山县	39061	13998	13458	25063	16030
上林县	56781	33259	10225	23523	19509
宾阳县	75735	55564	55166	20171	13976
横州市	80903	41897	38724	39007	27983
高新区	1338817	946148	889920	392669	213150
经开区	802754	589467	576836	213288	179775
东盟区	133458	99995	99381	33463	23211

单位：万元

指标名称	损益及分配				
	营业收入	主营业务收入	主营业务成本	主营业务税金及附加	应交增值税
总计	**16741062**	**16005556**	**14827108**	**64417**	**312672**
# 二级以上企业	15288442	14566141	13512999	56082	284827
国有及国有控股	10711154	10210165	9397842	29264	189507
按登记注册类型分组					
国有企业	92088	76522	71449	451	2979
集体企业	81128	80875	72751	2555	1011
有限责任公司	11823718	11322716	10463171	32991	215394
股份有限公司	216372	216372	199571	577	2617
私营企业	4527757	4309070	4020166	27843	90672
按国民经济行业分组					
房屋建筑业	7381984	7173588	6779354	36439	142926
土木工程建筑	8079738	7576334	6899322	23217	145227
建筑安装业	754750	749386	693053	3035	14162
建筑装饰和其他建筑业	524591	506248	455380	1726	10358
按企业资质等级分组					
施工总承包	15520838	14803504	13733503	60498	286078
特级	7404653	7384572	6792274	24313	156599
一级	4844252	4229803	3970740	22167	75598
二级	2002145	1932452	1821241	6918	29508
三级及以下	1269788	1256677	1149249	7100	24373
专业承包	1220224	1202052	1093605	3919	26595
一级	689127	684463	619881	1732	14818
二级	348265	334851	308864	952	8305
三级及以下	182832	182738	164861	1235	3473
按地区分					
兴宁区	2116598	2108688	1926135	6747	40526
青秀区	3612247	3440263	3206239	13824	75073
江南区	1063635	592717	577279	2560	19975
西乡塘区	2818629	2774155	2596317	10791	59745
良庆区	3538276	3536820	3236334	9331	54441
邕宁区	825494	805651	762637	3727	16570
武鸣区	465548	464936	435203	10377	9749
隆安县	20787	20787	18538	161	583
马山县	24284	24284	22612	93	928
上林县	38635	38611	35357	262	2130
宾阳县	133828	133828	122245	2697	1025
横州市	80476	80445	72511	895	3279
高新区	1275779	1271630	1160599	1198	17160
经开区	677277	663195	609650	1651	11059
东盟区	49569	49548	45455	104	431

单位：万元

指标名称	损益及分配				
	其他业务利润	销售费用	管理费用	财务费用	# 利息支出
总计	**5408**	**23205**	**514732**	**95960**	**87770**
# 二级以上企业	4736	11150	443529	89405	84307
国有及国有控股	1739	10060	290942	61009	67048
按登记注册类型分组					
国有企业	216	297	9540	4005	454
集体企业	73	1010	3027	–9	11
有限责任公司	2673	7878	310284	52727	63236
股份有限公司		2549	8600	11117	9555
私营企业	2446	11471	183282	28120	14515
按国民经济行业分组					
房屋建筑业	2474	5537	177311	40392	34619
土木工程建筑	1103	11021	271495	40217	41339
建筑安装业	1769	3420	36989	14421	10854
建筑装饰和其他建筑业	62	3227	28937	930	959
按企业资质等级分组					
施工总承包	3403	20462	439588	91499	85205
特级	1055	935	136509	29004	32086
一级	1652	6486	185967	45548	40977
二级	118	1818	58124	11154	9300
三级及以下	578	11223	58989	5793	2842
专业承包	2006	2743	75144	4461	2565
一级	1772	963	41539	2444	1501
二级	139	949	21390	1256	443
三级及以下	94	831	12214	762	621
按地区分					
兴宁区	474	333	54635	8012	14765
青秀区	1396	6896	193480	19534	13492
江南区	1316	534	45569	6625	7327
西乡塘区	1654	5220	67458	7464	10424
良庆区		3437	59973	25635	20488
邕宁区	36	2994	23014	3536	4463
武鸣区	166		6632	56	208
隆安县		198	1248	87	88
马山县			609	–15	
上林县	24	65	1215	39	24
宾阳县		1343	3556	37	15
横州市		135	3057	139	118
高新区	199	934	27024	14168	8567
经开区	143	1117	25047	9559	7549
东盟区			2216	1086	242

7–9 续表 5

单位：万元

指标名称	损益及分配			应付职工薪酬	境外营业收入
	营业利润	利润总额	所得税费用		
总计	**392220**	**378982**	**79187**	**2125917**	**71412**
# 二级以上企业	358184	345025	72564	2027830	71332
国有及国有控股	296910	282430	49597	1489092	62165
按登记注册类型分组					
国有企业	–3517	–2183	773	13469	
集体企业	1711	1632	236	12120	
有限责任公司	329824	314027	53907	1727530	62165
股份有限公司	–8170	–7433		81669	
私营企业	72373	72939	24271	291130	9247
按国民经济行业分组					
房屋建筑业	58365	59852	25347	1322877	8200
土木工程建筑	316793	300715	48977	651310	62853
建筑安装业	–877	191	1842	119810	360
建筑装饰和其他建筑业	17940	18224	3021	31919	
按企业资质等级分组					
施工总承包	364440	349032	74815	2017684	71053
特级	221042	221928	37611	1231092	
一级	78557	61922	18582	561519	66706
二级	33853	34333	12546	138699	4266
三级及以下	30988	30849	6076	86374	80
专业承包	27780	29950	4372	108233	360
一级	21328	22044	2996	71824	
二级	3403	4799	830	24696	360
三级及以下	3049	3108	547	11713	
按地区分					
兴宁区	81280	60425	10720	120604	54397
青秀区	43504	43731	15420	592374	9167
江南区	16645	18394	2907	68167	7409
西乡塘区	30997	31895	9137	703014	80
良庆区	122500	126266	20964	250236	360
邕宁区	27021	27048	4870	169390	
武鸣区	7390	7420	4167	27753	
隆安县	556	543	323	3009	
马山县	1036	1116	234	1406	
上林县	823	823	339	2842	
宾阳县	4151	4197	946	17989	
横州市	3654	3402	1019	21829	
高新区	41807	43224	6791	87961	
经开区	12855	12608	1873	57209	
东盟区	–1997	–2109	–523	2133	

7-10 市区固定资产投资

（2020 年）　　增速（%）

指标名称	固定资产投资增速	国有控股	集体控股	私人控股	港澳台商控股	外商控股	其他
合计	**-3.8**	**6.8**	**-13.1**	**-4.9**	**61.7**	**-8.4**	**-56.4**
按隶属关系分							
中央	-33.1	-17.4				-42.0	-96.3
地方	10.0	8.8	176.5	65.1	1.8		-6.9
其他	-7.7	8.2	-26.1	-5.0	59.7	-20.9	-55.0
按三次产业分							
第一产业	50.1	-67.5	-85.2	84.2			23.2
第二产业	17.3	46.2	2292.6	-23.8	26.1	125.2	22.9
# 工业	7.1	22.9	2292.6	-24.2	26.1	125.2	19.7
第三产业	-5.9	3.6	-24.1	-4.2	67.1	-17.7	-69.3
批发和零售业	-0.3	1.9		-65.2	1304.1		-80.1
交通运输、仓储和邮政业	2.9	4.6	-52.9	-30.8	1864.6		-38.9
住宿和餐饮业	6.4	1189.0		-91.0		-55.9	-40.6
信息传输、软件和信息技术服务业	57.0	19.4		963.7			235.1
金融业	6.0	16.7	-43.4				
房地产业	-7.7	12.5	-18.3	-2.9	60.5	-31.9	-91.8
租赁和商务服务业	15.2	50.5	-100.0	-14.9			-58.5
科学研究和技术服务业	-29.9	-22.0		-51.2			-100.0
水利、环境和公共设施管理业	-19.7	-17.6	-100.0	-75.3	-100.0	-42.1	-5.7
居民服务、修理和其他服务业	30.9	95.0		21.8			-100.0
教育	8.3	9.6	616.3	-68.8	-100.0		2.8
卫生和社会工作	31.0	33.6		21.0			28.6
文化、体育和娱乐业	-53.3	-20.8		-36.9			-92.9
公共管理、社会保障和社会组织	-51.0	-44.5	-84.6				-81.8

7-11 市区按行业、注册类型、隶属关系和建设性质分固定资产投资

（2020 年）

增速（%）

指标名称	固定资产投资增速	指标名称	固定资产投资增速
本年完成投资	**-3.8**	电力、煤气及水的生产和供应业	5.0
投资额按登记注册类型分		建筑业	2162.4
内资	**-4.1**	第三产业	-5.9
国有	-4.5	批发和零售业	-0.3
集体	-84.5	交通运输、仓储和邮政业	2.9
股份合作	-44.3	住宿和餐饮业	6.4
联营	-100.0	信息传输、软件和信息技术服务业	57.0
有限责任公司	0.0	金融业	6.0
股份有限公司	-11.7	房地产业	-7.7
私营	-13.9	租赁和商务服务业	15.2
其他	-24.2	科学研究和技术服务业	-29.9
港澳台商投资	**-4.5**	水利、环境和公共设施管理业	-19.7
合资经营	-28.9	居民服务、修理和其他服务业	30.9
合作经营		教育	8.3
独资	7.4	卫生和社会工作	31.0
股份有限	-100.0	文化、体育和娱乐业	-53.3
其他		公共管理、社会保障和社会组织	-51.0
外商投资	**18.9**	**投资额按隶属关系分**	
合资经营	19.2	中央	-33.1
合作经营	-42.1	地（区、市、州、盟）	10.0
独资	28.1	其他	-7.7
股份有限	-97.9	**投资额按建设性质分（不含房开）**	
其他	1468.4	新建	-3.7
个体经营	**-78.7**	扩建	-4.3
个人经营	-55.0	改建和技术改造	15.6
个人合伙	-100.0	单纯建造生活设施	-16.2
按国民经济行业分		迁建	26.8
农、林、牧、渔业	41.0	恢复	
采矿业	-44.1	单纯购置	5.1
制造业	9.0		
# 制糖业	-100.0		

7-12 各县（市）固定资产投资完成情况

（2020 年）　　增速（%）

指标名称	隆安县	马山县	上林县	宾阳县	横州市
固定资产投资	**1.8**	**10.2**	**19.4**	**1.5**	**2.8**
#住宅（不含 500–5000 万元项目）	23.6	−1.8	13.6	21.8	11.9
按构成分					
建筑安装工程	−4.1	−2.3	35.0	13.3	−4.6
设备工器具购置	−30.4	33.5	−52.2	−3.3	−13.9
其他费用	42.4	80.6	−9.6	−46.0	86.6
#土地购置费	20.3	132.8	−24.6	−33.9	28.9
本年新增固定资产（不含 5000 万以下项目）	−56.9	−75.4	−66.1	96.8	−20.1
施工项目个数（不含房地产开发）	46.1	13.6	−6.7	−41.8	−18.0
#本年新开工	50.0	22.0	−17.9	−46.2	−24.0
本年投产项目个数	111.1	12.7	−28.6	−59.8	−27.9
上年末结余资金	123.6	−51.6	26.0	82.5	−1.2
本年资金来源小计	7.6	21.3	143.3	32.3	9.3
国家预算内资金	203.2	36.0	54.7	113.1	37.2
国内贷款	−73.7	217.6	9440.5	−4.3	221.4
债券		−42.8	−67.5	−100.0	
利用外资				−100	
自筹资金	52.7	8.8	22.7	57.9	15.9
其他资金来源	10.3	2	63.5	25.1	−17.1
本年各项应付款合计	−22.4	175.6	−2.9	93.5	2.5
其中：工程款	−29.3	223.1	15.5	58.5	128.9

7-13 各县（市）按行业、注册类型、隶属关系和建设性质分固定资产投资

（2020 年）　　增速（%）

指标名称	隆安县	马山县	上林县	宾阳县	横州市
本年完成投资	**1.8**	**10.2**	**19.4**	**1.5**	**2.8**
投资额按登记注册类型分					
内资	**5.2**	**10.2**	**19.9**	**1.4**	**4.4**
国有	1.3	12.6	11.1	–40.7	33.5
集体				–38.3	–65.0
股份合作				–100.0	–100.0
联营		–100.0			–34.7
有限责任公司	11.0	24.0	–23.2	38.6	13.4
股份有限公司	–14.5		–76.9	–28.8	–73.3
私营	5.9	4.5	78.8	5.0	–0.3
其他		–56.6		–45.0	–51.7
港澳台商投资	**121.8**		**–100.0**		**–100.0**
合资经营					–100.0
合作经营					
独资	98.6		–100.0		–100.0
股份有限					
其他					
外商投资	**–96.8**			**–48.3**	**–13.8**
合资经营				–100.0	–13.8
合作经营					
独资	–96.8				
股份有限					
其他					
个体经营				**–21.6**	**–18.8**
个人经营				20.6	–23.6
个人合伙				–100.0	
按国民经济行业分					
农、林、牧、渔业	–52.4	161.2	1213.2	–1.1	–26.9
采矿业	–70.9	–28.6	–100.0	–49.9	–80.0
制造业	89.9	20.3	51.5	7.4	–10.7

7-13 续表

增速（%）

指标名称	隆安县	马山县	上林县	宾阳县	横州市
# 制糖业				429.3	-100.0
电力、煤气及水的生产和供应业	-47.3	-10.7	-82.0	204.8	-38.1
建筑业				-71.4	
第三产业	-7.3	0.3	10.6	-10.0	18.7
批发和零售业		971.9		-36.2	-81.4
交通运输、仓储和邮政业	-26.1	64.0	43.5	-7.0	195.4
住宿和餐饮业	-100.0	-74.6		2.7	30.4
信息传输、软件和信息技术服务业			-57.8		70.4
金融业					
房地产业	-1.2	-12.4	10.3	-1.5	-6.2
租赁和商务服务业		1140.5		69.1	1.8
科学研究和技术服务业				775.7	-100.0
水利、环境和公共设施管理业	102.5	-73.8	-28.5	-28.9	38.6
居民服务、修理和其他服务业		-10.2		-0.7	-100.0
教育	3.0	43.3	-49.7	-28.1	-34.4
卫生和社会工作	246.1	87.9	-10.8	-22.5	10.1
文化、体育和娱乐业		-36.1	-100.0	-78.8	-21.9
公共管理、社会保障和社会组织		-64.8		-30.8	-98.4
投资额按隶属关系分					
中央	-99.9	-92.9	-100.0	-89.4	-89.1
地方	-98.2	-95.9	-95.7	-92.0	-93.7
其他	-95.3	-98.0	-95.0	-79.4	-87.5
投资额按建设性质分（不含房开）					
新建	-5.2	22.6	58.4	13.3	4.5
扩建	-60.1	24.6	6.6	-40.6	-40.9
改建和技术改造	96.6	-27.7	-73.3	24.5	53.6
单纯建造生活设施				-100.0	
迁建		66.2			53.8
恢复		-100.0			
单纯购置	-100.0		-100.0	-35.8	-97.9

7-14 各县（市）房地产开发投资完成情况

（2020 年）

指标名称	单 位	隆安县	马山县	上林县	宾阳县	横州市
本年完成投资	**万元**	**66087**	**43422**	**141879**	**408356**	**193673**
投资额按构成分						
建筑工程	万元	41280	37615	94484	308668	122438
安装工程	万元	450	143	8025	12281	7141
设备工器具购置	万元		1	395	2756	1831
其他费用	万元	24357	5663	38975	84651	62263
#土地购置费	万元	23742	5490	37353	82624	54144
投资额按工程用途分						
住宅	万元	59394	35104	115079	395794	179030
办公楼	万元			200	105	
商业营业用房	万元	3994	3304	10094	8663	6581
其他	万元	2699	5014	16506	3794	8062
本年新增固定资产	万元	50691		79304	4867	17697
本年购置土地面积	平方米				71829	269893
本年资金来源合计	万元					
上年末结余资金	万元	715	12020	142147	270530	55092
本年资金来源小计	万元	87249	70772	184305	377572	262081
国内贷款	万元		450	16600	137154	12890
利用外资	万元					
自筹资金	万元	41006	5133	10379	58424	79493
其他资金来源	万元		8073	50	5700	151
本年各项应付款合计	万元	16112	12175	44535	47334	75888
竣工房屋住宅套数合计	套	1122		881	550	612
施工房屋面积	平方米	673964	702745	1302068	1873349	2291878
#住宅	平方米	532017	592414	1109463	1698675	1794653
本年新开工房屋面积	平方米	215646	206139	352418	504516	321547
#住宅	平方米	160124	158824	304263	461561	210614
竣工房屋面积	平方米	206412		126241	68620	66034
#住宅	平方米	125527		119593	65828	63607
竣工房屋价值	万元	50691		51289	4173	17697
#住宅	万元	21763		49576	3902	17046
商品房销售面积	平方米	282416	125652	366773	586126	413517
#住宅	平方米	263136	122939	333787	561817	372266
商品房待售面积	平方米	94857		137517	15876	109767
#住宅	平方米	21064		60785	4324	25871
办公楼	平方米					
商业营业用房	平方米	32967		55414	2552	40202
其他	平方米	40826		21318	9000	43694
商品房销售额	万元	106208	51594	168621	296457	223222
#住宅	万元	93664	50163	155536	290439	201932

八 能源购进消费与库存

CHAPTER 8 PURCHASE,CONSUMPTION AND STOCK OF ENERGY

8-1 全市规模以上工业企业主要能源购进、消费与库存

（2020年）

指标名称	单位	购进量合计	消费量合计			年末库存
				工业生产消费	运输工具消费	
全市						
原煤	吨	4585521	4543543	7955		318551
煤制品	吨	6798	6775			81
焦炭	吨	757	1873			100
天然气	万立方米	13939	13926			17
汽油	吨	1270	1455		1339	3
煤油	吨	20	20			
柴油	吨	66989	64822	3	38369	1825
燃料油	吨	346	336			54
液化石油气	吨	1926	1921		7	2
润滑油	吨	28	23			1
石油焦	吨	128511	132144	896		4058
热力	百万千焦	4261918	4270016			
电力	万千瓦时	618117	728112		1428	
生物燃料	吨标准煤	202365	524703			6486
市区						
原煤	吨	994754	998954	7955		86171
煤制品	吨	6798	6775			81
焦炭	吨	757	1873			100
天然气	万立方米	13188	13181			17
液化天然气	吨	697	697			
汽油	吨	1025	1250		1164	3
柴油	吨	53830	51924	3	35124	1145
燃料油	吨	346	336			54
液化石油气	吨	679	674		7	2
石油焦	吨	17353	17329			118
热力	百万千焦	1204608	1204608			
电力	万千瓦时	431343	464525		898	

8-2 全市规模以上工业企业主要能源按行业消费量

（2020年）

指标名称	本年消费						
	原煤（吨）	煤制品（吨）	焦炭（吨）	天然气（万立方米）	汽油（吨）	煤油（吨）	柴油（吨）
总计	**4543543**	**6775**	**1873**	**13926**	**1455**	**20**	**64 822**
按工业行业大类分列							
煤炭开采和洗选业							
石油和天然气开采业							
黑色金属矿采选业							
有色金属矿采选业							
非金属矿采选业	253				18		6 108
开采辅助活动							
其他采矿业							
农副食品加工业	44970		1873	638	86		1 081
食品制造业	1534	6775		594	107		353
酒、饮料和精制茶制造业	26609			1080	21		55
烟草制品业				331			
纺织业				79			444
纺织服装、服饰业				34			
皮革、毛皮、羽毛及其制品和制鞋业							18
木材加工和木、竹、藤、棕、草制品业					44		2 657
家具制造业					22		8
造纸和纸制品业	95477			370	2		552
印刷业和记录媒介复制 业					32		32
文教、工美、体育和娱乐用品制造业					39		
石油加工、炼焦及核燃料加工业	1307						287
化学原料和化学制品制造业	82858			600	30		1 475
医药制造业				1243	135		10
化学纤维制造业							
橡胶和塑料制品业	13			38	173		133
非金属矿物制品业	2099606			757	97	20	50 371
黑色金属冶炼及压延加工业				107			76
有色金属冶炼及压延加工业				2781	9		10
金属制品业				112	190		90
通用设备制造业					10		68
专用设备制造业					133		26
汽车制造业				8	86		101
铁路、船舶、航空航天和其他运输设备制造业					11		9
电气机械和器材制造业				1	49		18
计算机、通信和其他电子设备制造业					32		104
仪器仪表制造业					4		
其他制造业							
废弃资源综合利用业					7		29
金属制品、机械和设备修理业							17
电力、热力生产和供应业	2190916			5144	18		573
燃气生产和供应业				7	43		25
水的生产和供应业					57		89

8-2 续表

指标名称	本年消费						
	燃料油（吨）	液化石油气（吨）	石油焦（吨）	热力（百万千焦）	电力（万千瓦时）	生物燃料（吨）	工业废料（用于燃料）（吨）
总计	**336**	**1921**	**132144**	**4270016**	**728112**	**524703**	**484**
按工业行业大类分列							
煤炭开采和洗选业					1295		
石油和天然气开采业							
黑色金属矿采选业							
有色金属矿采选业					262		
非金属矿采选业					5924		
开采辅助活动							
其他采矿业							
农副食品加工业		347		438816	59250	328624	
食品制造业	9	99		142692	10056	1335	
酒、饮料和精制茶制造业				324123	21364	5309	
烟草制品业					3748		
纺织业					12883	25073	
纺织服装、服饰业					440		
皮革、毛皮、羽毛及其制品和制鞋业					532	247	
木材加工和木、竹、藤、棕、草制品业				1403435	63345	60188	
家具制造业					697		
造纸和纸制品业				1735178	31035	4336	
印刷业和记录媒介复制 业					2486		
文教、工美、体育和娱乐用品制造业					158		
石油加工、炼焦及核燃料加工业					1365	25	
化学原料和化学制品制造业				37833	17018	9501	
医药制造业				89928	7036	578	
化学纤维制造业							
橡胶和塑料制品业					19038		
非金属矿物制品业		1105	132144	98011	185025	271	484
黑色金属冶炼及压延加工业		5			28214		
有色金属冶炼及压延加工业	87	22			26028		
金属制品业		333			7818	497	
通用设备制造业					1569		
专用设备制造业	240	8			3889	90	
汽车制造业		1			2614		
铁路、船舶、航空航天和其他运输设备制造业					496		
电气机械和器材制造业		1			7015	50	
计算机、通信和其他电子设备制造业					27354		
仪器仪表制造业					218		
其他制造业					1192		
废弃资源综合利用业					140		
金属制品、机械和设备修理业					5		
电力、热力生产和供应业					143 462	88580	
燃气生产和供应业					682		
水的生产和供应业					34 458		

8-3 市区规模以上工业企业主要能源按行业消费量

（2020 年）

指标名称	本　年　消　费						
	原煤（吨）	煤制品（吨）	焦炭（吨）	天然气（万立方米）	汽油（吨）	煤油（吨）	柴油（吨）
总计	**998954**	**6775**	**1873**	**13181**	**1250**		**51924**
按工业行业大类分列							
煤炭开采和洗选业							
石油和天然气开采业							
黑色金属矿采选业							
有色金属矿采选业							
非金属矿采选业					18		4664
开采辅助活动							
其他采矿业							
农副食品加工业	5341		1873	630	85		624
食品制造业	845	6775		594	107		353
酒、饮料和精制茶制造业	116			1080	21		25
烟草制品业				331			
纺织业				79			5
纺织服装、服饰业				34			
皮革、毛皮、羽毛及其制品和制鞋业							
木材加工和木、竹、藤、棕、草制品业					12		945
家具制造业					22		8
造纸和纸制品业				227	2		2
印刷业和记录媒介复制 业					32		32
文教、工美、体育和娱乐用品制造业					1		
石油加工、炼焦及核燃料加工业							287
化学原料和化学制品制造业	59289			600	30		1355
医药制造业				1243	135		10
化学纤维制造业							
橡胶和塑料制品业					160		104
非金属矿物制品业	858084			306	71		43062
黑色金属冶炼及压延加工业				107			
有色金属冶炼及压延加工业				2701	9		10
金属制品业				87	121		55
通用设备制造业					10		68
专用设备制造业					133		25
汽车制造业				8	86		101
铁路、船舶、航空航天和其他运输设备制造业					11		9
电气机械和器材制造业				1	49		16
计算机、通信和其他电子设备制造业					21		
仪器仪表制造业					4		
其他制造业							
废弃资源综合利用业					7		29
金属制品、机械和设备修理业							
电力、热力生产和供应业	75280			5144	4		18
燃气生产和供应业				7	43		25
水的生产和供应业					57		89

8-3 续表

指标名称	本　年　消　费						
	燃料油（吨）	液化石油气（吨）	石油焦（吨）	热力（百万千焦）	电力（万千瓦时）	生物燃料（吨）	工业废料（用于燃料）（吨）
总计	**336**	**674**	**17329**	**1204608**	**464525**	**228894**	**484**
按工业行业大类分列							
煤炭开采和洗选业							
石油和天然气开采业							
黑色金属矿采选业							
有色金属矿采选业							
非金属矿采选业					3616		
开采辅助活动							
其他采矿业							
农副食品加工业		347		364330	30772	172325	
食品制造业	9	99		142692	9667	1248	
酒、饮料和精制茶制造业				324123	19157		
烟草制品业					3748		
纺织业					9895		
纺织服装、服饰业					432		
皮革、毛皮、羽毛及其制品和制鞋业					487		
木材加工和木、竹、藤、棕、草制品业					31399	44233	
家具制造业					630		
造纸和纸制品业				182842	4348	4336	
印刷业和记录媒介复制 业					2486		
文教、工美、体育和娱乐用品制造业					91		
石油加工、炼焦及核燃料加工业					534	25	
化学原料和化学制品制造业				27096	10860	5550	
医药制造业				65514	6819	578	
化学纤维制造业							
橡胶和塑料制品业					15995		
非金属矿物制品业		37	17329	98011	92847	271	484
黑色金属冶炼及压延加工业		5			2712		
有色金属冶炼及压延加工业	87	22			25862		
金属制品业		154			4883	278	
通用设备制造业					1340		
专用设备制造业	240	8			3428		
汽车制造业		1			2614		
铁路、船舶、航空航天和其他运输设备制造业					496		
电气机械和器材制造业		1			5704	50	
计算机、通信和其他电子设备制造业					24953		
仪器仪表制造业					218		
其他制造业					1192		
废弃资源综合利用业					140		
金属制品、机械和设备修理业							
电力、热力生产和供应业					112303		
燃气生产和供应业					682		
水的生产和供应业					34216		

8-4 各县（市）规模以上工业企业主要能源购进、消费与库存

（2020年）

指标名称	单位	购进量合计	消费量合计	工业生产消费	运输工具消费	年末库存
隆安县						
原煤	吨	321189	319543			21877
汽油	吨	1	1			
柴油	吨	2344	2160		446	56
热力	百万千焦	1433021	1441119			
电力	万千瓦时	33182	45072		18	
生物燃料	吨	92257	105614			3251
马山县						
原煤	吨	148891	148266			6282
汽油	吨	45	45		16	
柴油	吨	600	620		304	6
石油焦	吨	884	896	896		73
电力	万千瓦时	10907	13906			
生物燃料	吨	205	5381			5
上林县						
原煤	吨	3110	3110			
柴油	吨	2528	2500		1381	5
液化石油气	吨	46	46			
电力	万千瓦时	4971	5710			
生物燃料	吨标准煤	10952	24895			
宾阳县						
原煤	吨	328761	326903			20472
天然气	万立方米	458	455			
汽油	吨	127	112		111	
柴油	吨	3929	4029		693	154
石油焦		101356	102433			2778
电力	万千瓦时	49061	63197		9	
生物燃料	吨	17062	68023			306
横州市						
原煤	吨	2788815	2746767			183750
天然气	吨	7	7			
汽油	吨	73	47		47	
柴油	吨	3758	3590		422	461
液化石油气	吨	49	49			
石油焦	吨	8919	11486			1089
热力	百万千焦	1624288	1624288			
电力	万千瓦时	88653	135703		503	
生物燃料	吨	21744	91896			239

8-5 规模以上工业企业综合能耗

（2020 年）

单位：吨标准煤

指标名称	全 市	市 区	隆安县	马山县	上林县	宾阳县	横州市
综合能耗	**4511446**	**1828773**	**364186**	**123138**	**37355**	**491978**	**1666015**
煤炭开采和洗选业	1591				1591		
石油和天然气开采业							
黑色金属矿采选业							
有色金属矿采选业	322		322				
非金属矿采选业	16446	11267			3991	648	540
开采辅助活动							
其他采矿业							
农副食品加工业	423988	220344	20040	5855	13798	63129	100822
食品制造业	31547	30499	4		120	582	342
酒、饮料和精制茶制造业	69232	48038	9968	4653			6573
烟草制品业	8430	8430					
纺织业	42450	13063	29	61	11781	10990	6525
纺织服装、服饰业	990	980				10	
皮革、毛皮、羽毛及其制品和制鞋业	927	598					328
木材加工和木、竹、藤、棕、草制品业	189844	84226	64752	340		18073	22452
家具制造业	906	823				82	
造纸和纸制品业	164439	18930	3825	14464		11216	116003
印刷业和记录媒介复制 业	3152	3152					
文教、工美、体育和娱乐用品制造业	252	113		35		104	
石油加工、炼焦及核燃料加工业	3049	1095	1778				176
化学原料和化学制品制造业	102873	72606	12753	630	3377	11373	2135
医药制造业	27657	26558	1071				28
化学纤维制造业							
橡胶和塑料制品业	24280	20052	2223	93		909	1003
非金属矿物制品业	1941267	814721	219854	93472	2553	369913	440753
黑色金属冶炼及压延加工业	36190	4736					31454
有色金属冶炼及压延加工业	68852	67773	1079				
金属制品业	12517	7910	64	413	29	889	3212
通用设备制造业	2043	1761	154			70	58
专用设备制造业	5690	5033	146			498	12
汽车制造业	3586	3586					
铁路、船舶、航空航天和其他运输设备制造业	638	638					
电气机械和器材制造业	8784	7172	276	1289		44	3
计算机、通信和其他电子设备制造业	33817	30698				3119	
仪器仪表制造业	272	272					
其他制造业	1465	1465					
废弃资源综合利用业	225	225					
金属制品、机械和设备修理业	31					31	
电力、热力生产和供应业	1240094	278703	25848	1832	116		933595
燃气生产和供应业	1038	1038					
水的生产和供应业	42564	42266				297	

8-6 规模以上工业企业产值能耗

（2020 年）　　单位：吨标准煤 / 万元

指标名称	全 市	市 区	隆安县	马山县	上林县	宾阳县	横州市
产值能耗	**0.1900**	**0.1000**	**0.5400**	**0.7700**	**0.2700**	**0.2900**	**0.7600**
煤炭开采和洗选业	1.1700				1.1700		
石油和天然气开采业							
黑色金属矿采选业							
有色金属矿采选业	0.2700		0.2700				
非金属矿采选业	0.2400	0.2800			0.1800	0.2600	0.1300
开采辅助活动							
其他采矿业							
农副食品加工业	0.1500	0.1300	0.0900	0.3400	0.8300	0.1400	0.2200
食品制造业	0.1000	0.1100			0.0500	0.1000	0.0200
酒、饮料和精制茶制造业	0.0900	0.0900	0.5300	0.5800			0.0300
烟草制品业	0.0100	0.0100					
纺织业	0.1300	0.0900	0.0100	0.0100	0.3100	0.1500	0.0900
纺织服装、服饰业	0.0300	0.0300					
皮革、毛皮、羽毛及其制品和制鞋业	0.0400	0.0300					0.1400
木材加工和木、竹、藤、棕、草制品业	0.1500	0.1400	0.5500	0.0300		0.0800	0.0700
家具制造业	0.0200	0.0200				0.0100	
造纸和纸制品业	0.3500	0.1100	0.1000	1.6800		0.2100	0.5700
印刷业和记录媒介复制 业	0.0300	0.0300					
文教、工美、体育和娱乐用品制造业				0.0300		0.0200	
石油加工、炼焦及核燃料加工业	0.0300	0.0100	0.4100				0.0300
化学原料和化学制品制造业	0.1100	0.1000	0.1600	0.2400	0.1300	0.1000	0.0300
医药制造业	0.0800	0.0900	0.1900				
化学纤维制造业							
橡胶和塑料制品业	0.0800	0.0800	0.1100	0.0300		0.0300	0.0800
非金属矿物制品业	0.7500	0.4700	2.1400	2.6000	0.0900	0.7900	2.2600
黑色金属冶炼及压延加工业	0.1000	0.0300					0.1700
有色金属冶炼及压延加工业	0.1300	0.1300	0.1600				
金属制品业	0.0100	0.0100	0.0100	0.0900	0.0100	0.0200	0.0200
通用设备制造业	0.0100	0.0100	0.0100			0.0200	0.0200
专用设备制造业	0.0100	0.0100	0.0500			0.0100	
汽车制造业	0.0200	0.0200					
铁路、船舶、航空航天和其他运输设备制造业	0.0100	0.0100					
电气机械和器材制造业	0.0200	0.0200	0.0400	0.0300			
计算机、通信和其他电子设备制造业	0.0100					0.0200	
仪器仪表制造业							
其他制造业	0.1300	0.1300					
废弃资源综合利用业	0.0100	0.0100					
金属制品、机械和设备修理业	0.0100					0.0100	
电力、热力生产和供应业	0.8600	0.2300	1.5600	0.0800	0.0500		4.6600
燃气生产和供应业							
水的生产和供应业	0.2600	0.2700				0.0500	

8-7 全社会用电量

（2020 年）　　　　单位：万千瓦时

指标名称	全 市	市 区	横州市	宾阳县	上林县	隆安县	马山县
总计	**2627133**	**2009038**	**245197**	**165368**	**54052**	**97492**	**67123**
全行业用电量	**1801195**	**1383143**	**183514**	**108144**	**27501**	**73938**	**36091**
农林牧渔业	90702	49423	11158	7874	2870	16357	3021
工业	837660	546999	143194	77150	12799	47108	21546
建筑业	73130	56670	5194	2994	3396	763	4114
交通运输、仓储、邮政业	130393	127209	914	1005	267	679	319
批发和零售业	110142	103312	2818	1898	460	675	979
住宿和餐饮业	53536	48331	1162	1829	981	574	660
城乡居民生活用电	**825938**	**625895**	**61682**	**57224**	**26551**	**23555**	**31031**
城镇	533044	469944	15401	22519	8295	7722	9162
乡村	292894	155950	46282	34705	18256	15833	21869

注：本表数据来自于南宁市供电局。

九 商业旅游物价

CHAPTER 9 BUSINESS,TRAVEL,PRICE

9-1 全市主要年份商品销售总额和社会消费品零售总额、居民消费价格总指数

单位：万元

年 份	商品销售总额	社会消费品零售总额	#批发零售业	#住宿餐饮业	居民消费价格总指数（%）
1950	3760	3331	2698	326	
1965	41791	17034	14651	1008	
1978	50735	34737	28682	1916	
1980	67827	49381	37008	2595	
1985	180035	117249	89369	5129	118.3
1986	192905	124956	90024	5966	105.2
1987	278652	151615	106832	6823	111.1
1988	403478	205927	142668	8656	121.6
1989	506027	237944	173722	10727	119.4
1990	688049	251606	173490	13231	98.0
1991	1183943	306330	209751	17191	104.1
1992	1330612	367574	236449	22925	106.7
1993	1858423	520934	320946	28447	125.1
1994	2778661	667903	423470	39138	124.8
1995	2393263	839856	545805	62980	118.6
1996	2121924	1006556	654329	109594	103.3
1997	2555047	1153593	595818	170827	100.2
1998	2553541	1286387	738214	164742	96.7
1999	2629390	1371382	845114	181460	95.9
2000	4967441	2124265	1902756	213107	100.0
2001	5332548	2313462	2054150	249629	102.8
2002	6160693	2567758	2270643	287402	99.4
2003	7865973	2884483	2559611	318557	100.8
2004	9308593	3191846			104.2
2005	10108931	3658768			101.1
2006	9965245	4206948			102.5
2007	10937511	4988185			104.4
2008	14856054	6202910			108.4
2009	15526320	7209601			98.2
2010	18567715	8684461			102.5
2011	24523398	10241898			105.7
2012	29974127	11883979			102.9
2013	34986886	13587834			102.1
2014	39240173	15180676			101.6
2015	43611658	16733639			101.9
2016	49231802	18465449			101.4
2017	55184950	20533283			102.3
2018	59938683	22342673			102.5
2019	62153291	23277990			
2020	69801335	21803598			

注：2000 年以后为区划调整后的数据，其余年份仍为原南宁口径。2004—2019 年数据根据第四次经济普查对社会消费品零售总额指标作了相应调整。

9-2 全市及各县（市、区）社会消费品零售总额

单位：万元

指标名称	2020 年	比上年增长（%）
全市	**21803598**	**-6.3**
兴宁区	4867200	-6.3
青秀区	4975718	-3.6
江南区	3613836	-6.1
西乡塘区	4515126	-8.3
良庆区	716668	0.6
邕宁区	314544	4.0
武鸣区	420992	-7.4
隆安县	123435	-27.6
马山县	196468	-21.2
上林县	231946	-13.1
宾阳县	999615	-5.5
横州市	828050	-11.7

9-3 全市限额以上批发业商品购销存总额

（2020 年）

单位：万元

指标名称	企业数（个）	年末从业人员数（人）	购进总额	进口	年末商品库存额
总计	**895**	**36460**	**55840823**	**1314779**	**2325776**
按批发行业小类分组					
农、林、牧、渔产品批发	25	332	674212	26215	44483
食品、饮料及烟草制品批发	185	6954	6871238	7868	284939
纺织、服装及家庭用品批发	47	3483	1970271		169310
文化、体育用品及器材批发	21	591	385057		40095
医药及医疗器材批发	97	7404	2616327	39930	204521
矿产品、建材及化工产品批发	372	9430	39637339	1075203	1094718
机械设备、五金产品及电子产品批发	143	7137	3191330	165564	392904
其他批发业	5	1129	495049		94807
按登记注册类型分组					
内资企业	817	34042	54612043	1138166	2281042
国有企业	5	977	1430143		112983
集体企业	1	14	13596		964
股份合作企业	1	226	4108318		51830
有限责任公司	164	11628	34278971	1030996	1014255
股份有限公司	8	2484	1938463	240	189556
私营企业	638	18713	12842554	106930	911455
其他企业					
港、澳、台商投资企业	7	1050	674537	163785	13029
外商投资企业	7	830	130497	7802	13396
个体经营户	64	538	423745	5027	18309
按企业控股情况分					
国有控股	98	8703	37276676	1006700	1020044
集体控股	3	240	43928		2451
私人控股	712	24625	16931586	131467	1240834
港澳台商控股	5	234	712247	163785	29116
外商控股	6	780	72782	7802	8963
其他					
按经营形式分组					
独立门店	507	18515	24948285	778043	1318902
连锁总店（总部）	4	1402	54276		10888
连锁直营店	1	244	40577		2040
连锁加盟店	1	14	20084		73
其他	382	16285	30777600	536737	993874

单位：万元

指标名称	商品销售总额	批发额	出口	零售额	年末零售营业面积（平方米）
总计	**53495414**	**52244936**	**241526**	**1161099**	**796355**
按批发行业小类分组					
农、林、牧、渔产品批发	666752	664656	20934	2095	898
食品、饮料及烟草制品批发	7243875	7127411	4149	108918	32365
纺织、服装及家庭用品批发	2036059	2015721	37006	18623	14559
文化、体育用品及器材批发	431300	430987		313	4336
医药及医疗器材批发	2994234	2786399	41	207835	81179
矿产品、建材及化工产品批发	36153447	35611595	39476	461733	599338
机械设备、五金产品及电子产品批发	3512251	3151671	139920	360580	63124
其他批发业	457498	456496		1002	556
按登记注册类型分组					
内资企业	51506487	50327073	193956	1090034	599891
国有企业	1726505	1726246	251	260	9463
集体企业	12814	12814			
股份合作企业					
有限责任公司	35105649	34805107	102967	300542	128454
股份有限公司	1008816	831855		176961	224409
私营企业	13652703	12951051	90738	612272	237565
其他企业					
港、澳、台商投资企业	734368	734368	43421		504
外商投资企业	812548	805392		7156	193418
个体经营户	442011	378102	4149	63909	2542
按企业控股情况分					
国有控股	33134319	32733533	23338	400785	319462
集体控股	48704	48693		12	152
私人控股	17958457	17179840	170618	689238	280277
港澳台商控股	745174	745174	43421		504
外商控股	755856	748700		7156	193418
其他					
按经营形式分组					
独立门店	20488112	19786422	118610	618401	238068
连锁总店（总部）	950320	773359		176961	407503
连锁直营店	43890	43890			2000
连锁加盟店	20805	20563		242	315
其他	31992288	31620701	122916	365496	148469

9-4 全市限额以上零售业商品购销存总额

（2020年）　　　　单位：万元

指标名称	企业数（个）	年末从业人员数（人）	购进总额	进口	年末商品库存总额
总计	**654**	**48020**	**7535803**	**303943**	**989103**
按零售行业小类分组					
综合零售	89	15883	1144536	17	182531
食品、饮料及烟草制品专门零售	68	1121	175127	472	32326
纺织、服装及日用品专门零售	36	1896	60045		30126
文化、体育用品及器材专门零售	35	1495	226900		69443
医药及医疗器材专门零售	27	8403	311255	3958	63794
汽车、摩托车、零配件和燃料及其他动力销售	235	12901	4602368	298751	545994
家用电器及电子产品专门零售	120	3944	454843	596	52411
五金、家具及室内装饰材料专门零售	16	308	26739		3220
货摊、无店铺及其他零售业	28	2069	533988	149	9258
按登记注册类型分组					
内资企业	584	39949	6643810	249729	856984
国有企业	4	224	6267		4719
集体企业	1	65	1071		81
有限责任公司	152	15526	3463539	124973	289060
股份有限公司	3	867	612088		8443
私营企业	423	23261	2559697	124756	554680
其他企业	1	6	1148		
港、澳、台商投资企业	11	2583	449371	50256	36313
外商投资企业	8	4556	395676	3958	80206
个体经营户	51	932	46946		15600
按企业控股情况分					
国有控股	48	4614	1505984		76120
集体控股	4	564	114833		7539
私人控股	530	34614	5014537	249729	772571
港澳台商控股	13	2800	460366	50256	37090
外商控股	4	4061	314454	3958	75450
其他					
按经营形式分组					
独立门店	523	30109	4945112	299545	741965
连锁总店（总部）	26	8723	1358287	3958	131545
连锁直营店	11	5823	190596		42847
连锁加盟店	1	9	977		
其他	93	3356	1040831	440	72745
按零售业态分组					
有店铺零售	562	45291	6765332	303793	949934
食杂店	22	192	33554		16213
便利店	8	822	135141		4940
超市	50	2553	95969		17546
大型超市	27	11021	803498	17	151298
仓储会员店	1	8	1433		190
百货店	18	2596	239891		21720
专业店	223	16650	2834837	127580	240969
专卖店	193	10838	2569244	176197	487819
家居建材商店	6	121	11661		1017
购物中心	4	384	15247		2211
厂家直销中心	10	106	24859		6012
无店铺零售	92	2729	770470	149	39168
电视购物	1	91	2727		290
网上商店	18	863	506276	122	10938
其他	73	1775	261468	28	27941

9-4 续表　　　　单位：万元

指标名称	商品销售总额	批发额	零售额	年末零售营业面积（平方米）
总计	**8476808**	**766984**	**7708995**	**3778294**
按零售行业小类分组				
综合零售	1446350	130453	1315896	1404337
食品、饮料及烟草制品专门零售	207140	29857	177283	25585
纺织、服装及日用品专门零售	144221	8545	135676	75749
文化、体育用品及器材专门零售	275513	85284	190229	31461
医药及医疗器材专门零售	411389	19330	392059	232291
汽车、摩托车、零配件和燃料及其他动力销售	4820993	391334	4429593	1829542
家用电器及电子产品专门零售	550688	70784	479140	148398
五金、家具及室内装饰材料专门零售	29536	5437	24100	12178
货摊、无店铺及其他零售	590979	25961	565019	18753
按登记注册类型分组				
内资企业	7393622	685446	6707346	3361313
国有企业	37859		37859	11594
集体企业	1799		1799	600
有限责任公司	3791177	360075	3431037	1249110
股份有限公司	640564		640564	893840
私营企业	2921037	325371	2594902	1205989
其他企业	1185		1185	180
港、澳、台商投资企业	560452	16363	544089	200679
外商投资企业	472388	64771	407617	166224
个体经营户	50346	404	49942	50078
按企业控股情况分				
国有控股	1701315	282074	1419240	1391015
集体控股	134349		134349	29337
私人控股	5546397	403372	5142196	1932193
港澳台商控股	576772	16363	560410	210791
外商控股	380369	64771	315598	144681
其他				
按经营形式分组				
独立门店	5532423	349417	5182177	2269231
连锁总店（总部）	1520897	196436	1324461	1157995
连锁直营店	293853		293853	208826
连锁加盟店	1056		1056	215
其他	1128579	221130	907449	142027
按零售业态分组				
有店铺零售	7622923	686726	6935368	3762722
食杂店	32439	6690	25748	4203
便利店	161542	45272	116271	232752
超市	110902	2925	107977	122961
大型超市	905250	128560	776690	701210
仓储会员店	1479	2	1478	182
百货店	427955	1615	426340	495998
专业店	3120663	340271	2780327	1493079
专卖店	2763224	156871	2605589	580344
家居建材商店	12498	4490	8009	2958
购物中心	61955		61955	110500
厂家直销中心	25016	30	24986	18535
无店铺零售	853885	80258	773627	15572
电视购物	4353		4353	
网上商店	547940	14910	533030	2581
其他	301593	65349	236244	12991

9-5 全市限额以上批发和零售业商品销售类值

（2020 年）

单位：万元

指标名称	合 计	批 发	零 售
合　计	**57303563**	**49021373**	**8282191**
粮油、食品、饮料、烟酒类	7949985	6954638	995347
粮油、食品类	6421611	5646245	775366
# 粮油类	1249611	1100701	148910
肉禽蛋类	192942	78238	114704
水产品类	24571	7705	16866
蔬菜类	95036	13821	81215
干鲜果品类	268921	217274	51647
饮料类	372581	278112	94469
烟酒类	1155793	1030280	125512
服装、鞋帽、针纺织品类	404272	63150	341121
服装类	294862	41386	253476
鞋帽类	74433	19910	54522
针纺织品类	28691	507	28185
化妆品类	288815	174184	114631
金银珠宝类	55985		55985
日用品类	650903	401914	248989
# 可穿戴智能设备	968	514	454
五金、电料类	23545	16696	6849
体育、娱乐用品类	178092	7198	170894
# 照相器材类	16523	7030	9493
书报杂志类	360964	264364	96600
电子出版物及音像制品类	11010	387	10623
家用电器和音像器材类	1648441	1153981	494460
# 能效等级为 1 级和 2 级的商品	382154	183304	198850
# 智能家用电器和音像器材	89073	31370	57704
中西药品类	2761235	2410170	351065
# 西药类	2089943	1826320	263623
中草药及中成药类	311697	250996	60701
文化办公用品类	512325	306143	206182
# 计算机及其配套产品	289182	133332	155851
家具类	11877	3823	8054
通讯器材类	742716	493049	249666
# 智能手机	632910	405485	227425
煤炭及制品类	3190499	3190499	
木材及制品类	156091	156091	
石油及制品类	3664074	2436616	1227458
化工材料及制品类	1755494	1755433	61
# 化肥类	324038	323977	61
金属材料类	23838371	23838371	
建筑及装潢材料类	1280421	1250828	29593
机电产品及设备类	1217675	1204597	13077
# 农机类	95939	95817	122
汽车类	4654049	1073962	3580087
# 新能源汽车	151886	42774	109112
种子饲料类	560858	560858	
棉麻类	1		1
其他类	1385871	1304422	81449

9-6 全市限额以上批发和零售业商品购销存数量

（2020 年）

指标名称	计量单位	购进量	销售量	年末库存量
大米（稻米）	千克	140778486	129169976	13617545
白面（小麦面）	千克	6715599	6500067	423010
食用植物油	千克	177424266	175210557	10556913
猪肉	千克	16220559	16162601	501444
牛肉	千克	41366547	1107154	59495
羊肉	千克	257109	244723	27266
禽肉	千克	7337655	7264460	220141
鲜蛋	千克	11337113	11020543	465340
彩色电视机	台	367989	364035	10847
家用电冰箱	台	377181	377699	15408
房间空调器	台	2369780	2479968	287284
电脑（微型计算机）	台	368224	378266	36713
汽车	辆	216010	216317	23517
#轿车	辆	115403	115408	12406
钢材	吨	11518473	11520563	425096
铜	吨	462916	464795	
铝	吨	10134061	10088581	81244
水泥	吨	19674896	19694219	190175
化学肥料	吨	1824111	1831959	148735
化学农药	吨	26506	26214	1468

9-7 全市限额以上批发业法人企业财务状况

（2020 年）

单位：万元

指标名称	企业数（个）	年初存货	流动资产合计			固定资产原价
				# 应收账款	# 存货	
总计	**824**	**2329748**	**21109318**	**4467973**	**2280853**	**1072578**
按批发行业小类分组						
农、林、牧、渔产品批发	24	30070	173119	8820	54724	12008
食品、饮料及烟草制品批发	120	196339	3219531	290329	260213	193037
纺织、服装及家庭用品批发	44	182781	1290197	104793	150357	27111
文化、体育用品及器材批发	21	79683	458714	51509	67882	23690
医药及医疗器材批发	97	232239	1690710	967408	233272	100815
矿产品、建材及化工产品批发	371	1156258	11618208	2332068	1004328	494126
机械设备、五金产品及电子产品批发	142	344375	2395241	671235	415317	87447
其他批发业	5	108003	263599	41812	94760	134344
按登记注册类型分组						
内资企业	815	2302447	20723770	4231414	2243060	971111
国有企业	5	83777	333461	28194	101176	52353
集体企业	1	1145	778		764	138
股份合作企业	1	93875	198065	703	68874	12881
有限责任公司	163	1011141	11124163	2219049	1003141	389125
股份有限公司	7	239623	1770610	121632	115952	193934
私营企业	638	872888	7296694	1861837	953153	322680
港、澳、台商投资企业	3	5882	253371	217700	10841	233
外商投资企业	6	21419	132178	18859	26952	101234
按控股情况分组						
国有控股	98	1047477	10407567	1748042	911019	555612
集体控股	3	2658	6713	336	2079	200
私人控股	712	1234680	10215456	2443991	1313840	413945
港澳台商控股	5	23515	347405	256745	26962	1588
外商控股	6	21419	132178	18859	26952	101234
其他						
按经营形式分组						
独立门店	443	1379163	10884186	2257825	1261555	569213
连锁总店（总部）	4	18986	55428	3830	27918	126084
连锁直营店	1	1266	8694	469	1822	169
连锁加盟店	1	88	7368	1650	73	17
其他	375	930245	10153643	2204198	989485	377095

9-7 续表 1

单位：万元

指标名称	累计折旧		在建工程	资产总计	流动负债合计	
		本年折旧				应付账款
总计	**384774**	**63742**	**274379**	**27379680**	**18345219**	**1820651**
按批发行业小类分组						
农、林、牧、渔产品批发	6259	952	2331	265226	198810	37425
食品、饮料及烟草制品批发	88452	9523	10872	4347158	2947926	316325
纺织、服装及家庭用品批发	9308	1022		1317813	1221391	93456
文化、体育用品及器材批发	9073	831	2136	719185	408421	138284
医药及医疗器材批发	40838	9839	21480	1894032	1351180	457094
矿产品、建材及化工产品批发	152658	21919	205736	15566584	9484204	49905
机械设备、五金产品及电子产品批发	40479	12839	2756	2633517	2095899	695229
其他批发业	37707	6818	29069	636167	637388	32933
按登记注册类型分组						
内资企业	340890	60103	274375	26712360	18063316	2084589
国有企业	29054	2658	485	383637	168288	18226
集体企业				916	1404	1456
股份合作企业	8376	1293	82713	361016	698792	–804239
有限责任公司	114948	21209	68635	15330394	9603596	1298834
股份有限公司	67405	10839	44068	2420846	1213157	93161
私营企业	121108	24104	78474	8215552	6378079	1477152
港、澳、台商投资企业	136	25		254362	228567	230543
外商投资企业	43749	3615	5	412958	53336	–494481
按控股情况分组						
国有控股	190906	27823	194297	14914026	8754584	24745
集体控股	46	12		6871	5216	3284
私人控股	148733	31977	80078	11671039	9197589	2009950
港澳台商控股	1341	315		374787	334493	277153
外商控股	43749	3615	5	412958	53336	–494481
其他						
按经营形式分组						
独立门店	167575	32804	218516	13885337	9820222	817072
连锁总店（总部）	59013	5060		292899	214744	–498371
连锁直营店	121	51		8988	6988	2914
连锁加盟店	8	4		7377	7034	29
其他	158058	25822	55864	13185080	8296231	1499007

9-7 续表 2

单位：万元

指标名称	负债合计	所有者权益合计	实收资本	个人资本
总计	**19808450**	**7573472**	**5056775**	**655084**
按批发行业小类分组				
农、林、牧、渔产品批发	201521	63705	66721	12324
食品、饮料及烟草制品批发	3257393	1089552	463908	33428
纺织、服装及家庭用品批发	1224351	93378	57959	14665
文化、体育用品及器材批发	412283	306902	131142	2862
医药及医疗器材批发	1443916	450116	257924	76140
矿产品、建材及化工产品批发	10442215	5126908	3724030	458174
机械设备、五金产品及电子产品批发	2175261	458256	325243	49545
其他批发业	651511	–15343	29849	7946
按登记注册类型分组				
内资企业	19472315	7242288	5019872	653604
国有企业	168502	215135	33314	
集体企业	1404	–488	182	
股份合作企业	715735	–354719	561409	
有限责任公司	10564833	4765560	3217955	18177
股份有限公司	1235837	1185010	149213	930
私营企业	6786005	1431790	1057800	634497
港、澳、台商投资企业	228567	25795	25731	1480
外商投资企业	107569	305390	11172	
按控股情况分组				
国有控股	9731777	5182249	3455033	4648
集体控股	5234	1638	642	127
私人控股	9629374	2043907	1555697	648829
港澳台商控股	334498	40289	34231	1480
外商控股	107569	305390	11172	
其他				
按经营形式分组				
独立门店	10473027	3414088	2411240	493949
连锁总店（总部）	274477	18421	3022	1022
连锁直营店	6988	2000	900	
连锁加盟店	7034	344	100	
其他	9046925	4138620	2641514	160114

9–7 续表 3

单位：万元

指标名称	营业收入		营业成本	税金及附加
		主营业务收入		
总计	**47592777**	**47301432**	**45869704**	**159762**
按批发行业小类分组				
农、林、牧、渔产品批发	613209	612809	594598	590
食品、饮料及烟草制品批发	5917818	5875056	5541613	120813
纺织、服装及家庭用品批发	1447384	1427810	1373892	1770
文化、体育用品及器材批发	413905	412629	377112	504
医药及医疗器材批发	2687208	2673720	2405368	5799
矿产品、建材及化工产品批发	32835207	32656173	32131368	24580
机械设备、五金产品及电子产品批发	3253789	3219027	3017953	4439
其他批发业	424257	424208	427801	1268
按登记注册类型分组				
内资企业	46516537	46255703	44873301	158332
国有企业	1540222	1539562	1278972	116355
集体企业	11803	11803	11913	
股份合作企业	1132		1501	64
有限责任公司	31090246	30978233	30396339	27912
股份有限公司	932629	923362	909102	1319
私营企业	12940504	12802743	12275474	12682
港、澳、台商投资企业	356850	345142	355192	287
外商投资企业	719390	700587	641211	1143
按控股情况分组				
国有控股	29564215	29457967	28832954	140229
集体控股	43548	43533	38971	64
私人控股	16600455	16446030	15702130	17840
港澳台商控股	665169	653315	654438	486
外商控股	719390	700587	641211	1143
其他				
按经营形式分组				
独立门店	18325335	18173885	17693933	17986
连锁总店（总部）	902605	876240	809517	1380
连锁直营店	43370	38023	33982	78
连锁加盟店	18412	18412	17745	20
其他	28303056	28194873	27314527	140297

9–7 续表 4

单位：万元

指标名称	其他业务利润	销售费用	管理费用	研发费用	财务费用	# 利息收入
总计	**38302**	**674080**	**395122**	**7374**	**253935**	**88340**
按批发行业小类分组						
农、林、牧、渔产品批发	290	10875	5080	1	3002	579
食品、饮料及烟草制品批发	17985	60074	73981	287	15466	26830
纺织、服装及家庭用品批发	3690	42346	19874		3685	2947
文化、体育用品及器材批发	719	18237	10968		–1593	5001
医药及医疗器材批发	3710	122721	74807	27	21809	5289
矿产品、建材及化工产品批发	9031	292757	145216	1108	176208	42642
机械设备、五金产品及电子产品批发	2866	120312	59401	2795	30543	4177
其他批发业	10	6758	5794	3156	4815	874
按登记注册类型分组						
内资企业	40534	646075	388239	7374	247536	88326
国有企业	74	10999	36692		–2426	7476
集体企业		63	16			
股份合作企业		9689	14865	45	1050	–4
有限责任公司	22547	221648	140661	1971	200305	62140
股份有限公司	788	40289	14312	3156	1182	6445
私营企业	17125	363387	181694	2202	47425	12269
港、澳、台商投资企业	–556	1385	631		1960	11
外商投资企业	–1676	26620	6251		4440	3
按控股情况分组						
国有控股	18243	160656	151867	3544	163083	64254
集体控股		4174	237		–217	–219
私人控股	22278	475053	234917	3831	83604	23845
港澳台商控股	–543	7576	1850		3026	457
外商控股	–1676	26620	6251		4440	3
其他						
按经营形式分组						
独立门店	16349	293078	200123	4731	110815	24890
连锁总店（总部）	–1594	36694	4733		2967	4
连锁直营店		4232	2527		2	–3
连锁加盟店		238	232			
其他	23547	339838	187506	2643	140151	63449

单位：万元

指标名称	# 利息费用	投资收益	营业利润	营业外收入
总计	**246483**	**140972**	**363923**	**54987**
按批发行业小类分组				
农、林、牧、渔产品批发	3131	157	–834	203
食品、饮料及烟草制品批发	24023	24444	141149	13868
纺织、服装及家庭用品批发	5742	1	7453	700
文化、体育用品及器材批发	974	5838	14329	218
医药及医疗器材批发	12331	4471	66290	2252
矿产品、建材及化工产品批发	188187	110657	143205	29548
机械设备、五金产品及电子产品批发	10414	–4595	14271	7962
其他批发业	1681		–21940	236
按登记注册类型分组				
内资企业	243596	135334	358610	54502
国有企业	2619	490	100433	214
集体企业			–188	
股份合作企业	32	17489	–8571	1060
有限责任公司	201787	107265	233466	37756
股份有限公司	3616	5068	–28374	543
私营企业	35542	5022	61843	14929
港、澳、台商投资企业	4	4	–2497	27
外商投资企业	2882	5634	7810	458
按控股情况分组				
国有控股	186475	129115	277101	33344
集体控股	1		329	11
私人控股	56084	6061	80503	20986
港澳台商控股	1041	162	–1821	189
外商控股	2882	5634	7810	458
其他				
按经营形式分组				
独立门店	96335	47879	60593	26068
连锁总店（总部）	2952		9712	931
连锁直营店	–1		2549	105
连锁加盟店			176	5
其他	147197	93093	290894	27879

9-7 续表 6

单位：万元

指标名称	利润总额	所得税费用	应付职工薪酬	应交增值税
总计	**410126**	**82883**	**348045**	**200835**
按批发行业小类分组				
农、林、牧、渔产品批发	-900	104	3619	-270
食品、饮料及烟草制品批发	149721	31270	75965	46256
纺织、服装及家庭用品批发	7843	916	20130	8085
文化、体育用品及器材批发	13016	240	10582	982
医药及医疗器材批发	63890	12220	55330	45229
矿产品、建材及化工产品批发	181194	33479	118304	64436
机械设备、五金产品及电子产品批发	18426	4575	57955	27629
其他批发业	-23064	79	6161	8488
按登记注册类型分组				
内资企业	405463	82403	338160	194583
国有企业	100408	25628	35558	34558
集体企业	-188			
股份合作企业	-7632		6417	13
有限责任公司	257604	42362	143156	79146
股份有限公司	-30664	1089	25066	3360
私营企业	85934	13324	127963	77506
港、澳、台商投资企业	-2521	165	666	1286
外商投资企业	7184	315	9220	4967
按控股情况分组				
国有控股	299660	61370	157787	87979
集体控股	339	176	1249	388
私人控股	104632	20760	177331	105799
港澳台商控股	-1689	261	2458	1702
外商控股	7184	315	9220	4967
其他				
按经营形式分组				
独立门店	72976	27774	158138	80375
连锁总店（总部）	9478	207	12096	6035
连锁直营店	2648	367	2210	543
连锁加盟店	181	33	109	131
其他	324843	54503	175492	113751

9-8 全市限额以上零售业法人企业财务状况

（2020 年）　　　　单位：万元

指标名称	企业数（个）	年初存货	流动资产合计	#应收账款	#存货	固定资产原价
总计	**600**	**751369**	**2929954**	**307413**	**733663**	**561676**
按零售行业小类分组						
综合零售	67	124063	527966	44324	112426	240953
食品、饮料及烟草制品专门零售	53	18975	70546	12348	15248	5536
纺织、服装及日用品专门零售	29	27541	49429	10782	26755	5637
文化、体育用品及器材专门零售	34	72101	137175	14815	69839	32788
医药及医疗器材专门零售	27	54440	150656	45368	64270	18889
汽车、摩托车、零配件和燃料及其他动力销售	234	384584	1414677	87585	373096	233906
家用电器及电子产品专门零售	114	55323	471029	76018	56610	12275
五金、家具及室内装饰材料专门零售	14	3270	19517	4624	2748	882
货摊、无店铺及其他零售业	28	11072	88960	11551	12671	10810
按登记注册类型分组						
内资企业	584	638575	2664715	293161	629990	496835
国有企业	4	3576	18156	991	4654	2577
集体企业	1	144	329	184	81	179
有限责任公司	152	299564	1270182	95763	267206	187751
股份有限公司	3	12499	130236	4661	11955	120854
私营企业	423	322792	1245609	191493	346094	185472
其他企业	1		203	68		3
港、澳、台商投资企业	11	33672	165783	8363	29873	35083
外商投资企业	5	79122	99456	5889	73801	29758
按控股情况分组						
国有控股	48	98428	383247	21342	76113	193578
集体控股	4	10803	26321	5361	8573	7231
私人控股	531	528740	2249856	266406	544534	295225
港澳台商控股	13	34297	176710	9726	30663	37384
外商控股	4	79102	93820	4578	73781	28257
其他						
按经营形式分组						
独立门店	471	556452	2067970	188708	554733	422314
连锁总店（总部）	26	84861	471148	52500	73823	91308
连锁直营店	10	34864	84955	11318	42492	19943
连锁加盟店	1		217	25		9
其他	92	75193	305664	54862	62615	28101
按零售业态分组						
有店铺零售	508	709603	2702194	260319	693548	544806
食杂店	13	510	5859	1308	691	396
便利店	8	4258	27846	1017	5622	8195
超市	29	14316	32321	4559	15360	6316
大型超市	26	89074	222608	5229	78919	89948
仓储会员店	1	39	1093	57	23	5
百货店	18	27768	257009	19144	26391	140498
专业店	213	255971	1127805	126434	248039	149795
专卖店	183	312882	984428	82094	313657	142201
家居建材商店	5	893	4830	1766	874	232
购物中心	3	2060	26263	17932	2060	6979
厂家直销中心	9	1830	12133	780	1911	242
无店铺零售	92	41766	227760	47094	40116	16870
电视购物	1	361	2259	4	263	503
网上商店	18	12507	75714	10362	12253	2521
其他	73	28898	149787	36729	27600	13846

9-8 续表 1

单位：万元

指标名称	累计折旧	本年折旧	在建工程	资产总计	流动负债合计	应付账款
总计	**249566**	**35773**	**21943**	**3728620**	**2283100**	**581443**
按零售行业小类分组						
综合零售	103972	11259	10173	858733	435116	150273
食品、饮料及烟草制品专门零售	2413	545	65	78923	45623	10155
纺织、服装及日用品专门零售	3053	590	400	59390	58732	28119
文化、体育用品及器材专门零售	15465	2620	935	163541	115693	30000
医药及医疗器材专门零售	9500	1352	184	216929	131572	69501
汽车、摩托车、零配件和燃料及其他动力销售	103337	17272	10076	1720452	1047756	129287
家用电器及电子产品专门零售	7137	1282		495498	382252	147396
五金、家具及室内装饰材料专门零售	347	45	5	20813	8788	2596
货摊、无店铺及其他零售业	4344	807	105	114341	57569	14116
按登记注册类型分组						
内资企业	213684	29121	21533	3391457	2112220	541063
国有企业	1490	155		19276	20608	1897
集体企业	171	1		338	134	9
有限责任公司	92939	12924	17388	1535110	973861	254083
股份有限公司	38732	3450	24	244642	105004	23289
私营企业	80353	12591	4120	1591890	1012568	261740
其他企业				204	46	45
港、澳、台商投资企业	20643	2235	408	196670	66188	14667
外商投资企业	15239	4417	2	140493	104692	25713
按控股情况分组						
国有控股	70924	6666	4709	599124	254401	56607
集体控股	4259	690		30143	14588	4992
私人控股	137758	21764	16823	2756793	1841324	478100
港澳台商控股	22163	2362	410	208481	69398	16954
外商控股	14462	4291		134078	103388	24791
其他						
按经营形式分组						
独立门店	190884	27694	14913	2559151	1589531	320093
连锁总店（总部）	37849	3971	2937	663316	352669	160371
连锁直营店	8357	1985	956	120494	93182	34208
连锁加盟店	2	1		226	238	196
其他	12475	2121	3137	385434	247480	66576
按零售业态分组						
有店铺零售	241595	34216	21539	3459529	2130052	536670
食杂店	200	44	50	7512	2473	1581
便利店	2471	508	10428	38826	25349	11784
超市	4950	399		36584	22688	8715
大型超市	44674	6313	1945	405646	173817	60716
仓储会员店	5	1		1094	367	18
百货店	53432	4600	551	397173	201481	54284
专业店	65023	10204	5563	1396830	906507	257458
专卖店	68625	11806	2841	1124857	759769	125345
家居建材商店	119	32	5	5012	1398	268
购物中心	1985	238	157	33608	27819	16096
厂家直销中心	113	71		12388	8386	405
无店铺零售	7971	1557	404	269092	153048	44773
电视购物	355	24		2427	2365	269
网上商店	1237	459	48	94104	49123	13320
其他	6379	1073	356	172561	101560	31184

9-8 续表 2　　单位：万元

指标名称	负债合计	所有者权益合计		
			实收资本	
				个人资本
总计	**2489850**	**1269561**	**610278**	**85956**
按零售行业小类分组				
综合零售	549502	314465	123608	5787
食品、饮料及烟草制品专门零售	50596	28326	12338	3534
纺织、服装及日用品专门零售	59795	-404	8243	620
文化、体育用品及器材专门零售	117751	45790	16246	4229
医药及医疗器材专门零售	137810	79119	67250	1966
汽车、摩托车、零配件和燃料及其他动力销售	1111616	635167	289239	38807
家用电器及电子产品专门零售	388312	106706	70357	24608
五金、家具及室内装饰材料专门零售	11620	9193	5060	2510
货摊、无店铺及其他零售业	62848	51198	17938	3895
按登记注册类型分组				
内资企业	2309283	1112965	578330	85126
国有企业	20608	-1332	4532	10
集体企业	134	203	58	
有限责任公司	1032552	506756	223188	11615
股份有限公司	108479	136163	65066	
私营企业	1147465	471017	285387	73501
其他企业	46	158	100	
港、澳、台商投资企业	71141	125530	21404	830
外商投资企业	109427	31066	10545	
按控股情况分组				
国有控股	283781	320577	138887	920
集体控股	14588	15555	3058	
私人控股	2009007	773343	435385	84206
港澳台商控股	74366	134116	24904	830
外商控股	108108	25970	8045	
其他				
按经营形式分组				
独立门店	1709801	880141	412600	55710
连锁总店（总部）	427761	235555	64737	3531
连锁直营店	93241	27254	43727	96
连锁加盟店	238	-12		
其他	258810	126624	89214	26619
按零售业态分组				
有店铺零售	2328073	1162541	552270	63017
食杂店	4235	3277	2379	480
便利店	25449	13377	14100	
超市	23978	12606	13819	2810
大型超市	269153	136493	49066	3600
仓储会员店	367	727	99	99
百货店	217196	185211	63516	507
专业店	935462	460509	241934	30477
专卖店	809585	341983	160574	21544
家居建材商店	3473	1539	1106	800
购物中心	30669	2939	1820	420
厂家直销中心	8507	3880	3857	2280
无店铺零售	161777	107020	58009	22939
电视购物	2365	62	392	192
网上商店	52210	41600	17463	5800
其他	107203	65358	40153	16947

单位：万元

指标名称	营业收入		营业成本	税金及附加
		主营业务收入		
总计	**7725620**	**7544782**	**6832678**	**17831**
按零售行业小类分组				
综合零售	1255187	1180691	1005340	4274
食品、饮料及烟草制品专门零售	149985	149698	127247	395
纺织、服装及日用品专门零售	122032	121030	87492	350
文化、体育用品及器材专门零售	258014	256120	221779	495
医药及医疗器材专门零售	378896	371926	276265	662
汽车、摩托车、零配件和燃料及其他动力销售	4487800	4401817	4148926	9797
家用电器及电子产品专门零售	512629	506068	456652	779
五金、家具及室内装饰材料专门零售	25940	25633	22092	102
货摊、无店铺及其他零售业	535138	531800	486886	978
按登记注册类型分组				
内资企业	6841857	6675505	6102077	14484
国有企业	38749	37921	35124	145
集体企业	1648	1648	1043	7
有限责任公司	3509676	3431321	3158149	7344
股份有限公司	539064	514145	490672	1745
私营企业	2751535	2689285	2415941	5244
其他企业	1185	1185	1148	
港、澳、台商投资企业	529736	519083	451382	2992
外商投资企业	354027	350194	279219	355
按控股情况分组				
国有控股	1516481	1469382	1340579	3882
集体控股	137990	132833	119814	763
私人控股	5177027	5063485	4634457	9823
港澳台商控股	545566	534360	461991	3031
外商控股	348556	344723	275837	332
其他				
按经营形式分组				
独立门店	5032036	4911544	4467359	12608
连锁总店（总部）	1409255	1364976	1224573	2019
连锁直营店	251651	244953	179113	522
连锁加盟店	1056	1056	977	10
其他	1031621	1022254	960657	2672
按零售业态分组				
有店铺零售	6938306	6764684	6114336	16458
食杂店	20358	20358	18155	43
便利店	143872	142731	116757	286
超市	84487	80776	68026	188
大型超市	816999	776957	660758	1267
仓储会员店	1309	1309	1145	3
百货店	339973	308837	263736	2835
专业店	2874366	2821157	2560346	4813
专卖店	2561821	2517477	2347149	6734
家居建材商店	11052	11052	9947	54
购物中心	63288	63288	48688	176
厂家直销中心	20780	20741	19629	61
无店铺零售	787314	780098	718342	1373
电视购物	3947	3852	2424	19
网上商店	494682	491968	461725	815
其他	288685	284279	254192	539

单位：万元

指标名称	其他业务利润	销售费用	管理费用	研发费用	财务费用	# 利息收入
总计	**58539**	**535402**	**188295**	**2817**	**22934**	**3049**
按零售行业小类分组						
综合零售	16141	185387	44655	1	4704	825
食品、饮料及烟草制品专门零售	88	5403	5484		312	27
纺织、服装及日用品专门零售	842	27686	6171	7	340	4
文化、体育用品及器材专门零售	2941	20457	10337		244	172
医药及医疗器材专门零售	3303	66866	20969		1297	211
汽车、摩托车、零配件和燃料及其他动力销售	22485	166705	69276		11797	1622
家用电器及电子产品专门零售	12399	29466	20974	1777	3658	69
五金、家具及室内装饰材料专门零售		546	1368		64	13
货摊、无店铺及其他零售业	342	32886	9061	1033	519	107
按登记注册类型分组						
内资企业	51598	434634	166809	2811	22675	3281
国有企业	705	2035	2422		−19	−83
集体企业		515	85			
有限责任公司	34077	220405	55121	495	8297	2757
股份有限公司	2191	21720	9850		1884	150
私营企业	14624	189949	99311	2316	12513	458
其他企业		10	20			
港、澳、台商投资企业	4381	44762	11253	7	−304	−284
外商投资企业	2561	56006	10233		563	52
按控股情况分组						
国有控股	9997	85598	28184		3355	1884
集体控股	2015	7315	3393		−62	106
私人控股	39586	339505	135002	2811	19343	1291
港澳台商控股	4381	47801	11889	7	−303	−245
外商控股	2561	55183	9827		601	13
其他						
按经营形式分组						
独立门店	35424	333383	129193	1679	16098	2576
连锁总店（总部）	21321	111120	29872		2965	344
连锁直营店	1159	52509	11822		721	91
连锁加盟店		26	48		1	
其他	635	38366	17360	1138	3149	38
按零售业态分组						
有店铺零售	56551	496334	171100	597	20253	2895
食杂店		362	767		4	−1
便利店	1	13778	4389		415	244
超市	1805	10635	5732	1	393	3
大型超市	10959.3	116128	23093		2583	341
仓储会员店	0.0	18	103		3	1
百货店	4170	50729	18506		1213	466
专业店	24322	179450	59766	589	8103	1992
专卖店	15273	110738	57215	7	7005	−215
家居建材商店		225	582		32	10
购物中心		13598	468		221	1
厂家直销中心	21	673	480		281	55
无店铺零售	1988	39069	17195	2221	2681	154
电视购物	84	3553	275		−38	40
网上商店	255	20752	6263	937	983	40
其他	1649	14764	10656	1283	1736	74

指标名称		投资收益	营业利润	营业外收入
	#利息费用			
总计	**14439**	**4025**	**128489**	**13858**
按零售行业小类分组				
综合零售	3543	413	–1970	2897
食品、饮料及烟草制品专门零售	298	–24.4	10424	226
纺织、服装及日用品专门零售	217		–288	261
文化、体育用品及器材专门零售	213	691	6093	266
医药及医疗器材专门零售	888	16	13457	1571
汽车、摩托车、零配件和燃料及其他动力销售	8336	1925	96370	6408
家用电器及电子产品专门零售	714	673	100	1023
五金、家具及室内装饰材料专门零售	13		372	43
货摊、无店铺及其他零售业	217	330	3931	1163
按登记注册类型分组				
内资企业	13629	3106	102940	12610
国有企业		182	–678	38
集体企业			–2	
有限责任公司	5422	2065	67056	5418
股份有限公司	1669.6	39	1308	77.4
私营企业	6538	820	35250	7071
其他企业			7	6
港、澳、台商投资企业	542	200	17025	747
外商投资企业	268	719	8524	500
按控股情况分组				
国有控股	3011	693	46707	981
集体控股	31		6901	18
私人控股	10588	2413	48703	11524
港澳台商控股	542	272	18465	834
外商控股	268	647	7713	500
其他				
按经营形式分组				
独立门店	11077	3813	71091	9274
连锁总店（总部）	1160	21	39706	2114
连锁直营店	514	187	7387	791
连锁加盟店			–6	6
其他	1689	5	10311	1673
按零售业态分组				
有店铺零售	13345	3832	120679	12150
食杂店	1		276	2
便利店	300		8377	142
超市	336	–4	–960	708
大型超市	1486	379	12049	1843
仓储会员店	3		37	1
百货店	1288	39	–8667	330
专业店	3860	527	67891	4594
专卖店	5641	2892	41683	4395
家居建材商店	1		199	11
购物中心	212		137	5
厂家直销中心	217		–343	119
无店铺零售	1095	193	7810	1708
电视购物	2		–2286	6
网上商店	239	168	3203	1148
其他	854	25	6894	554

9-8 续表 6

单位：万元

指标名称	利润总额	所得税费用	应付职工薪酬	应交增值税
总计	**133298**	**30618**	**258276**	**82376**
按零售行业小类分组				
综合零售	-3392	1035	65447	14100
食品、饮料及烟草制品专门零售	10573	2273	4186	2154
纺织、服装及日用品专门零售	-671	517	10647	2583
文化、体育用品及器材专门零售	6064	-164	12427	784
医药及医疗器材专门零售	14737	2259	26955	6785
汽车、摩托车、零配件和燃料及其他动力销售	101314	23399	101968	44542
家用电器及电子产品专门零售	-390	253	23081	4767
五金、家具及室内装饰材料专门零售	389	34	1187	504
货摊、无店铺及其他零售业	4675	1015	12379	6159
按登记注册类型分组				
内资企业	106969	25198	214422	72159
国有企业	-669	37	1651	345
集体企业	-2		363	55
有限责任公司	69871	16292	106293	35548
股份有限公司	-1309	1634	4900	5006
私营企业	39066	7234	101190	31205
其他企业	12	1	26	
港、澳、台商投资企业	17447	3696	19248	7385
外商投资企业	8882	1724	24607	2832
按控股情况分组				
国有控股	44800	10528	39897	14493
集体控股	6985	1031	4523	2009
私人控股	54658	13549	169305	55520
港澳台商控股	18772	4108	20609	7697
外商控股	8083	1403	23942	2658
其他				
按经营形式分组				
独立门店	72457	17072	179392	57035
连锁总店（总部）	41392	8736	42560	10604
连锁直营店	7719	2838	14123	6287
连锁加盟店			31	9
其他	11730	1972	22170	8442
按零售业态分组				
有店铺零售	124916	29185	239858	74333
食杂店	276	29	449	125
便利店	8504	2665	8879	2729
超市	-296	16	6778	817
大型超市	12657	2788	45205	7434
仓储会员店	38	2	99	15
百货店	-11486	-1294	14786	6542
专业店	70873	14377	87738	28696
专卖店	44258	10581	73231	27041
家居建材商店	207	10	443	93
购物中心	115	9	1879	509
厂家直销中心	-230	1	369	332
无店铺零售	8381	1434	18419	8044
电视购物	-2283		610	144
网上商店	4055	464	6145	5147
其他	6609	970	11664	2753

9-9 全市限额以上住宿业经营情况

（2020年） 单位：万元

指标名称	企业数（个）	从业人员期末人数（人）	客房数（间）	床位数（个）	餐位数（位）	年末餐饮营业面积（平方米）
总计	**233**	**15459**	**46811**	**68279**	**58890**	**514991**
按住宿行业小类分组						
旅游饭店	88	10318	20107	31393	44975	291602
一般旅馆	143	5098	26412	36432	12915	221960
其他住宿业	2	43	292	454	1000	1429
按登记注册类型分组						
内资企业	209	12846	42952	62413	46956	462499
国有企业	9	2340	1883	3233	9400	37394
集体企业	1	46	202	386	50	1800
有限责任公司	37	2917	7194	11000	8221	74523
私营企业	162	7543	33673	47794	29285	348782
港、澳、台商投资企业	7	1967	2276	3564	7752	16499
外商投资企业	2	399	551	803	2882	8233
个体经营	15	247	1032	1499	1300	27760
按控股情况分组						
国有控股	18	3788	4519	7702	14640	66841
集体控股	2	68	286	487	50	4875
私人控股	188	8687	37930	54067	32194	385831
港澳台商控股	5	1748	1791	2701	6652	13355
外商控股	2	399	551	803	2882	8233
按经营形式分组						
独立门店	179	13356	38442	56754	53270	378255
连锁直营店	17	520	2430	3239	525	27555
连锁加盟店	28	848	4098	5618	1938	90407
其他	9	735	1841	2668	3157	18774

单位：万元

指标名称	营业额	客房收入	餐费收入	商品销售收入	其他收入
总计	**293229**	**179340**	**71320**	**16308**	**26262**
按住宿行业小类分组					
旅游饭店	189176	93678	59051	15289	21157
一般旅馆	103242	85029	12246	1018	4948
其他住宿业	812	632	22	1	157
按登记注册类型分组					
内资企业	243957	156368	50356	14141	23093
国有企业	37725	8020	9132	11822	8751
集体企业	582	351	29		202
有限责任公司	58730	37126	14677	774	6153
私营企业	146920	110871	26518	1544	7987
港、澳、台商投资企业	35963	14753	17123	1695	2392
外商投资企业	8714	4142	3448	409	715
个体经营	4594	4076	394	63	62
按控股情况分组					
国有控股	63836	20739	18739	12401	11957
集体控股	743	512	29		202
私人控股	173269	131091	29082	2017	11080
港澳台商控股	33160	13618	16072	1397	2074
外商控股	8714	4142	3448	409	715
按经营形式分组					
独立门店	251201	144629	66240	16089	24243
连锁直营店	12857	10748	1377	39	692
连锁加盟店	17351	16475	489	11	376
其他	11820	7487	3213	169	951

9-10 全市限额以上餐饮业经营情况

（2020 年）

单位：万元

指标名称	企业数（个）	从业人员期末人数（人）	客房数（间）	床位数（个）	餐位数（位）	年末餐饮营业面积（平方米）
总计	**352**	**23795**	**1421**	**2320**	**172965**	**553857**
按餐饮行业小类分组						
正餐服务	322	14531	1421	2320	142210	477445
快餐服务	11	7630			26314	62864
饮料及冷饮服务	6	452			1340	6648
餐饮配送及外卖送餐服务	6	515			650	
其他餐饮业	7	667			3101	6250
按登记注册类型分组						
内资企业	149	12765	797	1287	100622	311892
集体企业	1	41			300	500
有限责任公司	27	3200	600	1037	21021	83326
私营企业	121	9524	197	250	79301	228066
港、澳、台商投资企业	1	36			506	3048
外商投资企业	4	5010			15908	41634
个体经营	198	5984	624	1033	55929	197283
按控股情况分组						
国有控股	2	1039	255	383	5751	20221
集体控股	1	41			300	500
私人控股	145	11651	542	904	94471	291071
港澳台商控股	1	36			506	3048
外商控股	1	4800			15621	40135
按经营形式分组						
独立门店	318	14659	1421	2320	134031	446744
连锁总店（总部）	4	7113			22185	56976
连锁直营店	9	1218			7435	14116
连锁加盟店	9	209			1092	2715
其他	12	596			8222	33306

单位：万元

指标名称	营业额	客房收入	餐费收入	商品销售收入	其他收入
总计	**440129**	**4158**	**400117**	**18822**	**17032**
按餐饮行业小类分组					
正餐服务	252026	4158	229147	9258	9463
快餐服务	139442		136525	153	2764
饮料及冷饮服务	9473		9113	76	285
餐饮配送及外卖送餐服务	16911		11072	3004	2836
其他餐饮业	22277		14260	6332	1685
按登记注册类型分组					
内资企业	263227	2877	227688	18139	14523
集体企业	467		467		
有限责任公司	86528	2477	66979	11301	5770
私营企业	176232	400	160242	6838	8753
港、澳、台商投资企业	947		947		
外商投资企业	87395		85339		2056
个体经营户	88560	1281	86143	683	454
按控股情况分组					
国有控股	16225	1320	12307	2175	422
集体控股	467		467		
私人控股	246185	1557	214619	15909	14100
港澳台商控股	947		947		
外商控股	85318		83262		2056
按经营形式分组					
独立门店	245024	4158	223551	9038	8276
连锁总店（总部）	131552		128049		3503
连锁直营店	35213		26742	6408	2063
连锁加盟店	3016		2965	23	29
其他	25324		18810	3353	3161

9-11 全市限额以上住宿业法人企业财务状况

（2020 年）

单位：万元

指标名称	法人企业数（个）	年初存货	流动资产合计			固定资产原价
				#应收账款	#存货	
总计	**215**	**15851**	**434515**	**33797**	**15088**	**728427**
按行业小类分组						
旅游饭店	86	14332	326369	19447	13666	658289
一般旅馆	128	1518	107955	14347	1420	69574
其他住宿业	1	2	191	4	2	565
按登记注册类型分组						
内资企业	206	7834	332558	26378	7798	444323
国有企业	8	1235	65328	1982	1369	200833
集体企业	1	3	240		4	1777
有限责任公司	35	1226	53171	8878	860	126129
私营企业	162	5370	213819	15517	5566	115585
港、澳、台商投资企业	7	7971	98112	7060	7180	283822
外商投资企业	2	46	3845	360	110	282
按控股情况分组						
国有控股	18	1815	95214	4174	1870	334799
集体控股	2	3	243		4	1826
私人控股	188	6868	241562	24930	6021	148552
港澳台商控股	5	7120	93650	4333	7083	242969
外商控股	2	46	3845	360	110	282
按经营形式分组						
独立门店	162	14634	371011	26343	14284	668664
连锁直营店	16	71	10013	542	64	3777
连锁加盟店	28	268	20425	6468	319	3470
其他	9	878	33066	445	422	52517

9-11 续表 1

单位：万元

指标名称	累计折旧	本年折旧	在建工程	资产总计	流动负债合计	应付账款
总计	**346507**	**30422**	**29623**	**1116943**	**530647**	**61422**
按行业小类分组						
旅游饭店	301451	23572	26038	874104	384915	41542
一般旅馆	44587	6821	3584	241165	144321	18491
其他住宿业	469	29	1674	1411	1390	
按登记注册类型分组						
内资企业	191789	19578	28937	800952	434119	54113
国有企业	79376	5171	14460	275192	47861	3984
集体企业	1078	56	1014	93		
有限责任公司	40276	5234	525	180766	101579	12853
私营企业	71059	9117	13952	343981	284586	37277
港、澳、台商投资企业	154669	10844	685	247672	94333	6673
外商投资企业	49		68319	2195	636	
按控股情况分组						
国有控股	128023	8834	14460	419260	156454	12919
集体控股	1109	65	1034	158	4	
私人控股	98431	11358	15133	390984	322023	41979
港澳台商控股	118896	10165	29	237346	49817	5884
外商控股	49		68319	2195	636	
按经营形式分组						
独立门店	313031	24777	20905	1000418	463761	53204
连锁直营店	2713	755	13605	7642	1582	
连锁加盟店	1687	852.6	1096	34104	29862	3125
其他	29076	4037	7622	68816	29381	3511

9-11 续表 2　　单位：万元

指标名称	负债合计	所有者权益合计	实收资本	个人资本
总计	**770681**	**346231**	**297182**	**44861**
按行业小类分组				
旅游饭店	590997	283108	258366	27621
一般旅馆	177743	63392	38787	17240
其他住宿业	1942	–268	30	
按登记注册类型分组				
内资企业	574898	226023	198486	30962
国有企业	117643	157549	30524	
集体企业	93	921	723	
有限责任公司	105990	74776	86306	929
私营企业	351172	–7222	80934	30033
港、澳、台商投资企业	184118	63555	98696	13899
外商投资企业	11666	56653		
按控股情况分组				
国有控股	234996	184264	117339	660
集体控股	158	876	923	
私人控股	392657	–1704	92759	30302
港澳台商控股	131204	106142	86162	13899
外商控股	11666	56653		
按经营形式分组				
独立门店	687093	313294	241509	41748
连锁直营店	7705	5899	5231	90
连锁加盟店	35496	–1391	6928	2523
其他	40387	28429	43515	500

9-11 续表 3

单位：万元

指标名称	营业收入	主营业务收入	营业成本	税金及附加
总计	**268760**	**260662**	**93016**	**2478**
按行业小类分组				
旅游饭店	175452	168957	54956	2181
一般旅馆	92750	91147	38048	297
其他住宿业	558	558	12	1
按登记注册类型分组				
内资企业	221871	214287	80968	1600
国有企业	30093	27305	11570	822
集体企业	582	582	17	1
有限责任公司	48886	47424	18752	–47
私营企业	142310	138976	50629	823
港、澳、台商投资企业	38777	38285	8385	874
外商投资企业	8113	8090	3663	4
按控股情况分组				
国有控股	55835	52701	22117	839
集体控股	743	743	70	1
私人控股	168064	163552	60722	903
港澳台商控股	36006	35577	6444	731
外商控股	8113	8090	3663	4
按经营形式分组				
独立门店	230602	223638	79936	2128
连锁直营店	9700	9494	2331	9
连锁加盟店	17018	16852	7984	63
其他	11440	10678	2765	279

9-11 续表 4

单位：万元

指标名称	其他业务利润	销售费用	管理费用	研发费用	财务费用	利息收入
总计	**3712**	**106144**	**104249**	**59**	**15055**	**2635**
按行业小类分组						
旅游饭店	2652	75364	68921		12915	2606
一般旅馆	1060	30267	35164	59	2140	29
其他住宿业		513	164		1	
按登记注册类型分组						
内资企业	3451	93260	80100	59	10857	2615
国有企业	1109	13567	7772		310	155
集体企业		454	215		4	1
有限责任公司	262	18910	18057	2	5514	707
私营企业	2080	60329	54056	57	5030	1753
港、澳、台商投资企业	261	12484	21086		4204	11
外商投资企业		400	3063		–5	9
按控股情况分组						
国有控股	1169	21290	20949		5651	850
集体控股		454	437		4	1
私人控股	2330	72818	59038	59	5422	1763
港澳台商控股	213	11182	20762		3984	12
外商控股		400	3063		–5	9
按经营形式分组						
独立门店	2875	91372	84717	57	14363	2632
连锁直营店		6677	1210		8	3
连锁加盟店	141	3804	9396	2	478.3	
其他	696	4291	8926		207	

9-11 续表 5

单位：万元

指标名称	#利息费用	投资收益	营业利润	营业外收入
总计	**11754**	**986**	**-49164**	**4846**
按行业小类分组				
旅游饭店	10692	976	-35487	3713
一般旅馆	1062	10	-13546	1124
其他住宿业			-132	9
按登记注册类型分组				
内资企业	8536	881	-40337	3812
国有企业	440	348	-5024	1250
集体企业			-110	10
有限责任公司	6100	256	-10344	320
私营企业	1997	277	-24860	2232
港、澳、台商投资企业	3218	105.2	-7896	1034
外商投资企业			-932	
按控股情况分组				
国有控股	6428	600	-14900	1345
集体控股			-223	17
私人控股	2318	286	-26012	2483
港澳台商控股	3007	100	-7098	1001
外商控股			-932	
按经营形式分组				
独立门店	11348	853	-40138	4346
连锁直营店	1	16	-452	70
连锁加盟店	366		-3093	133
其他	39	117	-5481	296

9-11 续表 6　　单位：万元

指标名称	利润总额	所得税费用	应付职工薪酬	应交增值税
总计	**-45224**	**140**	**76311**	**3906**
按行业小类分组				
旅游饭店	-32560	77	54759	3726
一般旅馆	-12541	62	21477	203
其他住宿业	-123		74	-24
按登记注册类型分组				
内资企业	-37268	119	61908	1504
国有企业	-4250	81	14934	595
集体企业	-100		308	6
有限责任公司	-10067	127	14073	-219
私营企业	-22851	-89	32594	1121
港、澳、台商投资企业	-7024	21	11751	2416
外商投资企业	-932		2651	-15
按控股情况分组				
国有控股	-14044	129	24696	662
集体控股	-207		369	7
私人控股	-23789	-10	38146	906
港澳台商控股	-6253	21	10449	2345
外商控股	-932		2651	-15
按经营形式分组				
独立门店	-36586	8	68607	4119
连锁直营店	-388	122	1399	-39
连锁加盟店	-2969	3	2826	-288
其他	-5281	7	3479	113

9-12 全市限额以上餐饮业法人企业财务状况

（2020 年） 单位：万元

指标名称	法人企业数（个）	年初存货	流动资产合计	# 应收账款	# 存货	固定资产原价
总计	**150**	**10307**	**133439**	**15922**	**8933**	**84990**
按行业小类分组						
正餐服务	131	6102	96295	10510	6618	51116
快餐服务	7	2039	13620	1193	1692	31496
饮料及冷饮服务	3	119	2245	388	127	758
餐饮配送及外卖送餐服务	6	155	13728	1326	451	546
其他餐饮业	3	1892	7551	2504	46	1075
按登记注册类型分组						
内资企业	148	9488	128541	15804	8174	70995
集体企业	1	0.1	2	2	0.1	95
有限责任公司	27	4326	52679	5278	2328	39782
私营企业	120	5162	75860	10525	5846	31118
港、澳、台商投资企业	1		91	91		348
外商投资企业	1	819	4807	26	759	13647
按控股情况分组						
国有控股	2	401	6534	261	409	1225
集体控股	1	0.1	2	2		95
私人控股	145	9087	122005	15541	7764	69675
港澳台商控股	1		91	91		348
外商控股	1	819	4807	26	759	13647
按经营形式分组						
独立门店	127	5788	94719	10085	6597	51641
连锁总店（总部）	4	1715	11744	825	1444	30080
连锁直营店	6	2471	11455	2847	386	2275
连锁加盟店	4	1	205			8
其他	9	333	15316	2165	506	985

单位：万元

指标名称	累计折旧	本年折旧	在建工程	资产总计	流动负债合计	应付账款
总计	**32095**	**5437**	**2863**	**245409**	**167625**	**33552**
按行业小类分组						
正餐服务	16122	3250	1670	154970	112276	22555
快餐服务	14590	1819	1154	58967	33416	5020
饮料及冷饮服务	423	151		3473	2027	1593
餐饮配送及外卖送餐服务	158	101		16139	14371	3723
其他餐饮业	802	115	40	11860	5535	662
按登记注册类型分组						
内资企业	25807	4512	1710	217481	154246	31440
集体企业	91	1		6	6	6
有限责任公司	10458	1763	1566	98307	61759	10854
私营企业	15258	2748	143	119167	92481	20579
港、澳、台商投资企业	156	36		406	32	32
外商投资企业	6132	889	1154	27522	13347	2080
按控股情况分组						
国有控股	816	154		7344	9289	1976
集体控股	91	1		6	6	6
私人控股	24900	4357	1710	210131	144950	29458
港澳台商控股	156	36		406	32	32
外商控股	6132	889	1154	27522	13347	2080
按经营形式分组						
独立门店	16475	3395	1526	154843	117055	22256
连锁总店（总部）	13589	1759	1154	55255	27810	5015
连锁直营店	1595	228	40	16975	8472	2937
连锁加盟店	7	3		206	284	126
其他	430	52	143	18129	14004	3219

9-12 续表 2

单位：万元

指标名称	负债合计	所有者权益合计		
			实收资本	
				个人资本
总计	**200891**	**44124**	**240521**	**9205**
按行业小类分组				
正餐服务	143424	11512	227074	3949
快餐服务	35482	23485	7990	5055
饮料及冷饮服务	2064	1409	500	
餐饮配送及外卖送餐服务	14386	1393	1800	201
其他餐饮业	5535	6324	3158	
按登记注册类型分组				
内资企业	185460	31627	238086	9205
集体企业	6			
有限责任公司	76488	21459	17032	418
私营企业	108966	10168	221054	8788
港、澳、台商投资企业	52	354	200	
外商投资企业	15380	12142	2235	
按控股情况分组				
国有控股	9289	−1946	3500	
集体控股	6			
私人控股	176164	33573	234586	9205
港澳台商控股	52	354	200	
外商控股	15380	12142	2235	
按经营形式分组				
独立门店	143933	10877	26730	3273
连锁总店（总部）	33378	21877	7670	5000
连锁直营店	8558	8057	3499	42
连锁加盟店	284	−78	8	
其他	14738	3391	202615	891

单位：万元

指标名称	营业收入	主营业务收入	营业成本	税金及附加
总计	**337803**	**331912**	**174371**	**1368**
按行业小类分组				
正餐服务	164900	161827	87704	845
快餐服务	129574	129552	61614	37
饮料及冷饮服务	7829	7825	2745	2
餐饮配送及外卖送餐服务	15844	13236	10444	479
其他餐饮业	19656	19472	11864	5
按登记注册类型分组				
内资企业	256515.2	250624	132413	1341
集体企业	467	467	443	
有限责任公司	83255	79968	43212	369
私营企业	172793	170188	88758	972
港、澳、台商投资企业	947	947	578	
外商投资企业	80341	80341	41380	28
按控股情况分组				
国有控股	16172	16170	7231	11
集体控股	467	467	443	
私人控股	239876	233987	124739	1330
港澳台商控股	947	947	578	
外商控股	80341	80341	41380	28
按经营形式分组				
独立门店	157482	154655	84646	844
连锁总店（总部）	124175	124175	56083	33
连锁直营店	32640	32448	18435	7
连锁加盟店	1186	1186	833	
其他	22320	19449	14375	485

单位：万元

指标名称	其他业务利润	销售费用	管理费用	研发费用	财务费用	利息收入
总计	**344**	**118420**	**33345**	**2**	**2948**	**1011**
按行业小类分组						
正餐服务	74	59756	21128		2071	229
快餐服务		44577	9487		592	753
饮料及冷饮服务	206	4326	149		6	6
餐饮配送及外卖送餐服务		4573	1034		163	7
其他餐饮业	65	5188	1546	2	117	17
按登记注册类型分组						
内资企业	344	98127	26527	2	3030	927
集体企业			50			0.5
有限责任公司	344	31586	7820	2	1128	181.1
私营企业		66541	18657		1901.9	745.8
港、澳、台商投资企业		53	307		1	
外商投资企业		20239	6512		-84	84
按控股情况分组						
国有控股		6771	2488		108	104
集体控股			50			1
私人控股	344	91356	23989	2	2922	823
港澳台商控股		53	307		1	
外商控股		20239	6512		-84	84
按经营形式分组						
独立门店	74	57774	17877		2042	157
连锁总店（总部）		45147	10501		592	753
连锁直营店	271	10005	2016	2	127	23
连锁加盟店		30	366			
其他		5464	2586		186	79

单位：万元

指标名称	# 利息费用	投资收益	营业利润	营业外收入
总计	**1646**	**–90**	**8923**	**2530**
按行业小类分组				
正餐服务	1397	–90	–5192	1862
快餐服务	5		12463	526
饮料及冷饮服务	–5		804	9
餐饮配送及外卖送餐服务	147		–416	99
其他餐饮业	103		1264	33
按登记注册类型分组				
内资企业	1646	–90	–3328	2499
集体企业			25	2
有限责任公司	800	9	254	426
私营企业	846	–98	–3606	2071
港、澳、台商投资企业			1	
外商投资企业			12249	31
按控股情况分组				
国有控股	4		–403	4
集体控股			25	2
私人控股	1643	–90	–2949	2493
港澳台商控股			1	
外商控股			12249	31
按经营形式分组				
独立门店	1354	–90	–4370	1722
连锁总店（总部）	3		11810	454
连锁直营店	103		1870	48.2
连锁加盟店			–13	6
其他	186		–374	300

9–12 续表 6

单位：万元

指标名称	利润总额	所得税费用	应付职工薪酬	应交增值税
总计	**10452**	**3894**	**68423**	**778**
按行业小类分组				
正餐服务	–3580	507	39318	346
快餐服务	12261	2955	22307	74
饮料及冷饮服务	803	161	1566	1
餐饮配送及外卖送餐服务	–324	11	1172	357
其他餐饮业	1294	261	4061	1
按登记注册类型分组				
内资企业	–1581	951	54071	778
集体企业		1	157	
有限责任公司	615	570	17030	677
私营企业	–2196	379	36885	100
港、澳、台商投资企业	1		214	
外商投资企业	12032	2943	14138	
按控股情况分组				
国有控股	–401	94	6068	83
集体控股		1	157	
私人控股	–1180	855	47846	695
港澳台商控股	1		214	
外商控股	12032	2943	14138	
按经营形式分组				
独立门店	–2846	471	36688	61
连锁总店（总部）	11530	2943	22075	10
连锁直营店	1887	431	6577	2
连锁加盟店	–7	1	287	5
其他	–112	48	2797	700

9-13 全市亿元以上商品交易市场基本情况

（2020年）

指标名称	市场数（个）	总摊位数（个）	年末出租摊位数（个）	营业面积（平方米）	成交额（万元）
总 计	**21**	**20145**	**18371**	**1172933**	**5366867**
按市场类别分组					
综合市场	5	6323	5382	495834	2361238
综合贸易市场	5	6323	5382	495834	2361238
农产品综合市场	4	5499	4619	482834	2335977
其他综合市场	1	824	763	13000	25261
专业市场	16	13822	12989	677099	3005629
生产资料市场	5	1911	1619	137631	1843072
农用生产资料市场	2	715	475	52000	168000
建材市场	1	108	108	20000	13072
金属材料市场	1	588	536	35631	1512000
机械设备市场	1	500	500	30000	150000
农产品市场	2	5015	4991	111107	602367
肉禽蛋市场	1	4635	4635	64487	522367
干鲜果品市场	1	380	356	46620	80000
食品、饮料及烟酒市场	2	230	230	12500	82530
茶叶市场	2	230	230	12500	82530
纺织、服装、鞋帽市场	3	4082	3683	55250	79730
服装市场	3	4082	3683	55250	79730
电器、通讯器材、电子设备市场	1	780	662	20678	67090
计算机及辅助设备市场	1	780	662	20678	67090
家具、五金及装饰材料市场	3	1804	1804	339933	330840
家具市场	1	610	610	149933	200000
装饰材料市场	1	794	794	140000	72840
五金材料市场	1	400	400	50000	58000
按营业状态分组					
常年营业	20	20033	18259	1166933	5334271
季节性营业	1	112	112	6000	32596
按经营方式分组					
以批发为主	12	8188	7075	728835	4358350
以零售为主	9	11957	11296	444098	1008517
按经营环境分组					
露天式	2	968	892	82251	1592000
封闭式	13	12746	11989	574848	1400557
其他	6	6431	5490	515834	2374310

9-14 各县（市、区）限额以上批发和零售业商品销售类值

（2020 年）

单位：万元

指标名称	兴宁区	青秀区	江南区	西乡塘区	良庆区	邕宁区
合计	**4488744**	**17202831**	**8328412**	**9357906**	**14568160**	**2409899**
粮油、食品、饮料、烟酒类	125028	3276312	850219	1435295	1406662	484204
粮油、食品类	115758	3089651	803456	433843	1385094	482200
# 粮油类	47570	451971	155150	56217	505071	11986
肉禽蛋类	9999	68563	39766	33411	8083	1487
水产品类	207	12462	6941	1810	549	2
蔬菜类	1733	25970	26007	24488	1877	852
干鲜果品类	1819	22138	210488	21950	3316	1136
饮料类	5060	34837	27763	32486	16038	1149
烟酒类	4210	151824	19000	968966	5530	855
服装、鞋帽、针纺织品类	153760	172172	41109	29364	2209	334
服装类	115655	127467	33479	15481	694	80
鞋帽类	33231	31545	4660	2767	813	26
针纺织品类	3482	11586	2961	7825	703	229
化妆品类	64418	38589	1943	180352	1072	157
金银珠宝类	27510	23260	912	4301		
日用品类	101977	394179	81530	45883	6287	3231
# 可穿戴智能设备	2	520			77	
五金、电料类	579	12988	536	6431	246	109
体育、娱乐用品类	18250	19104	139670	130	105	35
# 照相器材类	2793	13712		2	3	
书报杂志类	7083	296893	132	37869	91	20
电子出版物及音像制品类	9835	912	79		140	
家用电器和音像器材类	881035	575045	146243	28784	650	1416
# 能效等级为 1 级和 2 级的商品	180701	168343	15784	13102	230	623
# 智能家用电器和音像器材	42757	39423	2987	659	272	429
中西药品类	300337	111306	1698224	401701	154861	71345
# 西药类	258415	54515	1340543	323536	100911	
中草药及中成药类	41922	7168	206998	39962	4209	
文化办公用品类	63009	391711	10969	24801	19985	80
其中：计算机及其配套产品	34424	226627	1077	5955	19876	
家具类	942	3012	2022	2863	91	
通讯器材类	216844	429525		84419		10497
# 智能手机	200989	419771		230		10497
煤炭及制品类	53472	2139940	313136	137734	470229	71121
木材及制品类	5668	68471			1596	3542
石油及制品类	150224	1241083	360789	1740237	148440	4078
化工材料及制品类	6140	907526	163252	533151	20471	22636
# 化肥类	6140	34807	3051	230097		7161
金属材料类	1364631	5869556	594322	2422863	12108427	1470380
建筑及装潢材料类	219903	473773	17627	463954	22	26274
机电产品及设备类	14384	52864	883361	74826	33524	150802
# 农机类		13124	80139			
汽车类	638168	229371	2038709	1607894	56484	41395
# 新能源汽车	11663	66813	31123	39961	117	841
种子饲料类	1865	109640	258273	14710	118867	40366
棉麻类					1	
其他类	63684	365603	725359	80346	17704	7879

单位：万元

指标名称	武鸣区	隆安县	马山县	上林县	宾阳县	横州市
合计	**82174.4**	**127552**	**16803**	**19611**	**265955**	**435517**
粮油、食品、饮料、烟酒类	14274.8	4663	6188	11795	49058	286287
粮油、食品类	12906.7	3863	2898	11276	39023	41642
# 粮油类	2024.5	403	1044	2429	12965	2781
肉禽蛋类	4593.2	1611	578	4811	15022	5018
水产品类	618.2	46	138	347	298	1154
蔬菜类	4393.5	484	449	3370	3114	2298
干鲜果品类	1276.8		690	249	3731	2129
饮料类	920.2	483	2968	238	6382	244258
烟酒类	447.9	317	321	281	3653	387
服装、鞋帽、针纺织品类	606.2	136	118	233	1882	2348
服装类	149.5	26	38	99	709	984
鞋帽类	133	28	34	61	411	724
针纺织品类	323.7	83	46	73	741	640
化妆品类	278.2	446	142	55	1295	70
金银珠宝类						1
日用品类	2942.1	733	570	608	7325	5639
# 可穿戴智能设备	8.7		262	2	74	23
五金、电料类	19.5		51		2521	64
体育、娱乐用品类	122.9		11	18	623	25
# 照相器材类			11			2
书报杂志类	4616.3	1479	48	3123	3628	5983
电子出版物及音像制品类	41.2					3
家用电器和音像器材类	5935.6		942	1264	6083	1043
# 能效等级为 1 级和 2 级的商品	739.9		573	905	784	371
# 智能家用电器和音像器材	976.4		329	151	786	306
中西药品类					17336	6126
# 西药类					6311	5711
中草药及中成药类					11024	415
文化办公用品类	1129	15	65	18	520	24
# 计算机及其配套产品	930.9		65		223	4
家具类	15.6		197		2682	53
通讯器材类	5.5					1425
# 智能手机						1423
煤炭及制品类	4861.6				6	
木材及制品类		65869	4820			6126
石油及制品类	1209.7	644	1246		8204.8	7919
化工材料及制品类	1516	51982			48760.0	61
# 化肥类	1516	27977			13228.4	61
金属材料类					8193.4	
建筑及装潢材料类	41005.7				37862	
机电产品及设备类	1838.5				1373	4703
# 农机类						2676
汽车类	1688.2	1535	2020	2497	29236	5053
# 新能源汽车	421.6	154		296	139	358
种子饲料类					4218	12919
棉麻类						
其他类	68	50	386		35150	89644

9-15 各县（市、区）限额以上批发和零售业法人企业财务状况

（2020 年）

单位：万元

指标名称	兴宁区	青秀区	江南区	西乡塘区	良庆区	邕宁区
法人企业数（个）	113	568	244	209	121	23
年初存货	232887	1089405	825788	517921	302917	81065
流动资产合计	2173636	10341319	4456726	2834296	2627183	1352065
# 应收账款	385149	1267348	1689105	685960	518184	177527
存货	212885	964893	874361	534166	315650	79239
固定资产原价	231577	483605	433355	347022	33234	81447
累计折旧	94455	177641	163677	162727	12784	13247
# 本年折旧	10258	28833	36692	16653	2943	2446
在建工程	10454	143238	32032	74091	7016	25847
资产总计	2521468	13458340	5489180	3791958	3476274	2093149
流动负债合计	1944150	9381546	3895088	2123373	2066174	1000257
# 应付账款	295472	327316	1423961	-55443	255463	68800
负债合计	1996402	9971822	4121393	2433720	2199300	1348228
所有者权益合计	525064	3490702	1398077	1357082	1276975	744920
# 实收资本	302085	2383768	1082008	406811	1003576	445806
# 个人资本	39512	200122	369530	52566	47576	10295
营业收入	4002783	17148000	8510575	8604185	14247024	2207797
# 主营业务收入	3960133	17022469	8361210	8501685	14207103	2198217
营业成本	3801188	16417978	7894848	7805763	14096442	2123778
税金及附加	7185	18096	13186	126184	8432	3099
其他业务利润	21502	41577	20661	10210	910	1316
销售费用	94595	396365	361340	250810	59015	30422
管理费用	61032	205332	133227	115817	37802	18470
研发费用		3232	4737	1639	584	1
财务费用	16894	87562	42215	41084	30576	53986
# 利息收入	5626	40690	11311	11451	12313	8990
利息费用	14643	89191	24421	30561	46026	52454
投资收益	421	117864	3153	8643	13433	1443
营业利润	5643	139807	76592	254304	9238	7083
营业外收入	3859	16908	11697	9185	8118	18633
利润总额	5381	143836	98147	257599	15382	23054
所得税费用	1885	27436	19437	61207	-537	3617
应付职工薪酬	48036	208268	155701	135676	29524	16999
本年应交增值税	23097	75190	68709	79661	17241	8164

单位：万元

指标名称	武鸣区	隆安县	马山县	上林县	宾阳县	横州市
法人企业数（个）	36	10	10	11	52	27
年初存货	9218	5715	4685	274	7644	3601
流动资产合计	49235	53966	13392	6762	100864	29830
# 应收账款	14534	10325	3347	2074	17214	4620
存货	9848	3124	5033	821	8873	5625
固定资产原价	2535	2024	2090	1555	9118	6694
累计折旧	1486	1077	853	425	3902	2069
# 本年折旧	365	136	102	87	636	363
在建工程	648	25	108	74	2789	
资产总计	51225	55473	15047	10107	107429	38651
流动负债合计	39966	50975	9919	6129	89402	21340
# 应付账款	16667	40040	2692	633	17339	9155
负债合计	40702	51412	10986	7818	92598	23919
所有者权益合计	10237	4061	4060	2289	14834	14733
# 实收资本	8811	1793	1501	656	15389	14849
# 个人资本	4377	616	773	1	8685	6987
营业收入	90956	112374	21025	16579	211777	145322
# 主营业务收入	89301	112331	20880	16530	211497	144858
营业成本	82086	107994	18870	15024	199725	138687
税金及附加	73	72	20	14	301	929
其他业务利润	189		74.3		370	32
销售费用	3804	1674	1417	660	5077	4303
管理费用	3433	1158	543	756	3410	2437
研发费用						
财务费用	311	444	66	77	3181	473
# 利息收入	5	2	2	1	988	10
利息费用	85	411	64	15	2751	300
投资收益		11		−15	44	
营业利润	1285	366	499	245	−663	−1987
营业外收入	134	21	29	19	119	122
利润总额	1381	374	514	263	−611	−1897
所得税费用	30	96	18	3	231	78
应付职工薪酬	2406	952	1146	736	4108	2770
本年应交增值税	736	303	89	79	1217	8725

9-16 各县（市、区）限额以上住宿和餐饮业经营情况

（2020 年）

指标名称	兴宁区	青秀区	江南区	西乡塘区	良庆区	邕宁区
企业数（个）	47	310	46	67	18	6
从业人员期末人数（人）	5672	23542	2115	3520	1385	358
营业额（万元）	100544	449510	35615	68274	23469	7281
客房收入（万元）	16178	115297	15661	19341	7883	1520
餐费收入（万元）	60253	290745	19083	42044	14520	5219
商品销售收入（万元）	12866	16760	104	4216	431	63
其他收入（万元）	11246	26709	767	2673	635	479
客房数（间）	5363	22454	3760	11758	2088	350
床位数（个）	8207	33028	5656	16181	3074	565
餐位数（位）	17637	108025	13629	46704	10985	2570
年末餐饮营业面积（平方米）	101949	444495	117556	204167	32725	11679

9-16 续表 1

指标名称	武鸣区	隆安县	马山县	上林县	宾阳县	横州市
企业数（个）	21	4	4	6	28	28
从业人员期末人数（人）	504	163	115	182	774	924
营业额（万元）	8333	1104	1999	3328	11137	22764
客房收入（万元）	1732	701	261	790	2098	2038
餐费收入（万元）	6219	380	1739	2527	8555	20153
商品销售收入（万元）	81				354	255
其他收入（万元）	302	24		11	130	318
客房数（间）	539	224	92	282	657	665
床位数（个）	941	341	153	479	901	1073
餐位数（位）	7255	3000	2022	2734	7091	10203
年末餐饮营业面积（平方米）	41998	9722	8800	10102	35285	50370

9-17 各县（市、区）限额以上住宿和餐饮业法人企业财务状况

（2020 年）

单位：万元

指标名称	兴宁区	青秀区	江南区	西乡塘区	良庆区	邕宁区
法人企业数（个）	34	215	34	48	11	3
年初存货	1601	20441	965	980	728	79
流动资产合计	89921	375188	18419	41008	34375	2473
应收帐款	5559	30947	4499	5635	1457	524
存货	2127	17052	1332	1012	560	45
固定资产原价	155922	559000	41596	17758	3640	551
累计折旧	83855	256265	18841	10628	2125	167
#本年折旧	4794	25672	2187	1344	605	70
在建工程	9705	12285	670	1459	6928	
资产总计	266201	884448	55029	62107	47487	3304
流动负债合计	134957	422938	37555	56053	26590	1374
#应付帐款	11639	58062	6194	10287	4232	1351
负债合计	182213	588652	58375	67889	41549	3771
所有者权益合计	83988	295846	-3706	-5897	5938	-467
#实收资本	53707	247312	14139	9449	208013	200
#个人资本	7031	41950	300	4546		100
营业收入	86428	395112	29950	59962	18546	6109
#主营业务收入	83302	386326	29668	58490	18323	6083
营业成本	34746	170969	15130	28725	7997	2433
税金及附加	1617	1058	64	77	682	5
其他业务利润	1248	1637	626	147		206
销售费用	40659	145167	9287	19595	5453	2633
管理费用	14293	89980	9266	12659	8149	1197
研发费用		4				
财务费用	1008	13963	753	686	1140	4
#利息收入	1391	1355	13	3	875	6
利息费用	647	11698	95	513	18	-5
投资收益	348	284	25	240		
营业利润	-4236	-23753	-4387	-1663	-4148	-11
营业外收入	1748	4140	235	659	366	66
利润总额	-3406	-20611	-4171	-966	-3801	52
所得税费用	97	3456	280	156.9	16	4
应付职工薪酬	24069	93083	6497	11770.1	5716	1680
应交增值税	838	3534	-500	306	275	4

9-17 续表 1

单位：万元

指标名称	武鸣区	隆安县	马山县	上林县	宾阳县	横州市
法人企业数（个）	6	1		2	6	5
年初存货	392	2		2	885	84
流动资产合计	2105	94		1844	1804	723
应收帐款	165	9		495	284	146
存货	380	1		49	1422	41
固定资产原价	32430	8		20	491	2001
累计折旧	5140	6		2	135	1439
#本年折旧	1094	2		2	45	45
在建工程	1440					
资产总计	36180	97		1855	3422	2222
流动负债合计	12996	140		1607	1745	2317
#应付帐款	2859	16		130	136	68
负债合计	22406	140		1607	2601	2372
所有者权益合计	13774	–43		248	822	–150
#实收资本	3970	50			458	406
#个人资本		50			58	32
营业收入	3837	377		1692	2327	2225
#主营业务收入	3792	377		1682	2324	2209
营业成本	4189	225		420	1607	947
税金及附加	291				48	4
其他业务利润						192
销售费用	330	35		408	234	763
管理费用	418	84		242	1067	240
研发费用						57
财务费用	431	1		4	4	9
#利息收入	1				1	1
利息费用	425				2	7
投资收益						
营业利润	–1605	32		146	–630	12
营业外收入	21	8		85	3	46
利润总额	–1565	40		230	–627	54
所得税费用				8	14	1
应付职工薪酬	348			359	630	583
应交增值税	146	1			34	44

注：马山县无独立核算限额以上住宿和餐饮法人企业，故本表无数据。

9-18 国际旅游收入

（2020年） 单位：万美元

指标名称	合计	指标名称	合计
合计	**1383.59**	长途交通费	374.96
商品性收入	340.38	市内交通费	45.68
商品销售收入	244.90	邮政电讯费	29.05
饮食销售收入	95.48	景区游览	74.73
劳务性收入	1043.21	文化娱乐费	70.56
宿费	116.22	其他	332.01

9-19 接待过夜国际旅游人数

（2020年）

指标名称	人数（人）	人天数（人天）	指标名称	人数（人）	人天数（人天）
合计	**42786**	**91418**	日本	855	
港澳同胞	9366	20017	韩国	905	
台湾同胞	5185	10677	美国	386	
外国人	28235	60724	加拿大	381	
# 东盟	17512		英国	476	
印度尼西亚	2045		法国	491	
马来西亚	2184		德国	389	
菲律宾	2151		意大利	472	
新加坡	2246		澳大利亚	362	
泰国	2227		新西兰	261	
越南	4920				
缅甸	389				
文莱	456				
柬埔寨	442				
老挝	452				

9-20 星级宾馆酒店接待能力

指标名称	单 位	2020年	2019年
星级宾馆酒店数	个	50	51
五星级	个	2	2
四星级	个	14	13
三星级	个	32	32
二星级	个	2	4
客房总数	间	8754	8541
床位总数	张	14790	14637

十 服务业、科技

CHAPTER 10 SERVICE INDUSTRY, SCIENCE AND TECHNOLOGY

10-1 全市规模以上服务业企业财务状况

单位：万元

指 标	单位数（个）	资产总计	负债总计	所有者权益总计	营业收入	营业成本
总计	**788**	**128460493**	**66326114**	**62134379**	**12376228**	**10687078**
按行业类型分						
交通运输、仓储和邮政业	99	90648852	45149985	45498867	5550258	5540140
信息传输、软件和信息技术服务业	85	5180635	2536842	2643793	2532872	2121425
房地产业	102	12839846	6501699	6338147	620520	349600
租赁和商务服务业	206	15119776	9669633	5450143	1676323	1270501
科学研究和技术服务业	153	1547814	823676	724138	1257525	881208
水利、环境和公共设施管理业	14	1394814	703379	691435	137876	114334
居民服务、修理和其他服务业	29	77413	48493	28920	78443	45575
教育	10	28403	18384	10020	33698	16208
卫生和社会工作	23	216084	194228	21856	115317	78691
文化、体育和娱乐业	67	1406857	679796	727062	373397	269396
按登记注册类型分						
内资企业	**772**	**127191719**	**65600889**	**61590830**	**12251305**	**10595604**
国有企业	25	1533580	918186	615394	287930	197836
集体企业	6	56109	28560	27549	40269	28969
股份合作企业	1	1355	1061	294	2811	3468
有限责任公司	289	115484023	58919085	56564938	7514917	6950088
股份有限公司	14	6801062	3575848	3225215	1630707	1289431
私营企业	437	3315590	2158150	1157440	2774671	2125813
港、澳、台商投资企业	**7**	**200022**	**88706**	**111316**	**20614**	**44199**
合资经营企业（港或澳、台资）	3	69750	52099	17651	10932	40999
港、澳、台商独资经营企业	4	130272	36608	93665	9682	3201
外商投资企业	**9**	**1068753**	**636519**	**432234**	**104309**	**47275**
中外合资经营企业	2	74151	59527	14624	5501	3360
中外合作经营企业	1	955654	545714	409941	44139	1251
外资企业	5	35195	28978	6217	49856	38950
外商投资股份有限公司	1	3753	2300	1453	4814	3714
按所有制分类						
公有制企业	222	121903740	62110820	59792920	7604236	7023043
非公有制企业	559	6494841	4180601	2314240	4721516	3635843

10-1 续表

单位：万元

指 标	销售费用	管理费用	财务费用	利润总额	平均用工人数（人）
总计	**349711**	**1067139**	**852342**	**323475**	**303275**
按行业类型分					
交通运输、仓储和邮政业	35284	287350	490987	–260238	114664
信息传输、软件和信息技术服务业	153593	211768	3783	21119	35799
房地产业	29804	102609	121519	180927	32837
租赁和商务服务业	40693	149436	219841	213812	72966
科学研究和技术服务业	30036	199095	1959	114883	27924
水利、环境和公共设施管理业	3957	13104	8418	4767	3399
居民服务、修理和其他服务业	9463	10108	1167	12680	3682
教育	4462	12459	297	936	1734
卫生和社会工作	15065	22256	423	–2079	3808
文化、体育和娱乐业	27356	58956	3949	36669	6462
按登记注册类型分					
内资企业	**344725**	**1059331**	**828885**	**292492**	**299779**
国有企业	2794	43272	19586	24335	4989
集体企业	5990	3655	160	1316	1269
股份合作企业	72	236		–966	112
有限责任公司	149082	562392	696236	–47244	163246
股份有限公司	67465	124644	95494	122343	15528
私营企业	119323	325131	17409	192708	114635
港、澳、台商投资企业	**961**	**2218**	**1189**	**6043**	**2405**
合资经营企业（港或澳、台资）	639	1403	1016	1120	2272
港、澳、台商独资经营企业	322	816	173	4922	133
外商投资企业	**4025**	**5589**	**22268**	**24941**	**1091**
中外合资经营企业	882	1769	–76	–326	159
中外合作经营企业		2528	21789	18679	153
外资企业	3143	1066	556	5745	562
外商投资股份有限公司		226		843	217
按所有制分类					
公有制企业	161835	586426	798985	–139057	138709
非公有制企业	184818	465981	53278	457626	162622

10-2 全市研究与试验发展（R&D）经费情况

（2020 年）

指标名称	单位	2020 年	2019 年	增速（%）
R&D 经费内部支出	万元	501122	525513	−4.6
其中				
基础研究支出	万元	69021.9	99331	−30.5
应用研究支出	万元	112145	88303	27.0
试验发展支出	万元	319955	337045	−5.1
其中				
日常性支出	万元	420794	410724	2.5
资产性支出	万元	80328	113870	−29.5
其中				
企业资金	万元	219304	211751	3.6
政府资金	万元	246049	277958	−11.5
境外资金	万元	2	18	−87.7
其他资金	万元	35767	34911	2.5

10-3 规模以上工业企业科技研发活动情况

指标名称	单位	2020 年	2019 年	增速（%）
单位个数	个	1154	999	15.5
有 R&D 活动	个	212	169	25.4
R&D 人员合计	人	5336	5372	-0.7
# 研究人员	人	1493	1676	-10.9
R&D 人员折合全时当量合计	人年	3088	3222	-4.2
R&D 经费内部支出	万元	114499	112500	1.8
# 基础研究支出	万元	166	362	-54.1
# 应用研究支出	万元	2462	1495	64.7
# 试验发展支出	万元	111871	110643	1.1
科技机构数	个	129	86	50.0
机构人员	人	3631	2331	55.8
# 博士毕业	人	83	84	-1.2
# 硕士毕业	人	364	386	-5.7
专利申请数	件	1086	1373	-20.9
# 发明专利	件	375	770	-51.3
发表科技论文	篇	352	729	-51.7

注：规模以上工业企业科技研发活动数据包含按在地统计原则统计的两个自治区直管企业。

10-4 规模以上非工业企业科技研发活动情况

指标名称	单位	2020 年	2019 年	增速（%）
单位个数	个	758	634	19.6
有 R&D 活动	个	66	53	24.5
R&D 人员合计	人	4785	3425	39.7
# 研究人员	人	2264	1420	59.4
R&D 人员折合全时当量合计	人年	3120	2117	47.4
R&D 经费内部支出	万元	93567	98057	-4.6
# 基础研究支出	万元	405	1922	-78.9
# 应用研究支出	万元	3209	4583	-30.0
# 试验发展支出	万元	89952	91552	-1.7
科技机构数	个	47	19	147.4
机构人员	人	3012	1485	102.8
# 博士毕业	人	49	6	716.7
# 硕士毕业	人	648	165	292.7
专利申请数	件	725	464	56.3
# 发明专利	件	304	175	73.7
发表科技论文	篇	667	489	36.4

注：规模以上非工业企业范围：特、一级总承包，一级专业承包建筑业企业法人单位；规模以上交通运输、仓储和邮政业，信息传输、软件和信息技术服务业，租赁和商务服务业，科学研究和技术服务业，水利、环境和公共设施管理业，卫生和社会工作，文化、体育和娱乐业等企业法人单位。

十一 财政金融保险

CHAPTER 11 GOVERNMENT FINANCE, BANKING AND INSURANCE

11-1 全市主要年份财政、金融

单位：万元

年份	财政收入	#一般公共预算收入	一般公共预算支出	金融机构存款余额	#住户存款余额	金融机构贷款余额
1950	394	394	190	1364	21	34
1965	4479	4479	2116	39443	1426	18356
1978	20102	20102	7074	110660	5735	59521
1980	23682	23682	7410	110309	10358	71873
1985	35447	35447	17967	212380	43646	167691
1986	38873	38873	26745	226697	61348	222735
1987	44078	44078	28971	262623	82535	270298
1988	51071	51071	40532	260827	100160	297861
1989	57352	57352	39426	328250	138715	287226
1990	63930	63930	47677	464879	197821	346755
1991	70051	70051	48397	552636	258819	383694
1992	73459	73459	48401	685440	341946	444498
1993	106465	106465	66850	1077025	515981	657827
1994	150232	73492	85826	1537665	802162	880566
1995	171074	91236	94609	2063550	1123696	1107552
1996	190465	103583	105844	2724968	1439865	1385499
1997	215806	116778	119471	3014072	1618159	1731336
1998	245249	131583	139884	4461444	2001576	3460657
1999	270113	149700	172851	5268177	2190918	4262816
2000	364639	216484	290667	6834187	2938619	4779409
2001	452926	291860	348556	7424543	3329511	5260807
2002	525342	312805	452615	8547872	3916029	7701981
2003	610594	362435	524981	9434021	4514961	9597681
2004	746328	432526	621191	10909576	5157925	12087669
2005	1002186	451954	735508	12636347	5982307	13816546
2006	1203609	566191	930781	15853616	6814522	16625434
2007	1508393	701510	1180007	18715101	7147919	19223502
2008	1911682	928812	1660830	23204808	8886542	23166252
2009	2313664	1204628	2035519	32313624	11161975	32781209
2010	3008775	1560958	2612785	40214534	13758853	41423040
2011	3635192	1862928	3018491	47281399	15810297	48450689
2012	4219938	2297183	3765096	56271788	18638024	55012783
2013	4736644	2562467	4172858	64835258	21566911	61158787
2014	5265905	2748518	4657759	70644876	23217437	70914611
2015	5724781	2970501	5267231	82577730	27003678	82286621
2016	6138706	3127921	5869793	89017247	29245457	94237920
2017	6879808	3321500	6463707	93675341	31766881	104704409
2018	7532002	3589560	6979853	100931251	35428272	120521342
2019	8006867	3709285	7891986	107183153	39603083	139643528
2020	7960879	3722520	8227910	114982547	44153458	158688371

注：2000 年以后为行政区划调整后的数据，其余年份为原南宁口径。

11-2 全市财政收入

（2020 年）

单位：万元

指标名称	收入	指标名称	收入
财政收入	**7960879**	车船税	73441
上划中央收入	3399424	耕地占用税	62255
#上划所得税收入	1356854	契税	315981
上划自治区税收收入	838935	烟叶税	
一般公共预算收入	3722520	环境保护税	3126
增值税	723044	其他税收收入	620
营业税		专项收入	215004
企业所得税	530293	行政事业性收费收入	158772
个人所得税	108233	罚没收入	103825
资源税	11570	国有资本经营收入	24310
城市维护建设税	246338	国有资源（资产）有偿使用收入	456879
房产税	131316	捐赠收入	686
印花税	91641	政府住房基金收入	74496
城镇土地使用税	37469	其他收入	52492
土地增值税	300729		

11-3 全市财政支出

（2020 年）

单位：万元

指标名称	支出	指标名称	支出
本年支出合计	**8227910**	交通运输	356434
一般公共服务	680738	资源勘探信息等	285918
国防	10506	商业服务业等事务	58033
公共安全	515950	金融支出	22245
教育	1497566	自然资源海洋气象等	77262
科学技术	131955	住房保障	372601
文化旅游体育与传媒	131911	粮油物资储备管理事务	23139
社会保障和就业	1046019	灾害防治及应急管理	82533
卫生健康支出	852840	其他支出	19104
节能环保	248183	债务付息	215419
城乡社区事务	743719	债务发行费用	1110
农林水	854725		

11-4 市区财政收入

（2020年）

单位：万元

指标名称	收入	指标名称	收入
财政收入	**7495516**	车船税	67343
上划中央收入	3252105	耕地占用税	53277
#上划所得税收入	1303814	契税	296320
上划自治区税收收入	793520	烟叶税	0
一般公共预算收入	3449872	环境保护税	1212
增值税	664255	其他税收收入	623
营业税		专项收入	202289
企业所得税	510383	行政事业性收费收入	139746
个人所得税	103371	罚没收入	86376
资源税	6601	国有资本经营收入	10781
城市维护建设税	237083	国有资源（资产）有偿使用收入	429904
房产税	124871	捐赠收入	405
印花税	87668	政府住房基金收入	67601
城镇土地使用税	32962	其他收入	43255
土地增值税	283546		

11-5 市区财政支出

（2020年）

单位：万元

指标名称	支出	指标名称	支出
本年支出合计	**5823276**	交通运输	279574
一般公共服务	486414	资源勘探信息等	254942
国防	9334	商业服务业等事务	48959
公共安全	419704	金融支出	21048
教育	1035459	自然资源海洋气象等	46287
科学技术	125204	住房保障	331209
文化旅游体育与传媒	108604	粮油物资储备管理事务	11682
社会保障和就业	659388	灾害防治及应急管理	73288
卫生健康支出	515245	其他支出	18735
节能环保	214230	债务付息	190652
城乡社区事务	628335	债务发行费用	975
农林水	344008		

11-6 各县(市、区)财政收入

(2020年)　　　　　　　　　　单位：万元

指标名称	武鸣区	隆安县	马山县	上林县	宾阳县	横州市
财政收入	**201088**	**53642**	**36095**	**52292**	**155541**	**167793**
上划中央收入	51796	18276	11927	16871	44476	55750
#上划所得税收入	20126	6004	3621	5700	18554	19161
上划自治区收入	13991	5771	4048	5613	12845	17138
上划市地税收入	3250					
一般公共预算收入	132042	29595	20120	29808	98220	94905
增值税	18395	7654	4976	6651	16199	23309
营业税						
企业所得税	7595	2177	1164	1942	6601	8026
个人所得税	1900	606	530	625	1898	1203
资源税	3900	902	100	887	1530	1550
城市维护建设税	3072	779	757	1075	2753	3891
房产税	1857	718	365	602	1954	2806
印花税	1019	613	239	272	1587	1262
城镇土地使用税	1664	507	413	379	1307	1901
土地增值税	18960	1013	369	2237	8971	4593
车船税	4266	645	749	964	1883	1857
耕地占用税	19015	1767	469	896	1920	3926
契税	9943	2432	1368	1676	5639	8546
烟叶税						
环境保护税	347	207	33	171	368	1135
其他税收收入				-3		
专项收入	4826	1527	1386	1469	3523	4810
行政事业性收费收入	17967	2495	1757	3260	5669	5845
罚没收入	3754	2085	1390	1456	5825	6693
国有资本经营收入	1042			10	12308	1211
国有资源(资产)有偿使用收入	9315	2648	2742	3070	12204	6311
捐赠收入	351	3	1	15	170	92
政府住房基金收入	2308	741	532	2132	1741	1749
其他收入	546	76	780	22	4170	4189

注：武鸣区数据不包含广西东盟经济开发区。

11-6 续表

指标名称	兴宁区	青秀区	江南区	西乡塘区	良庆区	邕宁区
财政收入	**475424**	**2030920**	**311628**	**458264**	**719592**	**189432**
上划中央收入	214121	981937	134970	187228	309996	74747
#上划所得税收入	122094	461575	44511	84942	184799	48883
上划自治区收入	56893	340572	40518	52467	79044	13631
上划地市税收	99179	324970	60524	95685	179422	49190
一般公共预算收入	101800	361289	72511	117434	145985	50380
增值税	26379	75658	27154	31124	34073	7517
营业税						
企业所得税	25871	86755	6666	14111	39341	10378
个人所得税	3769	23091	2088	5860	5339	1333
资源税	32	9	201	2421	6	24
城市维护建设税	6609	38091	5868	7270	10188	2838
房产税	5481	21739	2835	4466	5441	2133
印花税	5481	30702	5858	7093	12228	2630
城镇土地使用税	535	1283	528	722	628	188
土地增值税	5415	15097	2791	3928	16825	3610
车船税						
耕地占用税	839	517	30	443	1188	1023
契税						
烟叶税						
环境保护税						
其他税收收入	208	64	40	5	–7	3
专项收入	4682	25057	3721	4684	6483	1731
行政事业性收费收入	1077	15798	2652	5988	2074	1130
罚没收入	12650	1590	7123	8403	5431	4580
国有资本经营收入						
国有资源（资产）有偿使用收入	2772	24775	4956	13330	6716	11077
捐赠收入				54		
政府住房基金收入						
其他收入		1063		7532	31	185

注：江南区数据不含南宁国家经济技术开发区，西乡塘区数据不含南宁高新技术产业开发区。

11-7 各县（市、区）财政支出

（2020年）

单位：万元

指标名称	武鸣区	隆安县	马山县	上林县	宾阳县	横州市
本年支出合计	**454676**	**439988**	**412692**	**418180**	**555022**	**578752**
一般公共服务	45767	41495	26811	28953	37940	59125
国防	306	285	223	664		
公共安全	18174	15390	11111	17389	27367	24989
教育	113920	55622	66067	77388	128922	134108
科学技术	1985	169	330	201	235	5816
文化体育与传媒	4253	4851	5076	6147	4596	2637
社会保障和就业	74416	58670	57966	57184	96920	115891
医疗卫生	58549	40919	54609	54729	86468	100870
节能环保	1854	2940	1858	5112	2005	22038
城乡社区事务	37147	42908	13281	7364	31698	20133
农林水事务	64022	115222	138906	117857	76476	62256
交通运输	5173	30924	14077	15292	11305	5262
资源勘探电力信息等事务	1759	4563	1637	2861	10600	11315
商业服务业等事务	907	2383	1584	1812	2016	1279
金融支出	395	167	113	233	469	215
自然资源海洋气象等	4891	11805	3077	5982	8921	1190
住房保障	8922	5485	7490	10971	14546	2900
粮油物资储备管理事务	755	1289	1603	1352	5002	2211
灾害防治及应急管理	1985	1155	2435	3150	2111	394
其他支出		303	51		15	
债务付息	9440	3367	4382	3532	7391	6095
债务发行费用	56	76	5	7	19	28

注：武鸣区数据不含广西东盟经济开发区。

11-7 续表

指标名称	兴宁区	青秀区	江南区	西乡塘区	良庆区	邕宁区
本年支出合计	**225246**	**447294**	**252251**	**395204**	**310384**	**333105**
一般公共服务	26054	49370	19364	29228	35815	21992
国防	521		400	430	314	411
公共安全	24462	45633	20443	31501	24609	14382
教育	50322	114385	51844	102227	72252	59134
科学技术	632	1356	1657	1495	4790	2418
文化体育与传媒	1978	1388	1360	1197	4864	3937
社会保障和就业	39772	50027	41303	72019	35267	50694
医疗卫生	21271	44909	21455	43864	21586	36301
节能环保	434	391	1275	7906	3675	17035
城乡社区事务	26451	66230	20260	40720	23884	17764
农林水事务	14194	38231	19908	32086	36348	46990
交通运输	753	2026	1805	3539	2982	15013
资源勘探电力信息等事务	470	2213	33261	1771	12258	19215
商业服务业等事务	1457	121	1392	1039	1583	1320
金融监管等事务支出	429	7611	891	1066	2392	183
自然资源海洋气象等	235	1077	997	7500	855	429
住房保障	14015	19651	13329	16065	23416	13898
粮油物资储备管理事务		186	123		503	279
灾害防治及应急管理	1501	1932	1141	1474	1492	1240
其他支出	200	334		21	159	8635
债务付息支出	95	222	43	55	1330	1789
债务发行费用支出		1		1	10	46

注：江南区数据不含南宁国家经济技术开发区，西乡塘区数据不含南宁高新技术产业开发区。

11-8 全社会金融机构存款余额

（2020 年）

单位：万元

指标名称	存 款	指标名称	存 款
各项存款合计	**114982547**	# 活期存款	19925867
（一）境内存款	**114791841**	定期及其他存款	20769276
1. 住户存款	44153458	3. 财政性存款	3133513
# 活期存款	23723560	4. 机关团体存款	20170493
定期及其他存款	20429898	5. 非银行业金融机构存款	6639234
2. 非金融企业存款	40695142	**（二）境外存款**	**190706**

11-9 全社会金融机构贷款余额

（2020 年）

单位：万元

指标名称	贷 款	指标名称	贷 款
各项贷款合计	**158688371**	2. 非金融企业及机关团体贷款	107148589
（一）境内贷款	**158203300**	（1）短期贷款	19182841
1. 住户贷款	51054710	（2）中长期贷款	80204411
（1）短期贷款	4218586	（3）票据融资	7305815
# 消费贷款	2646299	（4）融资租赁	408756
经营贷款	1572286	（5）各项垫款	46766
（2）中长期贷款	46836125	3. 非银行业金融机构贷款	
消费贷款	42405518	**（二）境外贷款**	**485072**
经营贷款	4430607		

11-10 市区金融机构存款余额

（2020 年）

单位：万元

指标名称	存 款	指标名称	存 款
各项存款合计	**104964961**	# 活期存款	19263629
（一）境内存款	**104776500**	定期及其他存款	20367604
1. 住户存款	36203831	3. 财政性存款	2999101
# 活期存款	19094205	4. 机关团体存款	19303108
定期及其他存款	17109626	5. 非银行业金融机构存款	6639227
2. 非金融企业存款	39631233	**（二）境外存款**	**188461**

11-11 市区金融机构贷款余额

（2020 年）

单位：万元

指标名称	贷 款	指标名称	贷 款
各项贷款合计	**151949407**	2. 非金融企业及机关团体贷款	104866002
（一）境内贷款	**151464439**	（1）短期贷款	18510530
1. 住户贷款	46598437	（2）中长期贷款	78685082
（1）短期贷款	3467594	（3）票据融资	7214868
# 消费贷款	2317506	（4）融资租赁	408756
经营贷款	1150089	（5）各项垫款	46766
（2）中长期贷款	43130843	3. 非银行业金融机构贷款	
消费贷款	40151071	**（二）境外贷款**	**484967**
经营贷款	2979772		

11-12 各县（市）金融机构存款余额

（2020 年）　　单位：万元

指标名称	隆安县	马山县	上林县	宾阳县	横州市
各项存款合计	**1426109**	**1042261**	**1289145**	**2922459**	**3337612**
（一）境内存款	**1426007**	**1042223**	**1289096**	**2921656**	**3336359**
1. 住户存款	1056795	846557	1001299	2247736	2797241
（1）活期存款	646010	521142	605647	1335549	1520986
（2）定期及其他存款	410785	325415	395652	912166	1276254
2. 非金融企业存款	205688	65120	124786	432290	236025
（1）活期存款	100564	48502	111483	206081	195608
（2）定期及其他存款	105125	16618	13303	226209	40418
3. 财政性存款	10305	15961	27684	13011	67451
4. 机关团体存款	153218	114585	135327	228616	235639
5. 非银行业金融机构存款				3	4
（二）境外存款	**103**	**38**	**49**	**803**	**1252**

11-13 各县（市）金融机构贷款余额

（2020 年）

单位：万元

指标名称	隆安县	马山县	上林县	宾阳县	横州市
各项贷款合计	**987612**	**757051**	**911446**	**1985404**	**2097451**
（一）境内贷款	**987612**	**757025**	**911446**	**1985344**	**2097433**
1. 住户贷款	481005	449354	673809	1395432	1456673
（1）短期贷款	155007	81363	124665	171208	218748
消费贷款	38646	44599	60795	101248	83506
经营贷款	116361	36764	63870	69961	135242
（2）中长期贷款	325998	367991	549144	1224224	1237925
消费贷款	218464	206389	312430	814107	703058
经营贷款	107534	161602	236715	410117	534867
2. 非金融企业及机关团体贷款	506608	307671	237637	589912	640760
（1）短期贷款	178406	44170	53199	188663	207873
（2）中长期贷款	328202	257501	177333	364166	392128
（3）票据融资		6000	7105	37083	40759
（4）融资租赁					
（5）各项垫款					
3. 非银行业金融机构贷款					
（二）境外贷款		**26**		60	18

11-14 保险业务情况

（2020 年）　　单位：万元

指标名称	全 市	市 区
保费收入合计	**2464411**	**2288971**
各项赔款及给付合计	**810653**	**765391**
财产保险业务		
保费收入	**1067739**	**1004245**
# 财产险	52586	51071
机动车辆险	480370	446546
责任险	59708	57396
工程险	32996	32930
货运险	4427	4358
其他险种	247208	229845
各项赔款及给付	**613325**	**584834**
# 财产保险	498541	474159
意外险	20771	18555
健康险	94013	92119
人身保险业务		
保费收入	**1396673**	**1284726**
# 寿险	1044036	955897
意外险	46496	43946
健康险	306141	284882
各项赔款及给付	**204706**	**187958**
# 寿险	152724	139297
意外险	8626	8242
健康险	43356	40419

11-15 各县（市）保险业务情况

（2020 年）

单位：万元

指标名称	隆安县	马山县	上林县	宾阳县	横州市
保费收入合计	**19644**	**20770**	**24734**	**51115**	**59177**
各项赔款及给付合计	**5891**	**5516**	**6090**	**13374**	**14391**
财产保险业务					
保费收入	**7704**	**10736**	**11065**	**17264**	**16724**
# 财产险	163	58	334	361	598
机动车辆险	3656	4175	5031	11845	9118
责任险	422	383	328	704	476
工程险	1	4	28	31	2
货运险	1	13	1	29	24
其他险种	2658	5041	3531	2197	3909
各项赔款及给付	**3889**	**4122**	**4256**	**8023**	**8223**
# 财产保险	3290	3783	3749	7216	6353
意外险	89	201	305	540	1092
健康险	511	138	201	267	778
人身保险业务					
保费收入	**11940**	**10033**	**13669**	**33851**	**42453**
# 寿险	10102	8284	11441	26022	32291
意外险	236	321	273	839	880
健康险	1603	1428	1956	6989	9282
各项赔款及给付	**2002**	**1393**	**1834**	**5350**	**6168**
# 寿险	1631	945	1393	4388	5070
意外险	19	117	24	107	117
健康险	352	331	417	856	981

十二 广西及省会城市主要统计指标

CHAPTER 12 MAIN INDICATORS OF GUANGXI AND PROVINCIAL CAPITAL CITIES

12-1 广西主要年份国民经济主要统计指标

指标名称	单位	2016 年	2017 年	2018 年	2019 年	2020 年
地区生产总值	亿元	16116.55	17790.68	19627.81	21237.14	22156.69
第一产业	亿元	2800.29	2878.30	3021.09	3389.67	3555.82
第二产业	亿元	5620.96	6138.25	6692.87	7746.43	7108.49
# 工业	亿元	4307.32	4680.06	5101.92	5246.57	5221.24
第三产业	亿元	7695.30	8774.13	9913.85	10801.04	11492.38
地区生产总值指数	%	107.0	107.1	106.8	106.0	103.7
第一产业	%	103.4	104.2	105.5	105.6	105.0
第二产业	%	104.9	104.1	103.8	105.5	102.2
# 工业	%	104.3	104	104.2	104.0	101.2
第三产业	%	110	110.3	109.3	106.4	104.2
社会消费品零售总额	亿元	6349.76	7037.98	7663.52	8200.87	7831.01
全社会固定资产投资	亿元	18236.78	20499.11			
指数	%	112.4	112.4	110.8	109.5	104.2
地方财政收入	亿元	2454.08	2604.32	2790.32	2969.22	2800.61
指数	%	105.20	106.1	107.1	106.4	94.3
城镇居民人均可支配收入	元	28324	30502	32436	34745	35859
指数	%	107.2	107.7	106.3	107.1	103.2
农村居民人均可支配收入	元	10359	11325	12435	13676	14815
指数	%	109.4	109.3	109.8	110.0	108.3
居民消费价格指数（城市）	%	101.6	101.6	102.3	103.7	102.8

注：1. 地区生产总值、农林牧渔业总产值、工业总产值绝对值按当年价计算，指数按可比价计算（以上年为 100）。
2. 2018 年起，公布固定资产投资数据。根据国家要求不公布总量数据，只公布增速。

12-2 各省会城市年末总人口

单位：万人

城市名称	2016年	位次	2017年	2018年	位次	2019年	位次	2020年	位次
南宁	**751.74**	**9**	**715.33**	**725.41**	**16**	**734.48**	**15**	**874.16**	**15**
昆明	559.79	17	678.30	685.00	17	695.00	16	846.01	16
成都	1398.90	1	1604.50	1633.00	1	1658.10	1	2093.78	1
贵阳	401.35	19	480.2*	488.19	19	497.14	18	598.70	19
西安	824.93	7	905.68*	1000.37	7	1020.35	8	1295.29	3
兰州	324.23	21	372.96	375.36	21	379.09	20	435.94	21
乌鲁木齐	267.87	22	350.40	350.58	22	355.20	21	405.44	22
呼和浩特	241.00	23	311.50	312.60	23	313.7	22	344.61	23
银川	219.11	24	222.54	225.06	26	229.31	25	285.91	25
西宁	203.28	25	235.50	237.10	24	238.71	23	246.80	26
拉萨	53.78	27	54.36*	55.44*		55.89*		86.79	27
广州	870.49	4	1449.84	1490.44	2	1530.59	2	1867.66	2
福州	687.06	14	766.00	774.00	13	780.00	14	829.13	17
杭州	736.00	10	946.80	980.60	8	1036.00	6	1193.60	6
南京	662.79	15	833.50	843.62	9	850.00	10	931.47	11
海口	167.03	26	227.21	230.23	25	232.79	24	287.34	24
沈阳	734.40	11	829.40	831.60	10	832.20	12	907.01	13
哈尔滨	962.10	3	1092.90	1085.80	5	1076.30	4	1000.99	9
长春	753.40	8	748.9*	751.30	14	753.8*		906.69	14
石家庄	1078.46	2	1087.99	1095.16	4	1039.42	5	1123.51	7
太原	370.25	20	437.97	442.14	20	446.19	19	530.41	20
合肥	729.83	12	796.50	808.70	12	818.90	13	936.99	10
南昌	522.79	18	546.35	554.55	18	560.06	17	625.50	18
济南	632.83	16	732.12	746.04	15	890.87	9	920.24	12
郑州	827.10	6	988.10	1013.60	6	1035.20	7	1260.06	4
武汉	833.84	5	1089.29	1108.10	3	1121.20	3	1232.65	5
长沙	696.00	13	791.81	815.47	11	839.45	11	1004.79	8

注：1. 带“*”统计口径为户籍人口（不参与排位），其余为常住人口。

2. 因2017年各市人口统计口径不统一，故不进行排位。

3. 因第七次全国人口普查，2020年暂缺年末人口数，2020年数据为第七次全国人口普查数据。

12-3 各省会城市地区生产总值

单位：亿元

城市名称	2016 年	位次	2017 年	位次	2018 年比 2017 年增长（%）	位次	2019 年	位次	2020 年	位次
南　宁	**3703.33**	**18**	**4118.83**	**18**	**5.4**	**24**	**4506.56**	**18**	**4726.34**	**18**
昆　明	4300.43	17	4857.64	17	8.4	9	6475.88	12	6733.79	12
成　都	12170.23	2	13889.39	2	8.0	12	17012.65	2	17716.68	2
贵　阳	3157.7	20	3537.96	19	9.9	1	4039.60	19	4311.65	19
西　安	6257.18	10	7469.85	8	8.2	10	9321.19	11	10020.39	10
兰　州	2264.23	23	2523.54	23	6.5	22	2837.36	22	2886.74	22
乌鲁木齐	2459.0	22	2743.82	21	7.6	15	3413.26	21	3337.32	21
呼和浩特	3173.59	19	2743.72	22	3.9	27	2791.46	23	2800.68	23
银　川	1617.28	24	1803.17	24	7.2	19	6.6*		1964.37	24
西　宁	1248.16	26	1284.91	26	9.0	4	7.5*		1372.98	26
拉　萨	424.95	27	479.25	27	9.3	2	617.88	25	678.16	27
广　州	19610.94	1	21503.15	1	6.2	23	23628.60	1	25019.11	1
福　州	6197.77	11	7104.02	11	8.6	6	9392.30	10	10020.02	11
杭　州	11050.49	4	12556.16	4	6.7	21	15373.00	4	16106.00	3
南　京	10503.02	5	11715.1	5	8.0	12	14030.15	5	14817.95	5
海　口	1257.67	25	1390.48	25	7.6	15	1671.93	24	1791.58	25
沈　阳	5460	15	5865	15	5.4	24	6470.30	13	6571.56	14
哈尔滨	6101.6	12	6355	14	5.1	26	5249.40	17	5183.80	17
长　春	5928.5	13	6530	12	7.2	19	5904.10	14	6638.03	13
石家庄	5857.8	14	6460.9	13	7.4	17	5809.90	15	5935.10	15
太　原	2955.6	21	3382.18	20	9.2	3	4028.51	20	4153.25	20
合　肥	6274.3	9	7213.45	9	8.5	7	9409.40	9	10045.72	9
南　昌	4354.99	16	5003.19	16	8.9	5	5596.18	16	5745.51	16
济　南	6536.12	8	7201.96	10	7.4	17	9443.40	8	10140.90	8
郑　州	7994.16	7	9130.2	7	8.1	11	11589.70	6	12003.04	7
武　汉	11912.61	3	13410.34	3	8.0	12	16223.21	3	15616.06	4
长　沙	9323.7	6	10535.51	6	8.5	7	11574.22	7	12142.52	6

注：1. 因 2018 年各市 GDP 总量不公布使用，故用增速代替。
　　2. 2019 年带“*”为增速（不参与排位），单位为“%”。

12-4 各省会城市第一产业增加值

单位：亿元

城市名称	2016 年	位次	2017 年	位次	2018 年比 2017 年增长（%）	位次	2019 年	位次	2020 年	位次
南　宁	**395.93**	**5**	**404.18**	**6**	**4.3**	**5**	**507.27**	**4**	**534.36**	**4**
昆　明	200.51	16	210.13	16	6.3	2	270.29	15	312.35	13
成　都	474.94	4	500.9	3	3.6	8	612.18	1	655.17	1
贵　阳	137.14	19	147.33	19	6.6	1	161.34	18	178.31	18
西　安	232.01	15	281.12	11	3.3	10	279.13	14	312.75	12
兰　州	60.36	22	61.47	22	6.0	3	51.68	22	57.43	23
乌鲁木齐	28.37	26	29.62	26	2.2	19	27.69	24	27.05	26
呼和浩特	113.49	20	107.74	20	2.1	21	114.21	20	126.46	20
银　川	58.61	23	61.38	23	3.6	8	2.0*		75.72	22
西　宁	39.15	24	41.80	24	4.2	7	4.2*		57.17	24
拉　萨	15.12	27	17.54	27	3.0	15	20.10	25	22.54	27
广　州	240.04	14	233.49	15	2.5	17	251.37	16	288.08	16
福　州	492.65	2	519.49	2	4.3	5	526.47	3	560.70	3
杭　州	304.84	10	311.67	10	1.8	23	326.00	10	326.00	11
南　京	252.51	13	263.01	14	0.6	26	289.82	12	296.80	15
海　口	67.68	21	63.72	21	4.5	4	71.18	21	79.88	21
沈　阳	266.4	12	268.20	13	3.2	11	284.00	13	303.58	14
哈尔滨	691.2	1	688.80	1	-0.1	27	569.50	2	615.80	2
长　春	323.5	8	315.10	9	1.7	24	348.10	8	533.82	5
石家庄	480.9	3	480.50	4	3.2	11	449.50	5	498.60	6
太　原	38.22	25	40.82	25	0.7	25	42.48	23	32.24	25
合　肥	270.2	11	272.75	12	2.2	19	291.90	11	332.32	10
南　昌	181.77	17	192.13	17	3.2	11	212.89	17	235.28	17
济　南	317.31	9	317.40	8	2.5	17	343.10	9	361.70	9
郑　州	156.35	18	158.60	18	2.1	21	140.90	19	156.87	19
武　汉	390.62	6	408.20	5	2.9	16	378.99	6	402.18	8
长　沙	370.95	7	379.45	7	3.2	11	359.69	7	423.46	7

注：1. 因 2018 年各市 GDP 总量不公布使用，故用增速代替。
2. 2019 年带“*”为增速（不参与排位），单位为“%”。

12-5 各省会城市第二产业增加值

单位：亿元

城市名称	2016年	位次	2017年	位次	2018年比2017年增长（%）	位次	2019年	位次	2020年	位次
南　宁	**1426.5**	**18**	**1599.5**	**18**	**2.2**	**27**	**1044.97**	**20**	**1084.32**	**20**
昆　明	1660.46	17	1865.97	16	10.0	3	2078.75	15	2102.93	15
成　都	5232.02	2	5998.2	2	7.0	13	5244.62	3	5418.50	3
贵　阳	1218.79	19	1375.18	19	7.9	10	1496.67	18	1552.59	17
西　安	2197.81	14	2596.08	13	8.5	6	3167.44	11	3328.27	11
兰　州	790.09	23	881.74	22	4.9	23	945.38	21	933.42	21
乌鲁木齐	704.94	24	827.63	23	5.4	21	906.14	22	907.89	22
呼和浩特	884.43	21	755.75	24	2.4	26	823.84	23	815.73	24
银　川	825.46	22	908.6	21	5.5	20	6.1*		832.62	23
西　宁	595.64	25	556.44	25	8.8	5	6.1*		418.72	25
拉　萨	162.8	27	189.38	27	17.4	1	236.14	25	290.44	26
广　州	5925.87	1	6015.29	1	5.4	21	6454.00	1	6590.39	1
福　州	2598.31	11	2962.94	10	8.4	8	3830.99	8	3840.77	8
杭　州	3977.39	6	4387.19	6	5.8	17	4875.00	5	4821.00	5
南　京	4117.2	5	4454.87	5	6.5	15	5040.86	4	5214.35	4
海　口	233.56	26	252.22	26	6.0	16	276.00	24	269.56	27
沈　阳	2135.6	15	2261.4	15	5.7	18	2178.60	14	2160.41	14
哈尔滨	1896.7	16	1820.7	17	2.7	25	1127.30	19	1144.50	19
长　春	2926.2	9	3175.2	9	7.3	12	2495.40	13	2758.12	12
石家庄	2638	10	2913.9	11	4.8	24	1831.70	16	1745.50	16
太　原	1068.04	20	1271.42	20	10.3	2	1518.64	17	1504.19	18
合　肥	3189.2	8	3643.08	8	9.5	4	3415.30	9	3579.51	9
南　昌	2307.24	13	2666.1	12	8.5	6	2653.82	12	2676.89	13
济　南	2368.9	12	2569.22	14	7.8	11	3265.20	10	3530.70	10
郑　州	3780.68	7	4247.5	7	8.1	9	4617.00	6	4759.54	6
武　汉	5227.05	3	5861.35	3	5.7	18	5988.88	2	5557.47	2
长　沙	4513.23	4	4998.26	4	6.8	14	4439.32	7	4739.27	7

注：1. 因2018年各市GDP总量不公布使用，故用增速代替。
　　2. 2019年带“*”为增速（不参与排位），单位为“%”。

12-6 各省会城市第三产业增加值

单位：亿元

城市名称	2016 年	位次	2017 年	位次	2018 年比 2017 年增长（%）	位次	2019 年	位次	2020 年	位次
南　宁	**1880.89**	**18**	**2115.15**	**18**	**7.8**	**17**	**2954.32**	**17**	**3107.67**	**17**
昆　明	2439.46	16	2781.54	16	7.3	23	4126.84	12	4318.51	12
成　都	6463.27	3	7390.30	3	9.0	10	11155.86	2	11643.00	2
贵　阳	1801.77	21	2015.45	20	11.3	1	2381.59	21	2580.75	20
西　安	3827.36	9	4592.65	8	8.3	13	5874.62	8	6379.37	8
兰　州	1413.78	23	1580.34	23	7.4	22	1840.30	23	1895.90	22
乌鲁木齐	1725.67	22	1886.56	21	8.6	12	2479.43	19	2402.38	21
呼和浩特	2175.67	17	1880.23	22	4.6	26	1853.41	22	1858.49	23
银　川	733.21	25	833.18	25	9.2	7	6.5*		1056.03	25
西　宁	613.37	26	686.67	26	9.4	6	9.3*		897.09	26
拉　萨	247.04	27	272.33	27	4.6	26	361.64	25	365.27	27
广　州	13445.03	1	15254.37	1	6.6	24	16923.23	1	18140.64	1
福　州	3106.81	11	3621.60	11	9.2	7	5034.84	11	5618.55	11
杭　州	6768.26	2	7857.30	2	7.5	19	10172.00	3	10959.00	3
南　京	6133.31	5	6997.22	5	9.1	9	8699.47	5	9306.80	5
海　口	956.43	24	1074.54	24	8.1	15	1324.75	24	1442.14	24
沈　阳	3058	12	3335.40	12	5.4	25	4007.60	13	4107.57	13
哈尔滨	3513.8	10	3845.50	10	7.5	19	3552.60	14	3423.50	15
长　春	2678.8	15	3039.70	15	7.8	17	3060.60	16	3346.09	16
石家庄	2738.9	14	3066.40	14	10.2	3	3528.70	15	3691.00	14
太　原	1849.34	20	2069.94	19	8.8	11	2467.39	20	2616.82	19
合　肥	2814.8	13	3297.62	13	8.0	16	5702.20	10	6133.89	10
南　昌	1865.98	19	2144.96	17	10.1	4	2729.47	18	2833.35	18
济　南	3849.91	8	4315.34	9	7.5	19	5835.10	9	6248.60	9
郑　州	4057.14	7	4724.10	7	8.3	13	6831.80	6	7086.63	6
武　汉	6294.94	4	7140.79	4	10.1	4	9855.34	4	9656.41	4
长　沙	4439.52	6	5157.80	6	10.7	2	6775.21	7	6979.79	7

注：1. 因 2018 年各市 GDP 总量不公布使用，故用增速代替。
2. 2019 年带“*”为增速（不参与排位），单位为“%”。

12-7 各省会城市人均地区生产总值

单位：亿元

城市名称	2016年	位次	2017年	位次	2018年	位次	2019年	位次
南宁	**52723**	**27**	**57948**	**25**	**55901**	**25**	**61738**	**22**
昆明	64162	21	71906	19	76387	20	93853	12
成都	76960	13	86911	13	94782	12	103386	9
贵阳	67771	18	74493	18	78449	18	81995	17
西安	71357	15	78346	15	85114	16	92256	13
兰州	61207	23	67882	21	73042	22	75217	20
乌鲁木齐	69565	16	78306	16	88441	14	94813	11
呼和浩特	102739	6	110561	6	93200	13	89138	15
银川	74269	14	81656	14	84964	17		
西宁	53800	26	54800	26	54400	27		
拉萨	64803	20			76700	19	86750	16
广州	142394	1	150678	1	155491	1	156427	2
福州	82253	9	93290	8	102037	6	120879	5
杭州	121394	4	134607	4	102037	6	152465	3
南京	127264	2	141103	2	152886	2	165681	1
海口	56284	24	61583	23	66042	23	72218	21
沈阳	65851	19	70722	20	75766	21	77777	19
哈尔滨	63445	22	66301	22	57837	24	55175	23
长春	78667	12	86931	12	95663	11	78456	18
石家庄	54526	25	59645	24	55723	26	52859	24
太原	68234	17	77536	17	88272	15	90698	14
合肥	80136	11	91113	11	97470	9	115623	6
南昌	81598	10	93145	9	95825	10	100415	10
济南	90999	7	98967	7	106302	5	106416	8
郑州	82872	8	93143	10	101349	8	113139	7
武汉	111468	5	123831	5	135136	4	145545	4
长沙	123681	3	135388	3	136920	3		

注：因第七次全国人口普查，2020年暂不公布各省会城市人均地区生产总值数据。

12-8 各省会城市固定资产投资

城市名称	2016 年（亿元）	位次	2017 年（亿元）	位次	2018 年比 2017 年增长（%）	位次	2019 年比 2018 年增长（%）	位次	2020 年比 2019 年增长（%）	位次
南　宁	**3824.73**	**17**	**4307.95**	**16**	**11.8**	**6**	**9.9**	**9**	**–2.5**	**23**
昆　明	3920.07	16	4217.9	17	5.5	23	2.8	17	8.1	9
成　都	8370.5	1	9404.2	1	10.0	13	10.0	8	9.9	4
贵　阳	3380.73	18	3850.6	18	15.0	3	1.5	21	2.7	20
西　安	5191.36	10	7556.47	5	8.5	18	1.1	22	12.8	1
兰　州	1990.95	20	1315.35	25	12.1	5	–4.7	24	3.4	18
乌鲁木齐	1607.78	24	2020	19	10.0	13	2.0	20	0.3	22
呼和浩特	1849.2	21	1490.8	22	–26.5	27	5.2	16	–8.5	24
银　川	1723.31	22	1719.05	20	–21.9	26	–6.2	25	1.1	21
西　宁	1399.3	25	1600.03	21	9.0	17	2.6	19	–25.9	27
拉　萨	582.27	27	611.73	27	13.1	4	–3.1	23	5.3	13
广　州	5703.59	8	5919.83	9	8.2	19	16.5	1	10.0	3
福　州	5184.36	11	5823.39	11	11.7	7	9.0	11	9.6	6
杭　州	5842.42	7	5856.65	10	10.8	11	11.6	4	6.8	10
南　京	5533.56	9	6215.2	8	9.4	16	8.0	13	6.6	11
海　口	1271.73	26	1415.5	24	–6.2	24	–15.4	26	9.9	4
沈　阳	1631.6	23	1484	23	15.3	2	13.2	2	4.1	15
哈尔滨	5040.1	12	5395.5	12	–7.2	25	7.3	14	2.8	19
长　春	4659	13	5194.8	13	6.7	21	–19.0	27	8.8	7
石家庄	5916	6	6310.1	7	6.4	22	6.2	15	–19.9	26
太　原	2027.71	19	964.86	26	26.2	1	10.2	5	11.3	2
合　肥	6501.17	5	6351.43	6	7.1	20	9.0	11	4.7	14
南　昌	4540.26	14	5115.18	14	10.9	9	10.2	5	8.8	7
济　南	3974.3	15	4363.6	15	9.6	15	12.6	3	4.0	16
郑　州	6998.6	3	7573.44	3	10.9	9	2.8	17	3.6	17
武　汉	7093.17	2	7871.66	2	10.6	12	9.8	10	–11.8	25
长　沙	6693.32	4	7567.77	4	11.5	8	10.1	7	6.2	12

注：2018 年起，固定资产投资统计方法改变，统计口径发生变化，根据国家要求不公布总量数据，只公布增速，不可用 2017 年总量和 2018 年增速推算 2018 年总量。

12-9 各省会城市社会消费品零售总额

单位：亿元

城市名称	2016年	位次	2017年	位次	2018年比2017年增长（%）	位次	2019年	位次	2020年	位次
南 宁	**1980.36**	**17**	**2204.16**	**17**	**9.0**	**14**	**2307.4**	**14**	**2180.4**	**17**
昆 明	2310.09	16	2590.95	16	10.0	5	3056.6	12	3070.4	13
成 都	5647.4	2	6403.5	2	10.0	5	7478.4	1	8118.5	2
贵 阳	1195.34	23	1335.28	22	8.0	18	1380.4	19	2188.3	16
西 安	3730.7	11	4329.51	7	9.6	10	6.0*		4989.3	7
兰 州	1263.33	21	1358.72	21	7.4	20	1454.9	17	1641.2	19
乌鲁木齐	1236.69	22	1317	23	5.0	25	1389.2	18	1043.5	20
呼和浩特	1481.46	20	1570.95	20	5.6	24	1646.5	16	1032.9	21
银 川	514.19	25	562.31	25	4.8	26	6.2*		770.9	23
西 宁	513.07	26	560.79	26	6.7	21	592.6	21	573.6	24
拉 萨	229.67	27	258.76	27	14.2	1	322.2	22	369.4	25
广 州	8706.49	1	9402.59	1	7.6	19	7.8*		9218.7	1
福 州	3763.14	9	4193.87	8	11.3	2	5120.3	7	4225.6	11
杭 州	5176.2	4	5717.43	4	9.0	14	6215.0	3	5973.0	5
南 京	5088.2	5	5604.66	5	8.4	16	6135.7	4	7203.0	3
海 口	653.89	24	726.12	24	5.9	23	785.6	20	835.9	22
沈 阳	3985.9	7	3989.8	12	9.2	11	4479.6	9	3637.6	12
哈尔滨	3744.2	10	4044.8	11	4.2	27	5.6*		-11.3*	
长 春	2650.3	14	2922.8	14	6.2	22	3.9*		-6.5*	
石家庄	2975.2	13	3296	13	9.1	12	3545.4	10	2279.6	15
太 原	1666.24	19	1767.82	19	8.1	17	1952.8	15	1655.1	18
合 肥	2445.7	15	2728.51	15	9.1	12	3234.5	11	4513.8	8
南 昌	1868	18	2096.96	18	11.1	3	2369.3	13	2452.7	14
济 南	3764.8	8	4146.1	9	10.0	5	5162.2	6	4469.1	10
郑 州	3665.83	12	4057.22	10	9.7	9	4671.5	8	5076.3	6
武 汉	5610.59	3	6196.3	3	10.5	4	7449.6	2	6149.8	4
长 沙	4117.4	6	4547.68	6	9.9	8	5247.0	5	4469.8	9

注：1. 因2018年各市社会消费品总额不公布使用，故用增速代替。
　　2. 2019年、2020年带“*”为增速（不参与排位），单位为“%”。

12-10 各省会城市海关进出口贸易总额

城市名称	2016 年	单位	2017 年	单位	2018 年	单位	2019 年	单位	2020 年	单位
南　宁	**416.23**	**亿元**	**607.09**	**亿元**	**738.79**	**亿元**	**747.79**	**亿元**	**986.00**	**亿元**
昆　明	66.81	亿美元	78.18	亿美元	131.20	亿美元	131.87	亿美元	160.59	亿美元
成　都	2713.4	亿元	3941.8	亿元	4983.20	亿元	5822.70	亿元	7154.21	亿元
贵　阳	39.04	亿美元	29.92	亿美元	34.94	亿美元	41.51	亿美元	60.00	亿美元
西　安	1828.46	亿元	2545.41	亿元	3303.87	亿元	3243.06	亿元	3473.84	亿元
兰　州	281	亿元	125.11	亿元	133.18	亿元	119.41	亿元	102.50	亿元
乌鲁木齐	323.73	亿元	460.34	亿元	513.50	亿元	512.64	亿元	455.87	亿元
呼和浩特	13.09	亿美元	15.99	亿美元	116.70	亿元	124.30	亿元	147.00	亿元
银　川	163.47	亿元	270.62	亿元	168.83	亿元	157.60	亿元	62.96	亿元
西　宁	85.08	亿元	32.91	亿元	31.28	亿元	26.38	亿元	16.81	亿元
拉　萨	41.21	亿元	44.27	亿元	40.96	亿元	41.08	亿元	15.95	亿元
广　州	8566.92	亿元	9714.36	亿元	9810.15	亿元	9995.81	亿元	9530.06	亿元
福　州	2082.2	亿元	2336.06	亿元	2452.75	亿元	2525.80	亿元	2504.80	亿元
杭　州	4485.97	亿元	5085.08	亿元	5245.30	亿元	5597.00	亿元	5934.20	亿元
南　京	3315.33	亿元	4143	亿元	4317.20	亿元	4828.15	亿元	5340.21	亿元
海　口	258.18	亿元	210.22	亿元	341.17	亿元	331.38	亿元	368.32	亿元
沈　阳	113.3	亿美元	128.5	亿美元	149.50	亿美元	1072.80	亿元	1028.10	亿元
哈尔滨	39.7	亿美元	33.5	亿美元	209.70	亿美元	251.50	亿元	255.90	亿元
长　春	141.6	亿美元	952.5	亿元	1054.60	亿元	995.80	亿元	1027.60	亿元
石家庄	116.1	亿美元	862.2	亿元	915.50	亿元	1178.80	亿元	1341.10	亿元
太　原	879.38	亿元	915.25	亿元	1086.29	亿元	1119.56	亿元	1211.47	亿元
合　肥	186.87	亿美元	249.59	亿美元	308.13	亿美元	2221.20	亿元	2597.25	亿元
南　昌	619.7	亿元	669.2	亿元	787.55	亿元	1061.77	亿元	1151.46	亿元
济　南	639.7	亿元	708.1	亿元	825.00	亿元	1103.30	亿元	1382.70	亿元
郑　州	3645.66	亿元	4015.65	亿元	4105.00	亿元	4129.91	亿元	4946.40	亿元
武　汉	1570.1	亿元	1936.2	亿元	2146.00	亿元	2440.20	亿元	2704.30	亿元
长　沙	746.75	亿元	938.02	亿元	1283.34	亿元	2002.03	亿元	2350.46	亿元

12-11 各省会城市海关出口贸易总额

城市名称	2016年	单位	2017年	单位	2018年	单位	2019年	单位	2020年	单位
南　宁	**211.13**	**亿元**	**275.69**	**亿元**	**355.09**	**亿元**	**363.91**	**亿元**	**470.82**	**亿元**
昆　明	41.33	亿美元	29.43	亿美元	37.63	亿美元	36.04	亿美元	77.45	亿美元
成　都	1451	亿元	2064.9	亿元	2746.9	亿元	3309.80	亿元	4106.80	亿元
贵　阳	32.61	亿美元	22.71	亿美元	15.15	亿美元	30.45	亿美元	49.60	亿美元
西　安	946.75	亿元	1552.38	亿元	1957.49	亿元	1730.21	亿元	1776.00	亿元
兰　州	231	亿元	72.88	亿元	75.6	亿元	71.83	亿元	32.70	亿元
乌鲁木齐	277.73	亿元	360.67	亿元	361.36	亿元	334.36	亿元	288.51	亿元
呼和浩特	6.82	亿美元	7.6	亿美元	55.9	亿元	63.50	亿元	72.40	亿元
银　川	19.87	亿美元	195.99	亿元	127.79	亿元	104.40	亿元	45.27	亿元
西　宁	75.6	亿元	19.13	亿元	10.98	亿元	14.61	亿元	7.05	亿元
拉　萨	28.3	亿元	28.59	亿元	27.24	亿元	34.44	亿元	11.14	亿元
广　州	5187.05	亿元	5792.15	亿元	5607.58	亿元	5257.98	亿元	5427.67	亿元
福　州	1406.8	亿元	1482.4	亿元	1654.82	亿元	1802.00	亿元	1786.50	亿元
杭　州	3313.8	亿元	3455.61	亿元	3417.1	亿元	3613.00	亿元	3693.00	亿元
南　京	1952.28	亿元	2333	亿元	2500.7	亿元	3006.85	亿元	3398.92	亿元
海　口	52.23	亿元	55.46	亿元	67.24	亿元	86.33	亿元	110.30	亿元
沈　阳	45.2	亿美元	317.7	亿元	342.1	亿元	315.90	亿元	274.40	亿元
哈尔滨	16.8	亿美元	91.7	亿元	103.5	亿元	119.80	亿元	136.90	亿元
长　春	19.1	亿美元	129.8	亿元	152.5	亿元	148.60	亿元	135.40	亿元
石家庄	70.2	亿美元	531.2	亿元	571.6	亿元	655.10	亿元	785.60	亿元
太　原	549.71	亿元	572.16	亿元	663.25	亿元	651.72	亿元	724.71	亿元
合　肥	126.35	亿美元	145.66	亿美元	1203.46	亿元	1392.45	亿元	227.96	亿美元
南　昌	379.75	亿元	428.27	亿元	451.67	亿元	645.78	亿元	713.11	亿元
济　南	40.8	亿元	451	亿元	519.3	亿元	622.50	亿元	755.00	亿元
郑　州	2100.62	亿元	2327.94	亿元	2577.14	亿元	2678.25	亿元	2948.80	亿元
武　汉	905.8	亿元	1157.6	亿元	1272.7	亿元	1362.30	亿元	1421.70	亿元
长　沙	502.31	亿元	587.89	亿元	823.15	亿元	1396.43	亿元	1548.72	亿元

12-12 各省会城市一般公共预算收入

单位：亿元

城市名称	2016 年	位次	2017 年	位次	2018 年	位次	2019 年	位次	2020 年	位次
南 宁	**312.79**	**20**	**332.15**	**20**	**359.0**	**21**	**370.93**	**20**	**372.25**	**20**
昆 明	530	13	560.86	13	595.6	14	630.03	13	650.47	13
成 都	1175.4	5	1275.5	4	1424.2	5	1483	5	1520.4	4
贵 阳	366.32	19	377.77	18	903.3	7	417.26	18	398.13	17
西 安	641.1	9	654.5	11	684.7	12	702.55	11	724.13	11
兰 州	215.5	23	234.2	22	253.3	22	233.23	22	247.13	22
乌鲁木齐	369.67	18	400.78	17	458.3	18	472.46	16	392.64	18
呼和浩特	269.7	22	201.63	23	204.7	23	203.12	23	217.1	23
银 川	173.2	24	177.46	24	181.2	24	154.7	25	157.25	25
西 宁	75.22	26	79.2	27	92.9	27	101.79	27	133.51	26
拉 萨	70.79	27	89.63	26	110.1	26	117.04	26	107.26	27
广 州	1393.85	2	1533.06	2	1632.3	2	1697.21	2	1721.59	2
福 州	598.91	12	634.16	12	680.4	13	668.08	12	675.61	12
杭 州	1402.38	1	1567.42	1	1825.1	1	1966	1	2093	1
南 京	1142.6	6	1271.91	5	1470.0	4	1580.03	3	1637.7	3
海 口	115.51	25	125.36	25	169.9	25	185.34	24	186.05	24
沈 阳	620.9	10	656.2	9	720.6	10	730.3	10	736.08	10
哈尔滨	376.2	17	368.1	19	384.4	19	370.9	21	339.6	21
长 春	415.5	14	450.1	15	478.0	16	420	17	440.4	16
石家庄	410.7	15	460.7	14	519.7	15	569.1	14	605	14
太 原	282.69	21	311.85	21	373.2	20	386.62	19	378.44	19
合 肥	614.85	11	655.9	10	712.5	11	745.99	9	762.9	9
南 昌	402.18	16	417.08	16	461.8	17	476.08	15	483.86	15
济 南	641.2	8	677.2	8	752.8	9	874.2	8	906.1	8
郑 州	1011.2	7	1056.67	6	1152.1	6	1222.53	6	1259.21	5
武 汉	1322.1	3	1402.93	3	1528.7	3	1564.12	4	1230.29	6
长 沙	1231.02	4	800.35	7	879.7	8	950.23	7	1100.09	7

12-13 各省会城市一般公共预算支出

单位：亿元

城市名称	2016 年	位次	2017 年	2018 年	位次	2019 年	位次	2020 年	位次
南　宁	**586.98**	**18**	**646.31**	**697.9**	**18**	**789.20**	**18**	**822.79**	**18**
昆　明	689.14	16	775.9	756.8	16	820.86	17	875.1	16
成　都	1597.2	2	1759.63	1837.5	3	2006.80	3	2158.00	3
贵　阳	525.61	19	578.08	627.5	20	718.72	19	676.4	19
西　安	942.52	8	1045.09	1151.6	8	1247.99	8	1352.7	8
兰　州	424.16	20	434.53	465.7	22	456.66	22	485.7	22
乌鲁木齐	417.56	23	458.58	659.8	19	620.28	20	536.9	21
呼和浩特	420.9	22	402.27	357.0	24	421.70	23	435.70	23
银　川	397.04	24	341.53	370.8	23	346.60	25	335.80	25
西　宁	287.81	25	560.79	297.5	26	328.04	26	329.5	26
拉　萨	248.48	26	257.47	300.1	25	366.01	24	349.66	24
广　州	1943.68	1	2185.99	2505.8	1	2865.12	1	2953	1
福　州	831.24	11	940.82	923.4	14	952.17	14	950.2	15
杭　州	1404.31	4	1540.92	1717.1	5	1952.90	4	2070.00	4
南　京	1173.79	6	1353.96	1532.7	6	1658.60	6	1754.60	5
海　口	206.17	27	198.5	237.4	27	265.18	27	305.40	27
沈　阳	829.4	12	848	964.9	12	1048.20	13	1074.10	13
哈尔滨	876.3	9	958.5	962.2	13	1101.10	11	1162.20	11
长　春	770.6	13	875.7	894.3	15	896.00	15	1084.10	12
石家庄	746.1	14	804.2	994.7	11	1051.40	12	1068.00	14
太　原	424.07	21	479.06	542.5	21	610.62	21	647.40	20
合　肥	859.85	10	965.34	1004.9	10	1122.67	10	1164.80	10
南　昌	587.69	17	654.28	752.1	17	834.11	16	838.1	17
济　南	741	15	834.2	1018.3	9	1197.30	9	1288.80	9
郑　州	1321.6	5	1514.94	1763.3	4	1910.60	5	1721.30	6
武　汉	1524.7	3	1728.28	1929.5	2	2237.10	2	2407.00	2
长　沙	1041.43	7	1186.57	1329.5	7	1425.98	7	1480.20	7

12–14 各省会城市金融机构存款余额

单位：亿元

城市名称	2016 年	位次	2017 年	位次	2018 年	位次	2019 年	位次	2020 年	位次
南　宁	**8901.72**	**20**	**9367.53**	**20**	**10093.13**	**20**	**10718.32**	**19**	**11498.25**	**20**
昆　明	12655.68	12	13466.56	12	13583.62	13	14909.26	13	16324.65	13
成　都	31434.00	3	34423.3	3	37826.00	3	39828.00	3	43654.00	3
贵　阳	9928.30	17	10814.51	17	11418.52	18	11979.46	18	12523.50	19
西　安	19073.96	6	20047.62	7	21266.72	7	23340.84	7	26045.90	6
兰　州	8623.11	21	8513.59	21	8814.26	21	8875.50	21	9083.90	22
乌鲁木齐	7406.60	22	8320.71	22	8477.90	22	8927.50	20	9604.46	21
呼和浩特	6178.80	23	6312.6	23	5803.82	23	5918.89	22	6116.10	23
银　川	3343.40	26	3587.23	26	3718.57	26	4027.40	24	4488.01	25
西　宁	3756.01	25	3883.79	25	3802.21	25	4020.89	25	4371.64	26
拉　萨	2566.10	27	2732.78	27	2805.06	27	2888.54	26	3139.28	27
广　州	45937.34	1	49332.53	1	54788.06	1	59131.20	1	67798.80	1
福　州	12076.50	13	13136.68	13	14204.30	12	1547.91	27	17738.00	12
杭　州	33386.04	2	36483.24	2	39810.50	2	45287.00	2	54246.00	2
南　京	28355.89	4	30764.63	4	34524.86	4	35536.08	4	40056.50	4
海　口	4989.30	24	5420.27	24	4899.31	24	4949.36	23	5019.40	24
沈　阳	14446.30	10	15752.9	10	17746.20	9	18869.50	9	19442.50	10
哈尔滨	9804.00	18	10512.6	18	11616.00	16	12353.10	16	13856.70	17
长　春	11122.20	14	11540.9	16	11551.20	17	12681.90	15	14230.60	16
石家庄	11077.90	15	11703	14	13315.79	14	15051.70	12	15917.80	14
太　原	11070.04	16	11621.28	15	12317.27	15	13117.20	14	14587.60	15
合　肥	13479.68	11	14235.41	11	15677.27	11	16417.25	11	18675.30	11
南　昌	9503.00	19	10011.39	19	10733.08	19	12096.80	17	13676.80	18
济　南	15537.40	8	16560.6	9	17060.10	10	18646.10	10	21065.00	9
郑　州	19000.70	7	20349.6	6	22710.55	6	24461.23	6	24994.30	7
武　汉	22196.21	5	24499.41	5	26331.62	5	28658.90	5	31005.90	5
长　沙	15488.77	9	17141.80	8	18633.60	8	21048.45	8	23316.80	8

12-15 各省会城市金融机构贷款余额

单位：亿元

城市名称	2016 年	位次	2017 年	位次	2018 年	位次	2019 年	位次	2020 年	位次
南　宁	**9423.79**	**16**	**10470.44**	**15**	**12052.13**	**17**	**13964.35**	**16**	**15868.80**	**15**
昆　明	13520.32	9	14789.35	9	16224.73	9	17854.43	10	19740.44	10
成　都	25009.00	3	28359.3	3	32637	3	36464.00	3	41148.00	3
贵　阳	9153.20	17	10403.12	16	12508.73	15	14141.31	13	15861.80	16
西　安	15282.65	7	16954.81	7	19891.6	7	22436.65	7	25792.90	7
兰　州	8663.00	19	9643.55	20	11269.24	19	12028.51	19	13167.60	19
乌鲁木齐	5287.20	23	6235.78	23	7001.8	23	7817.82	22	8672.11	23
呼和浩特	7051.80	22	7646.00	22	8056.96	22	8599.35	21	8899.60	22
银　川	4076.57	26	4460.31	26	5028.54	26	5359.54	24	5535.00	25
西　宁	4633.43	25	5109.15	25	5468.39	25	5347.69	25	5312.54	26
拉　萨	2011.51	27	2757.11	27	3134.86	27	3303.94	26	3391.35	27
广　州	28885.54	1	33312.7	1	40749.32	1	47103.31	1	54387.60	1
福　州	12124.69	12	13320.41	12	15364.34	11	2000.54	27	19651.40	11
杭　州	26169.00	2	29270.94	2	36598.3	2	42245.00	2	49799.00	2
南　京	22268.94	4	25159.48	4	29065.66	4	33585.88	4	38190.00	4
海　口	5268.49	24	5600.33	24	5700.68	24	6220.53	23	5770.10	24
沈　阳	12798.20	11	13160.6	13	14911.6	12	16811.90	11	18129.00	13
哈尔滨	9048.70	18	9968.3	19	11079.8	20	12181.80	18	12653.40	21
长　春	9966.10	15	10375.7	17	11488.3	18	13096.40	17	14535.40	18
石家庄	7175.90	21	8925	21	10171.75	21	11406.70	20	12781.80	20
太　原	10103.36	14	11340.29	14	12684.21	14	14063.12	14	15079.90	17
合　肥	12064.18	13	13401.22	11	14196.54	13	15854.83	12	18166.60	12
南　昌	8604.57	20	10209.28	18	12124.64	16	14047.32	15	16005.60	14
济　南	13096.00	10	14350.3	10	16059.9	10	18768.70	9	20720.20	9
郑　州	15422.40	6	17992.4	6	22055.67	6	26476.78	6	28439.40	6
武　汉	20754.87	5	23947.76	5	28270.77	5	32114.31	5	36856.00	5
长　沙	13866.96	8	16027.07	8	18360.89	8	21248.71	8	24261.30	8

12-16 各省会城市居民消费价格总指数

单位：%

城市名称	2016 年	位次	2017 年	位次	2018 年	位次	2019 年	位次	2020 年	位次
南　宁	**101.4**	**21**	**102.3**	**5**	**102.5**	**4**	**103.4**	**1**	**102.3**	**12**
昆　明	101.7	16	100.5	27	101.7	22	102.3	23	103.1	1
成　都	102.2	11	102	8	101.4	26	102.8	12	102.5	5
贵　阳	101.1	25	101	26	101.7	22	102.7	14	102.4	7
西　安	100.9	26	102	8	101.9	19	102.7	14	102.1	17
兰　州	100.8	27	101.5	16	101.7	22	102.2	24	102	19
乌鲁木齐	101.5	20	102.8	3	102.2	13	102.0	27	100.9	27
呼和浩特	101.4	21	101.4	17	102.1	15	102.6	18	102	19
银　川	101.7	16	101.7	15	102.2	13	102.2	24	101.8	23
西　宁	102.1	12	101.4	17	102.7	2	102.5	20	102.7	2
拉　萨	102.6	5	101.4	17	101.1	27	102.2	24	102	19
广　州	102.7	2	102.3	5	102.4	6	103.0	8	102.6	3
福　州	102.3	9	101.1	25	101.5	25	102.5	20	102.4	7
杭　州	102.6	5	102.5	4	102.3	10	103.1	5	102.1	17
南　京	102.7	2	101.9	11	102.4	6	103.1	5	102.4	7
海　口	103.0	1	103.3	2	102.4	6	103.3	2	101.6	25
沈　阳	101.7	16	101.4	17	103.0	1	102.4	22	102.3	12
哈尔滨	101.8	15	103.5	1	102.5	4	102.6	18	101.4	26
长　春	101.4	21	101.3	23	102.0	16	102.9	9	101.9	22
石家庄	101.6	19	101.4	17	102.3	10	102.7	14	102.3	12
太　原	101.2	24	101.8	13	101.8	21	102.7	14	102.6	3
合　肥	102.6	5	101.4	17	102.0	16	102.9	9	102.3	12
南　昌	102.1	12	102.1	7	102.3	10	102.8	12	102.5	5
济　南	102.7	2	102	8	102.6	3	103.3	2	102.4	7
郑　州	102.3	9	101.8	13	102.4	6	103.1	5	102.3	12
武　汉	102.4	8	101.9	11	101.9	19	103.2	4	102.4	7
长　沙	101.9	14	101.3	23	102.0	16	102.9	9	101.8	23

12–17 各省会城市城镇居民人均可支配收入

单位：元

城市名称	2016年	位次	2017年	位次	2018年	位次	2019年	位次	2020年	位次
南　宁	**30728**	**20**	**33217**	**19**	**35276**	**23**	**37675**	**25**	**38542**	**25**
昆　明	36739	10	39788	10	42988	10	46289	10	48018	11
成　都	35902	11	38918	11	42128	11	45878	11	48593	9
贵　阳	29502	25	32186	25	35115	24	38240	21	40305	18
西　安	35630	12	38536	12	38729	16	41850	16	43713	14
兰　州	29661	23	32331	24	35014	25	38095	23	40152	20
乌鲁木齐	34200	15	37028	15	40101	14	42667	14	42770	17
呼和浩特	40220	6	43518	6	46565	7	49397	7	49789	7
银　川	30478	21	32981	21	35586	20	38217	22	39416	24
西　宁	27539	27	30043	27	32500	27	34846	27	36959	27
拉　萨	29383	26	32408	23	35842	19	39686	18	43640	15
广　州	50941	2	55400	2	59982	2	65052	2	68304	2
福　州	37833	9	40973	9	44457	8	47920	8	49300	8
杭　州	52185	1	56276	1	61172	1	66068	1	68666	1
南　京	49997	3	54538	3	59308	3	64372	3	67553	3
海　口	30775	19	33320	18	36137	18	38977	19	40049	21
沈　阳	39135	8	41359	8	44054	9	46786	9	47413	12
哈尔滨	33190	17	35546	17	37828	17	40007	17	39791	23
长　春	31069	18	33168	20	35332	22	37844	24	40001	22
石家庄	30459	22	32929	22	35563	21	38550	20	40247	19
太　原	29632	24	31469	26	33672	26	36362	26	38329	26
合　肥	34852	13	37972	13	41484	12	45404	12	48283	10
南　昌	34619	14	37675	14	40844	13	44136	13	46796	13
济　南	43052	5	46642	5	50146	5	51913	5	53329	5
郑　州	33214	16	36050	16	39042	15	42087	15	42887	16
武　汉	39737	7	43405	7	47359	6	51706	6	50362	6
长　沙	43294	4	46948	4	50792	4	55211	4	57971	4

12-18 各省会城市农村居民人均可支配收入

单位：元

城市名称	2016年	位次	2017年	位次	2018年	位次	2019年	位次	2020年	位次
南　宁	**11398**	**25**	**12515**	**25**	**13654**	**24**	**15047**	**24**	**16130**	**24**
昆　明	12555	21	13698	20	14895	18	16356	18	17719	19
成　都	18605	6	20298	6	22135	6	24357	6	26432	5
贵　阳	12967	18	14264	18	15648	17	17275	17	18674	17
西　安	15191	12	16522	12	13286	25	14588	25	15749	25
兰　州	10391	26	11305	26	12368	26	13605	26	14652	26
乌鲁木齐	16400	9	17839	10	19623	9	21448	9	22827	9
呼和浩特	14517	15	15710	14	17190	13	18974	13	20489	12
银　川	12037	23	13087	23	14160	23	15282	23	16428	23
西　宁	9678	27	10548	27	11504	27	12577	27	13487	27
拉　萨	11448	24	12994	24	14369	21	16216	19	18268	18
广　州	21449	3	23484	3	26020	3	28868	3	31266	3
福　州	16347	10	17865	9	19419	10	21320	10	22669	10
杭　州	27908	1	30397	1	33193	1	36255	1	38700	1
南　京	21156	4	23133	4	25263	4	27636	4	29621	4
海　口	12679	19	13763	19	14886	19	16116	20	17405	20
沈　阳	14445	16	15461	17	16530	16	18124	16	19597.89	16
哈尔滨	14439	17	15614	15	16934	14	18238	15	19631	15
长　春	12576	20	13431	21	14237	22	15455	22	16636	22
石家庄	12345	22	13345	22	14518	20	15853	21	16947	21
太　原	14591	14	15595	16	16860	15	18377	14	19655	14
合　肥	17059	8	18694	8	20389	8	22462	8	24282	7
南　昌	14952	13	16364	13	17866	12	19498	11	20921	11
济　南	15346	11	16594	11	17924	11	19454	12	20432	13
郑　州	18426	7	19974	7	21652	7	23536	7	24783	6
武　汉	19152	5	20887	5	22652	5	24776	5	24057	8
长　沙	25448	2	27360	2	29714	2	32329	2	34754	2

注：2015年以前指标口径为农民人均纯收入。

指标解释

EXPLANATORY NOTES ON STATISTICAL INDI–CATORS

主要指标解释

地区生产总值 是按市场价格计算的地区生产总值的简称。它是一个国家(地区)所有常住单位在一定时期内生产活动的最终成果。地区生产总值有三种表现形态，即价值形态、收入形态和产品形态。从价值形态看，它是所有常住单位在一定时期内所生产的全部货物和服务价值超过同期投入的全部非固定资产货物和服务价值的差额，即所有常住单位的增加值之和；从收入形态看，它是所有常住单位在一定时期内所创造并分配给常住单位和非常住单位的初次分配收入之和；从产品形态看，它是最终使用的货物和服务减去进口货物和服务。在实际核算中，地区生产总值的三种表现形态表现为三种计算方法，即生产法、收入法和支出法。三种方法分别从不同的方面反映地区生产总值及其构成。

可比价格 指在不同时期的价值指标对比时，扣除了价格变动的因素，以确切反映物量的变化。按可比价格计算有两种方法：一种是直接用产品产量乘某一年的不变价格计算；另一种是用价格指数换算。

不变价格 指用同类产品的年平均价格作为固定价格，来计算各年产品价值。按不变价格计算的产品价值消除了价格变动因素，不同时期对比可以反映生产的发展速度。新中国成立后，随着工农业产品价格水平的变化，国家统计局先后五次制定了全国统一的工业产品不变价格和农业产品不变价格，从1949年到1957年使用1952年工(农)业产品不变价格，从1957年到1971年使用1957年不变价格，1971年到1981年使用1970年不变价格，从1981年到1990年使用1980年不变价格，从1990年开始使用1990年不变价格。

平均每年增长速度 在我国计算平均增长速度有两种方法，一种是习惯上经常使用的“水平法”，又称几何平均法，是以间隔期最后一年的水平同基期水平对比来计算平均每年增长(或下降)速度。另一种是“累计法”，又称代数平均法或方程法，是以间隔期内各年水平的总和同基期水平对比来计算平均每年增长(或下降)速度。

在一般正常情况下，两种方法计算的平均每年增长速度比较接近，但在经济发展不平衡，出现大起大落时，两种方法计算的结果差别较大。

国有经济单位 指生产资料归国家所有的各种企业、事业单位，以及各级国家机关、人民团体等单位。

集体经济单位 指生产资料归公民集体所有的各种企业、事业单位。包括农村各种经济组织经营的农、林、牧、副、渔业，乡、村经营的企业、事业单位；城市、县、镇以及街道举办的集体经济性质的企业、事业单位。

私营经济单位 指生产资料归公民私人所有的单位。包括私营独资企业、私营合伙企业和私营有限责任公司。

联营经济单位 指不同所有制性质的企业之间或者企业、事业单位之间共同投资组成新的经济实体。包括紧密型联营企业，半紧密型联营企业和松散型联营企业。

股份制经济单位 指全部注册资本由全体股东共同出资，并以股份形式投资举办企业。主要包括股份有限公司和有限责任公司。

外商投资经济单位 指外国投资者根据中华人民共和国有关涉外经济的法律、法规，以合资、合作或独资的形式在中国大陆境内开办企业。包括中外合资经营企业、中外合作经营企业和外资企业。

港澳台投资经济单位 指港、澳、台地区投资者参照中华人民共和国有关涉外经济的法律、法规，以合资、合作或独资的形式在大陆举办企业。包括合资经营企业、合作经营企业和独资企业。

三次产业 根据社会生产活动历史发展的顺序对产业结构的划分，产品直接取自自然界的部门称为第一产业，对初级产品进行再加工的部门称为第二产业。为生产和消费提供各种服务的部门称为第三产业。它是世界上通用的产业结构分类，但各国的划分不尽一致。我国的三次产业划分是：

第一产业：农业(包括种植业、林业、牧业、副业和渔业)。

第二产业：工业(包括采矿业，制造业，电力、燃气及水的生产和供应业)和建筑业。

第三产业：除第一、第二产业以外的其他各业。第三产业包括：交通运输、仓储和邮政业，信息传输、计算机服务和软件业，批发和零售业，住宿和餐饮业，金融业，房地产业，租赁和商务服务业，科学研究、技术服务和地质勘察业，水利、环境和公共设施管理业，居民服务和其他服务业，教育，卫生，社会保障和社会福利业，文化、体育和娱乐业，公共管理和社会组织、国际组织。

劳动者报酬 劳动者报酬是指劳动者因从事生产活动所获得的全部报酬。它包括劳动者获得的各种形式工资、奖金和津贴，既包括货币形式的，也包括实物形式的，它还包括劳动者所享受的公费医疗和医药卫生费、上下班交通补贴和单位支付的社会保险费等。单位支付的社会保险费，就是单位直接支付给负责社会保险的政府单位（一般指劳动部门）的社会保险金或为本单位职工离退休、发生死亡、伤残、医疗保险等而支付的保险费。对于个体经济来说，其所有者所获得的劳动报酬和经营利润不易区分，这两部分统一作为劳动者报酬处理。

生产税净额 指生产税减生产补贴后的差额。生产税指政府对生产单位生产、销售和从事经营活动以及因从事生产活动使用某些生产要素，如固定资产、土地、劳动力所征收的各种税、附加费和规费。具体包括销售税金及附加、增值税、管理费中开支的各种税、应交纳的养路费、排污费和水电费附加、烟酒专卖上缴政府的专项收入等。生产补贴与生产税相反，是政府对生产单位的单方面收入转移，因此视为负生产税处理，包括政策亏损补贴、粮食系统价格补贴、外贸企业出口退税收入等。

固定资产折旧 指一定时期内为弥补固定资产损耗按照核定的固定资产折旧率提取的固定资产折旧，或按国民经济核算统一规定的折旧率虚拟计算的固定资产折旧。它反映了固定资产在当期生产中的转移价值。各种类型企业和企业化管理的事业单位的固定资产折旧指实际计提并计入成本费用中的折旧费；不计提折旧的单位，如政府机关、非企业化管理的事业和居民住房的固定资产折旧则是按照统一规定的折旧率和固定资产原值计算的虚拟折旧。原则上，固定资产折旧应按固定资产的重置价值来计算，但是我国目前尚不具备对全社会固定资产进行重估价的基础，所以暂时只能采用上述方法来计算。

营业盈余 指常住单位创造的增加值扣除劳动者报酬、生产税净额和固定资产折旧后的余额。它相当于企业的营业利润加上生产补贴，但要扣除从利润中开支的工资和福利以及从税后利润中提取的公益金等。

人口数 指一定时点、一定地区范围内的有生命的个人的总和。

年度统计的年末人口数是指每年 12 月 31 日 24 时的人口数。年度统计的全国人口总数内未包括台湾省和港澳同胞以及海外华侨人数。

人口自然增长率 指在一定时期内（通常为一年）人口自然增加数（出生人数减死亡人数）与该时期内平均人数（或期中人数）之比，一般用千分率表示。计算公式：

$$\text{人口自然增长率} = \frac{\text{本年出生人数} - \text{本年死亡人数}}{\text{年平均人数}} 1000‰$$

人口自然增长率 = 人口出生率 – 人口死亡率

经济活动人口 指在 16 岁以上，有劳动能力，参加或要求参加社会经济活动的人口。包括：从业人员和失业人员。

从业人员 指从事一定社会劳动并取得劳动报酬或经营收入的人员。包括：

(1) 全部职工

(2) 再就业的离退休人员

(3) 私营业主

(4) 个体户主

(5) 私营和个体从业人员

(6) 乡镇企业从业人员

(7) 农村从业人员

(8) 其他从业人员（包括民办教师、宗教职业者、现役军人等）

这一指标反映了一定时期内全部劳动力资源的实际利用情况，是研究我国基本国情国力的重要指标。

各单位的从业人员是指在各级国家机关、政党机关、社会团体及企业、事业单位中工作，并取得劳动报酬的全部人员。包括职工、再就业的离退休人员、民办教师以及在各单位中工作的外方人员和港、澳、台方人员。

城镇私营和个体从业人员 城镇私营从业人员指在工商管理部门注册登记，其经营地址设在县城关镇（含城关镇）以上的私营企业从业人员。包括：私营企业投资者和雇工。城镇个体从业人员指在工商管理部门注册登记，并持有城镇户口或城镇长期居住，经批准从事个体工商经营的从业人员。包括：个体经营者和在个体工商户劳动的家庭帮工和雇工。

城镇登记失业人员及失业率 指有非农业户口，在一定的劳动年龄内，有劳动能力，无业而要求就业，并在当地就业服务机构进行求职登记的人员。城镇登记失业率指城镇登记失业人数同城镇从业人数与城镇登记失业

人数之和的比。计算公式为

$$城镇登记失业率=\frac{城镇登记失业人数}{城镇从业人数+城镇登记失业人数}\times 100\%$$

职工 指在国有经济、城镇集体经济、联营经济、股份制经济、外商和港、澳、台投资经济、其他经济单位及其附属机构工作，并由其支付工资的各类人员。

合同制职工 指各单位根据国务院国发(1986)77号文件和国务院第99号的规定，通过签订有固定期限劳动合同、无固定期限劳动合同和以完成一项工作为期限劳动合同所使用的职工。包括实行全员劳动合同制单位的全部职工。

国有经济单位职工 指在国有经济单位及其附属机构工作，并由其支付工资的各类人员，国有经济单位职工不包括：返聘的离退休人员、民办教师、在国有经济单位工作的外方人员和港、澳、台人员。

城镇集体经济单位职工 指在城镇集体经济单位及其管理部门工作，并由其支付工资的各类人员。

其他经济单位职工 指在联营经济、股份制经济、外商投资经济、港、澳、台投资经济单位工作，并由其支付工资的各类人员。

职工工资总额 指各单位在一定时期内直接支付给本单位全部职工的劳动报酬总额。

工资总额的计算原则应以直接支付给职工的全部劳动报酬为根据。各单位支付给职工的劳动报酬以及其他根据有关规定支付的工资，不论是计入成本的还是不计入成本的，不论是按国家规定列入计征奖金税项目的，还是未列入计征奖金税的，不论是以货币形式支付的还是以实物形式支付的，均包括在工资总额内。

职工平均工资 指企业、事业、机关单位的职工在一定时期内平均每人所得的货币工资额。它表明一定时期职工工资收入的高低程度，是反映职工工资水平的主要指标。计算公式为：

$$职工平均工资=\frac{报告期实际支付的全部职工工资总额}{报告期全部职工平均人数}$$

职工平均实际工资 指扣除物价变动因素后的职工平均工资。计算公式为：

$$职工平均实际工资=\frac{报告期职工平均工资}{报告期城镇居民消费价格指数}$$

农林牧渔业总产值 是以货币表现的农、林、牧、渔业全部产品的总量，它反映一定时期内农业生产总规模和总成果。

农、林、牧、渔业的统计范围包括国有经济的各种专业农(农、林、牧、渔)场以及国家各级机关团体学校、部队；集体所有制的乡、镇、村各级办农场；工矿企业经营的农、林、牧、渔业，农村各种经济组织和农户经营的农林牧渔业的农民家庭兼营的商品性工业等。

(1) **农业** 包括种植业和其他农业。

种植业 包括谷物、豆类、薯类、棉、油料、糖料、麻类、烟叶、蔬菜、药材、瓜类和其他农作物的种植，以及茶园、桑园、果园的生产经营。

其他农业 包括采集野生植物的果实、纤维、树胶、树脂、油料以及柴草、野生药材、菌类等及农民家庭兼营的商品性工业。

(2) **林业** 包括林木的栽培(不包括茶园、桑园和果园的栽培、管理和收获等活动)、林产品的采集和村及村以下合作经济组织和农户的竹木采伐。

(3) **牧业** 包括除渔业养殖以外的一切动物饲养和放牧以及野生动物的捕猎和饲养。

(4) **渔业** 包括水生动物和海藻类植物的养殖和捕捞。

农业总产值的计算方法通常是按农林牧渔业产品及其副产品的产量分别乘以各自单位产品价格求得，少数生产周期较长，当年没有产品或产品产量不易统计的，则采用间接方法匡算其产值，然后将四业产品产值相加即为农业总产值。

1957年以前的农业总产值中包括了厩肥和农民自给性手工业(如农民自制衣服、鞋、袜，自已从事粮食初步加工等)。1958年及以后的农业总产值，林业中增加了村及村以下竹木采伐产值；牧业中取消费厩肥产值；副业中取消了农民自给性手工业产值，增加了村及村以下办的工业产值；渔业中增加了海洋捕捞水产品产值。1980年及以后的农业总产值，在副业中增加了农民家庭兼营工业商品部分的产值。从1984年起村及村以下办工业产值划归工业。从1993年起，取消副业。将野生动物的捕猎划入牧业，野生植物采集和农民家庭兼营商品性工业划归农业。

粮食产量 指全社会的产量。包括国有经济经营的、集体统一经营的和农民家庭经营的粮食产量，还包括工矿企业办的农场和其他生产单位的产量。粮食除包括稻谷、小麦、玉米、高粱、谷子及其他杂粮外，还包括薯类和豆类。其产量计算方法，豆类按去豆荚后的干豆计算；薯类(包括甘薯和马铃薯，不包括芋头和木薯)1963年以前按每4公斤鲜薯折1公斤粮食计算，从1964年开始及以后改为按5公斤鲜薯折1公斤粮食计算。城市郊区作为蔬菜的薯类(如：马铃薯等)按鲜品计算，并且不做为粮食统计。其他粮食一律按脱粒后的原粮计算。

水产品产量 指人工养殖的水产品和天然生长的水产品的捕捞量。包括海水的鱼类、虾蟹类、贝类和藻类以及内陆水域的鱼类、虾蟹类和贝类，不包括淡水生植物。

猪、牛、羊肉产量 指当年出栏并已屠宰后除去头蹄下水后带骨肉(即胴体重)的重量。

灌溉面积 指具有一定的水源，地块比较平整，灌溉工程或设备已经配套，在一般年景下当年能够进行正常灌溉的耕地面积。

农用化肥施用量 指本年内实际用于农业生产的化肥数量。包括氮肥、磷肥、钾肥和复合肥。化肥施用量要求按折纯量计算数量。折纯法化肥施用量是把氮肥、磷肥和钾肥分别按含氮、含五氧化二磷、含氧化钾的百分之一百成份折算后的数量。复合肥按其所含主要成分折算。

工业 指从事自然资源的开采，对采掘品和农产品进行加工和再加工的物质生产部门。具体包括：(1)对自然资源的开采，如采矿、晒盐、森林采伐等(但不包括禽兽捕猎和水产捕捞)；(2)对农副产品的加工、再加工，如粮油加工、食品加工、轧花、缫丝、纺织、制革等；(3)对采掘品的加工、再加工，如炼铁、炼钢、化工生产、石油加工、机器制造、木材加工等，以及电力、自来水、煤气的生产和供应等；(4)对工业品的修理、翻新，如机器设备的修理、交通运输工具(包括小卧车)的修理等。

工业统计调查单位 工业统计调查单位分为两类：独立核算法人工业企业和工业活动单位。

(1) 独立核算法人工业企业 是指从事工业生产经营活动的单位。独立核算法人工业企业应同时具备以下条件：①依法成立，有自己的名称、组织机构和场所，能够承担民事责任；②独立拥有和使用资产，承担负债，有权与其他单位签订合同；③独立核算盈亏，并能够编制资产负债表。

(2) 工业活动单位 是指在一个场所从事一种或主要从事一种工业生产活动的经济单位。它包括独立核算工业企业按主营业务活动(即工业生产活动)划分的主营业务活动单位和非工业企业所属的工业生产活动单位(即原非独立核算工业生产单位)。工业活动单位，一般应同时具备以下三个条件：①具有一个场所，从事一种或主要从事一种工业活动；②单独组织工业生产、经营或业务活动；③单独核算收入和支出。

国有经济工业(即过去的全民所有制工业或国营工业) 指生产资料归国家所有的一种经济类型。包括中央和地方各级国家机关、部队、科研机构、学校、人民团体和国有经济企事业单位等举办的国有经济工业。1957年以前的公私合营和私营工业，后均改造为国营工业，1992年改为国有工业，这部分工业的资料不单独分列时，均包括在国有工业内。

集体经济工业 指生产资料归公民集体所有的一种经济类型，是社会主义公有制经济的组成部分。包括城乡所有使用集体投资举办的企业，以及部分个人通过集资自愿放弃所有权并依法经工商行政管理机关认定为集体所有制的企业。

其他经济类型工业 指除国有经济、集体经济、私营经济、个体经济、联营经济以外的其他经济类型工业企业(单位)。包括股份制经济(股份有限公司，有限责任公司)；外商投资经济(中外合资经营、中外合作经营、外资企业)；港、澳、台投资经济(与大陆合资经营、与大陆合作经营、港、澳、台资企业)及其他经济类型的工业。

轻工业 指主要提供生活消费品和制作手工工具的工业。按其所使用的原料不同，可分为两大类：(1)以农产品为原料的轻工业，是指直接或间接以农产品为基本原料的工业。主要包括食品制造、饮料制造、烟草加工、纺织、缝纫、皮革和毛皮制作、造纸以及印刷等工业；(2)以非农产品为原料的轻工业，是指以工业品为原料的轻工业。主要包括文教体育用品、化学药品制造、合成纤维制造、日用化学制品、日用玻璃制品、日用金属制品、手工工具制造、医疗器械制造、文化和办公用机械制造等工业。

重工业 是指为国民经济各部门提供物质技术基础的主要生产资料的工业。按其生产性质和产品用途，可以分为下列三类：(1)采掘(伐)工业，是指对自然资源的开采，包括石油开采、煤炭开采、金属矿开采、非金属矿开采和木材采伐等工业；(2)原材料工业，指向国民经济各部门提供基本材料、动力和燃料的工业。包括金属冶炼及加工、炼焦及焦炭化学、化工原料、水泥、人造板以及电力、石油和煤炭加工等工业；(3) 加工工业，是指对工业原材料进行再加工制造的工业。包括装备国民经济各部门的机械设备制造工业、金属结构、水泥制品等工业，以及为农业提供的生产资料如化肥、农药等工业。

根据上述划分原则，修理业中以重工业产品为修理作业对象的划为重工业，反之划为轻工业。

工业总产值 是以货币表现的工业企业在一定时期内生产的已出售或可供出售工业产品总量，它反映一定时间内工业生产的总规模和总水平。它包括：在本企业内不再进行加工，经检验、包装入库(规定不需包装的产品除外)的成品价值，工业性作业价值，自制半成品、在产品期末初差额价值。工业总产值采用“工厂法”计算，即以工业企业作为一个整体，按企业工业生产活动的最终成果来计算，企业内部不允许重复计算，不能把企业内部各个车间(分厂)生产的成果相加。但在企业之间、行业之间、地区之间存在着重复计算。

轻重工业总产值的划分也是按“工厂法”计算的，即一个工业企业在正常情况下生产的主要产品的性质属于轻工业，则该企业的全部总产值作为轻工业总产值；一个工业企业生产的主要产品的性质属于重工业，则该企业的全部总产值作为重工业总产值。

工业增加值 是指工业行业在报告期内以货币表现的工业生产活动的最终成果。

固定资产原价 固定资产原值指企业在建造、购置、安装、改建、扩建、技术改造某项固定资产时所支出的全部货币总额。它一般包括买价、包装费、运杂费和安装费等。

固定资产净值 是指固定资产原价减去历年已提折旧额后的净额。

利税总额 指企业利润总额、产品销售税金及附加和应交增值税之和。

产品销售收入 指企业销售产品的销售收入和提供劳务等主要经营业务取得的业务总额。

产品销售税金及附加 指企业销售产品和提供工业性劳务等主要经营业务应负担的城市维护建设税、消费税、资源税和教育费附加。

产值利税率 指报告期已实现的利润、税金总额(包括利润总额、产品销售税金及附加和应交增值税)占同期全部工业总产值的百分比，计算公式为：

$$产值利税率(\%)=\frac{利税总额}{工业总产值}\times 100\%$$

全员劳动生产率 指根据产品的价值量指标计算的平均每一个职工在单位时间内的产品生产量。是考核企业经济活动的重要指标，是企业生产技术水平、经营管理水平、职工技术熟练程度和劳动积极性的综合表现。目前我国的全员劳动生产率是将工业企业的工业增加值除以同一时期全部职工的平均人数来计算的。计算公式：

$$全员劳动生产率=\frac{工业增加值}{全部职工平均人数}$$

为了使各年度的全员劳动生产率数字可以比较，1990 年以前各年的全员劳动生产率均按指数换算成 1990 年不变价格。

总负债 指企业承担并需要偿还的全部债务。包括流动负债和长期负债、递延税项等，即为企业资产负债表的负债合计项。

(1) 流动负债 指企业在一年内或者超过一年的一个营业周期内需要偿还的债务合计，其中包括短期借款、应付及预收款项、应付工资、应交税金和应交利润等。

(2) 长期负债 指企业在一年以上或者超过一年的一个生产周期以上需要偿还的债务合计，其中包括长期借款、应付债务、长期应付款项等。

所有者权益 指企业投资人对企业净资产的所有权。企业净资产等于企业全部资产减去全部负债后的余额，其中包括投资者对企业的最初投入，以及资本公积金、盈余公积金和未分配利润，对股份制企业即为股东权益。

货(客)运量 指在一定时期内，各种运输工具实际运送的货物(旅客)数量。是反映运输业为国民经济和人民生活服务的数量指标，也是制定和检查运输生产计划，研究运输发展规模和速度的重要指标。货运按吨计算，客运按人计算。货物不论运输距离长短，货物类别，均按实际重量统计；旅客不论行程远近或票价多少，均按一人一次作为客运量统计。半价票、小孩票也按一人统计。

货物(旅客)周转量 指在一定时期内，由各种运输工具运送的货物(旅客)数量与其相应运输距离的乘积之总和；是反映运输业生产总成果的重要指标，也是编制和检查运输生产计划，计算运输效率、劳动生产率以及核算运输单位成本的主要基础资料。通常以吨公里和人公里为计算单位。计算货物周转量通常按发出站与到达站之间的最短距离，也就是计费距离计算。

邮电业务总量 指以货币表现的邮电部门用于传递信息和提供其他邮电服务的总数量。它综合反映了一定时期邮电工作的总成果，是研究邮电业务量构成和发展趋势的重要指标。根据邮电管理体制不同，分为中央国营业务总量和地方国营业务总量。它用各种邮电分类业务量，如函件件数、电报份数、长话张数、市内电话和农村电话的年均户数、订销报刊累计份数等，分别乘以相应的平均单价（不变价），加总后再加上出租电路和设备的收入、代用户维护电话交换机和线路等设备的收入、其他业务收入求得。

市内电话 指接入县城（包括个别城镇）及县以上城市的市内电话网上，并按市内电话进行经营管理的电话。按计费办法分为包月制和计次制两种。

(1) 住宅电话 指话机装在居民住宅里的电话。它包括私人付费、公费和免费三个部分。

(2) 私人付费电话 指住宅居民自费安装并自己缴纳通话费的电话。

无线寻呼电话用户 指携带小型寻呼机，接收市话用户通过无线寻呼中心，在规定范围内向其发出声音、数字或文字显示信息的用户。目前在邮电部门办理登记手续的无线寻呼电话用户，每一部寻呼机按一户计算。

移动电话用户 指在邮电部门登记，通过移动电话交换机进入移动电话网、占有移动电话号码的电话用户。用户数量以实际办理登记手续进入邮电部门移动电话网的户数进行计算，一部或一台移动电话统计为一户。

全社会固定资产投资 固定资产投资是社会固定资产再生产的主要手段。通过建造和购置固定资产的活动，国民经济不断采用先进技术装备，建立新兴部门，进一步调整经济结构和生产力的地区分布，增强经济实力，为改善人民物质文化生活创造物质条件。这对我国的社会主义现代化建设具有重要意义。

固定资产投资额 是以货币表现的建造和购置固定资产活动的工作量，它是反映固定资产投资规模、速度、比例关系和使用方向的综合性指标。全社会固定资产投资包括国有经济单位投资、城乡集体经济单位投资、其他各种经济类型的单位投资和城乡居民个人投资。按照我国现行计划管理体制，全社会固定资产投资总额分为基本建设、更新改造、房地产开发投资和其他固定资产投资四个部分；城乡集体经济单位投资包括城镇集体所有制单位投资和农村集体所有制单位投资；其他各种经济类型单位投资包括联营经济、股份制经济、中外合资经营、中外合作经营、外资、与大陆合资经营、与大陆合作经营、港澳台独资及其他经济的单位投资。城乡居民个人投资包括城市、县城、镇、工矿区所辖范围内的个人建房和农村个人建房及购买生产性固定资产的投资。

基本建设投资 基本建设是企业、事业、行政单位以扩大生产能力或工程效益为主要目的的新建、扩建工程及有关工作。包括 (1) 列入中央和各级地方本年基本建设计划的建设项目，以及虽未列入本年基本建设计划，但使用以前年度基建计划内结转投资（包括利用基建设备材料）在本年继续施工的建设项目；(2) 本年基本建设计划内投资与更新改造计划内投资结合安排的新建项目和新增生产能力（或工程效益）达到大中型项目标准的扩建项目，以及为改变生产力布局而进行的全厂性迁建项目；(3) 国有单位既未入基建计划，也未列入更新改造计划的总投资在 5 万元以上的新建、扩建、恢复项目和为改变生产力布局而进行的全厂性迁建项目，以及行政、事业单位增建业务用房和行政单位增建生活福利设施的项目。

更新改造投资 更新改造是指企业、事业单位对原有设施进行固定资产更新和技术改造，以及相应配套的工程和有关工作（不包括大修理和维护工程）。包括：(1) 列入中央和各级地方本年更新改造计划的项目和虽未列入本年更新改造计划，但使用上年更新改造计划内结转的投资在本年继续施工的项目；(2) 本年更新改造计划内投资与基本建设计划内投资结合安排的对企、事业单位原有设施进行技术改造或更新的项目，和增建主要生产车间、分厂等其新增生产能力（或工程效益）未达到大中型项目标准的项目，以及由于城市环境保护和安全生产的需要而进行的迁建工作；(3) 国有企、事业单位既未列入基建计划也未列入更新改造计划，总投资在 5 万元以上的属于改建或更新改造性质的项目，以及由于城市环境保护和安全生产的需要而进行的迁建工程。

房地产开发投资 包括各种经济类型的房地产开发公司、商品房建设公司及其他房地产开发单位统一开发的包括统代建、拆迁还建的住宅、厂房、仓库、饭店、宾馆、度假村、写字楼、办公楼等房屋建筑物和配套的服务设施、土地开发工程，如道路、给水、排水、供电、供热、通讯、平整场地等基础设施工程的投资。包括非房地产企业实际从事房地产开发或经营活动，不包括单纯的土地交易活动。

新增生产能力 指通过固定资产投资活动而增加的设计能力或工程效益，它是用实物形态表示的固定资产投资的成果。新增生产能力的计算，是以能独立发挥生产能力或效益的单项工程(或项目)为对象。当单项工程(或项目)建成，经有关部门鉴定合格，正式移交投入生产，即可计算新增生产能力。

新增生产能力或工程效益有以下几种表现形式：

(1) 以建设项目或单位工程建成后的年产能力表示。如煤炭开采、石油开采等。

(2) 以建设项目或单项工程建成后处理原料的能力表示。如选矿工程的年处理矿石能力，洗煤厂年洗原煤能力等。

(3) 以新增的主要设备数量或容量表示。如棉纺锭枚数，发电机组容量等。

(4) 以建筑物容积、容量、面积或长度表示。如水库容量、铁路公路里程等。

新增生产能力的数量一般按设计能力计算。设计能力是指设计文件中规定的在正常情况下能够达到的生产能力，而不论投产后的实际产量如何。以设备数量、建筑物容积、面积、长度等表示的新增生产能力(或效益)，则按建成的实际数量计算。

施工和竣工房屋建筑面积 房屋建筑面积是从房屋外墙线算起的各层平面面积的总和，包括房屋结构(如柱、墙)占用的面积和地下室面积。多层建筑按各自然层面积总和计算，包括房屋内的楼隔层，突出墙面的眺望间、门斗、有柱雨罩的面积。不包括突出墙面结构的构件、艺术装饰等所占的面积，如台阶等。凹阳台、挑阳台按其水平投影面积一半计算建筑面积。

住宅建筑面积 指施工和竣工房屋建筑面积中供居住用的施工和竣工房屋建筑面积。

竣工面积 指在报告期内房屋建筑按照设计要求已全部完工，达到住人和使用条件，经验收鉴定合格，正式移交使用单位的建筑面积。

房屋建筑面积竣工率 指一定时期内房屋竣工面积占同期房屋施工面积的比率。它是从房屋建筑施工速度的角度反映投资效果和建筑业经济效益的指标。

新增固定资产 指通过投资活动所形成的新的固定资产价值。包括已经建成投入生产或交付使用的工程价值和达到固定资产标准的设备、工程、器具的价值及有关应摊入的费用。它是以价值形式表示的固定资产投资成果的综合性指标，可以综合反映不同时期、不同部门、不同地区的固定资产投资成果。

建设项目投产率 指一定时期内全部建成投入生产项目个数占同期正式施工项目个数的比率。它是从项目建设速度的角度反映投资效果的指标。

固定资产交付使用率 指一定时期新增固定资产与同期完成投资额的比率。它是反映各个时期固定资产动用速度，衡量建设过程中投资效果的一个综合性指标。

年底自来水生产能力 指年底城建部门管理的自来水厂和自备水源的社会单位取水、净化、送水、出厂输水干管等环节的实际生产能力。

年底供水管道长度 指从送水泵到用户水表之间所有管道的长度。

全年供水总量 指公用自来水厂和自备水源的社会单位全年的供水总量，包括有效供水量及损失水量。

生活用水量 指居民日常生活与公共福利设施的用水量。包括居民、饮食店、旅馆、医院、理发店、浴池、洗衣店、游泳池、商店、学校、机关、部队等单位的用水量。

城市人口用水普及率 指城市用水的非农业人口数(不包括临时人口和流动人口)与城市非农业人口总数之比。计算公式：

用水普及率 = (城市用水的非农业人口数 ÷ 城市非农业人口数) × 100%

全年供气总量 指全年售给各类用户的全部煤气量。包括工业用量、家庭用量和其他用量。

城市用气普及率 指使用煤气(包括人工煤气、液化石油气、天然气)的城市非农业人口数(不包括临时人口和流动人口)与城市非农业人口总数之比。计算公式：

$$城市煤气普及率 = \frac{城市用气的非农业人口数}{城市非农业人口总数}$$

年底实有铺装道路长度 指除土路外，路面经过铺装宽度在3. 5米以上的道路，包括高级、次高级道路和普通道路。

城市下水道总长度 指所有排水总管、干管、支管及暗渠、检查井、连接井进出水口等长度之和。

城市污水日处理能力 指污水处理厂每昼夜处理污

水量的设计能力。

年末实有公共汽(电)车 指年底可参加营运的全部车辆数，包括年底营运车辆数和库存查封未参加营运的车辆，不包括非营运车辆，如架线车、油罐车、工程车、货车及其他专用车辆和借人的客运车辆。

城市园林绿地面积 指城市公共绿地、专用绿地、生产绿地、防护绿地、郊区风景名胜区的全部面积。

公共绿地 指供游览休息的各种公园、动物园、植物园、陵园以及花园、游园和供游览休息用的林荫道绿地、广场绿地。不包括一般栽植的行道树及林荫道的面积。

能源生产总量 指一定时期内全国(地区)一次能源生产量的总和，是观察全国(地区)能源生产水平、规模、构成和发展速度的总量指标。一次能源生产量包括原煤、原油、天然气、水电及其他动力能(如风能、地热能等)发电量。不包括低热值燃料生产量、生物质能、太阳能等的利用和由一次能源加工转换而成的二次能源产量。

能源消费总量 指一定时期内全国(地区)物质生产部门、非物质生产部门和生活消费的各种能源的总和，是观察能源消费水平、构成和增长速度的总量指标，能源消费总量包括原煤和原油及其制品、天然气、电力。不包括低热值燃料、生物质能和太阳能等的利用。能源消费总量分为三部分，即终端能源消费量、能源加工转换损失量和损失量。

(1) 终端能源消费量 指一定时期内全国(地区)物质生产部门、非物质生产部门和生活消费的各种能源在扣除了用于加工转换二次能源消费量和损失量以后的数量。

(2) 能源加工转换损失量 指一定时期内全国(地区)投入加工转换的各种能源数量之和与产出各种能源产品之和的差额。它是观察能源在加工转换过程中损失量变化的指标。

(3) 能源损失量 指一定时期内能源在输送、分配、储存过程中发生的损失和由客观原因造成的各种损失量。不包括各种气体能源放空、放散量。

社会消费品零售额 指各种经济类型的批发零售贸易业、餐饮业、制造业和其他行业对城乡居民和社会集团的消费品零售额。这个指标反映通过各种商品流通渠道向居民和社会集团供应的生活消费品来满足他们生活需要，是研究人民生活，社会消费品购买力、货币流通等问题的重要指标。社会消费品零售额包括：(1) 售给城乡居民作为生活用的商品和修建房屋用的建筑材料；(2) 售给机关、团体、学校、部队、企业、事业单位的职工食堂和旅店(招待所)附设专门供本店旅客食用，不对外营业的食堂的各种食品、燃料；企业、单位和国营农场直接售给本单位职工和职工食堂的自己生产的产品；(3) 售给部队干部、战士生活用的粮食、副食品、衣着品、日用品、燃料；(4) 售给来华的外国人、华侨、港澳台同胞的消费品；(5) 居民自费购买的中、西药品、中药材及医疗用品；(6) 报社、出版社直接售给居民和社会集团的报纸、图书、杂志、集邮公司出售的新、旧纪念邮票、特种邮票、首日封、集邮册、集邮工具等；(7) 旧货寄售商店自购、自销部分的商品；(8) 煤气公司、液化石油气站售给居民和社会集团的煤气灶具和罐装液化石油气；(9) 农民售给非农业居民和社会集团的商品。不包括售给国民经济各部门企业、事业单位(包括国有经济的农场)生产经营用的各种原料、燃料、设备、工具等和给批发零售贸易业、餐饮业作为转卖用的商品、旧货寄售商店受托寄售卖出的商品、服务业的营业收入、邮局出售邮票的收入、自来水、电力、煤气生产(供应)单位的产品供应收入，也不包括农民之间的商品销售。

批发零销贸易业商品购、销、存总额 指以各种经济类型的批发、零售贸易业(不包括个体)为总体的商品购、销、存。

商品购进总额 指从本企业(单位)以外的单位和个人购进(包括从国外直接进口)作为转卖或加工后转卖的商品。这个指标反映批发零售贸易业从国内、国外市场上购进商品的总量。商品购进总额包括：(1) 从工农业生产者购进的商品；(2) 从出版社、报社的出版发行部门购进的图书、杂志和报纸；(3) 从各种经济类型的批发零售贸易企业(单位)购进的商品；(4) 从其他单位购进的商品，如从机关、团体、企业、单位购进的剩余物资，从餐饮业、服务业购进的商品，从海关、市场管理部门购进的缉私和没收的商品，从居民收购的废旧商品等；(5) 从国(境)外直接进口的商品。不包括企业(单位)为自身经营用，和未通过买卖行为而收入的商品以及销售退回、商品升溢等。

商品销售总额 指对本企业(单位)以外的单位和个人出售(包括对国(境)外直接出口)的商品。这个指标反映批发零售贸易业在国内市场上销售商品以及出口商品的总量。商品销售总额包括：(1) 售给城乡居民和社会

集团消费用的商品；(2) 售给工业、农业、建筑业、运输邮电业、批发零售贸易业、餐饮业、服务业等作为生产、经营使用的商品；(3) 售给批发零售贸易业作为转卖或加工后转卖的商品；(4) 对国 (境) 外直接出口的商品。不包括：出售本企业 (单位) 自用的废旧包装用品，未通过买卖行为付出的商品，经本单位介绍，由买卖双方直接结算，本单位只收取手续费的业务，购货退出的商品以及商品损耗和损失等。

城乡集市贸易成交额 指在农村集市和城市集市上买卖双方(包括农民、非农业居民、机关、团体、工商企业、个体商贩)成交的全部商品金额，是反映集市贸易规模的综合性指标。

批零贸易业法人机构 指独立核算批发零售贸易业、餐饮业法人企业。独立核算法人批发零售贸易企业、餐饮企业应同时具备以下条件：

(1) 依法成立，有自己的名称、组织机构和场所，能够承担民事责任；

(2) 独立拥有和使用(或授权使用)资产，承担负债，有权与其他单位签订合同；

(3) 会计上独立核算，并能编制资产负债表。

批零贸易业网点 指本批发零售贸易企业 (单位) 设立的从事批发、零售贸易业务的自然单位 [包括本企业 (单位) 自身]，凡具有独立固定的营业场所，配备一定的业务人员，不论单位大小，不论是否单独核算，均按自然网点计算，即有一个点就算一个网点。不包括同一营业场所内各柜组以及派出的流动推销小组，流动售货车等。

城市居民消费价格指数 是反映城市居民所购买的生活消费品和服务项目价格变动趋势及其程度的相对数。编制城市居民消费价格指数，可以观察和分析消费品的零售价格和服务项目价格变动对职工货币工资的影响，作为研究职工生活和确定工资政策的依据。

利用外资 指我国各级政府、部门、企业和其他经济组织通过对外借款、吸收外商直接投资以及用其他方式筹措的境外现汇、设备、技术等。

对外借款 是我国利用外资的主要部分。包括我国通过外国政府贷款，国际金融组织贷款，外国银行商业贷款，出口信贷以及对外发行债券，股票等方式，从境外筹措的资金。

外商直接投资 是指外国企业和经济组织或个人 (包括华侨、港澳台胞以及我国在境外注册的企业) 按我国有关政策、法规，用现汇、实物、技术等在我国境内开办外商独资企业、与我国境内的企业或经济组织共同举办中外合资经营企业、合作经营企业或作合作开发资源的投资 (包括外商投资收益的再投资) 以及经政府有关部门批准的项目投资总额内，企业从境外借入的资金。

旅游人数 指来我国参观、访问、旅行、探亲、访友、休养、考察、参加会议和从事经济、科技、文化、教育、体育、宗教等活动的外国人、华侨、港澳和台湾同胞的人数。不包括外国在我国的常住机构，如使领馆、通讯社、企业办事处的工作人员；来我国常驻的外国专家、留学生以及在岸逗留不过夜人员。

国际旅游 (外汇) 收入 指入境旅游的外国人、华侨、港澳台同胞在中国大陆旅游过程中发生的一切旅游支出，对于国家来说就是国际旅游 (外汇) 收入。

进出口总额 海关进出口总额指实际进出我国国境的货物总金额。包括对外贸易实际进出口货物，来料加工装配进出口货物，国家间、联合国及国际组织无偿援助物资和赠送品，华侨、港澳台同胞和外籍华人捐赠品，租赁期满归承租人所有的租赁货物，进料加工进出口货物，边境地方贸易及边境地区小额贸易进出口货物 (边民互市贸易除外)，中外合资经营企业、中外合作经营企业、外商独资经营企业进出口货物和公用物品，到、离岸价格在规定限额以上的进出口货样和广告品 (无商业价值、无使用价值和免费提供出口的除外)，从保税仓库提取在中国境内销售的进口货物，以及其他进出口货物。进出口总额用以观察一个国家在对外贸易方面的总规模。我国规定出口货物按离岸价格统计，进口货物按到岸价格统计。

财政收入 国家财政参与社会产品分配所取得的收入，是实现国家职能的财力保证。财政收入所包括的内容几经变化，目前主要包括：

(1) **各项税收** 包括增值税、营业税、消费税、土地增值税、城市维护建设税、资源税、城市土地使用税、印花税、固定资产投资方向调节税、个人所得税、企业所得税、关税、农牧业税和耕地占用税等。

(2) **专项收入** 包括征收排污费、征收城市水资源费收入，教育费附加收入等。

(3) **其他收入** 包括基本建设贷款归还收入、国家能源交通重点建设基金收入、国家预算调节基金等。

(4) 国有企业计划亏损补贴 这项为负收入，冲减财政收入。

中央财政收入和地方财政收入 按财政体制划分的中央本级收入和地方本级收入。1994 年分税制财政体制以后，属于中央财政的收入包括关税、海关代征消费税和增值税，消费税，中央企业所得税，地方银行和外资银行及非银行金融企业所得税，铁道、银行总行、保险总公司等集中缴纳的营业税、所得税、利润和城市维护建设税，增值税的 75% 部分，海洋石油资源税和证券(印花)税 50% 部分。属于地方财政的收入包括营业税，地方企业所得税，个人所得税，城镇土地使用税，固定资产投资方向调节税，城镇维护建设税，房产税，车船使用税，印花税，屠宰税，农牧业税，农业特产税，耕地占用税，契税，增值税 25% 部分，证券交易税(印花税)的 50% 部分和除海洋石油资源税以外的其他资源税。

中央财政支出和地方财政支出 根据政府在经济和社会活动中的不同职责，划分中央和地方政府的责权，按照政府的责权划分确定的支出。中央财政支出包括国防支出，武装警察部队支出，中央级行政管理费和各项事业费，重点建设支出以及中央政府调整国民经济结构、协调地区发展，实施宏观调控的支出。地方财政支出主要包括地方行政管理和各项事业费，地方统筹的基本建设、技术改造支出，支援农村生产支出，城市维护和建设经费，价格补贴支出等。

预算外资金收支 预算外资金是有关单位凭借国家权力或由国家授权而取得的没有纳入国家预算管理的财政性资金。其收入包括地方财政部门的各项附加收入，集中事业收入，专项收入等，事业行政单位的专用基金，经营性服务纯收入，行政事业性收费，专项资金，中小学勤工俭学收入，税收分成等。其支出包括固定资产投资支出，城市维护支出，福利奖励支出，行政事业支出等。

信贷资金 国家银行用于发放贷款的资金叫信贷资金。中国人民银行信贷资金的来源有各项存款、对国际金融机构负债、流通中货币、银行自有资金及当年结益等。信贷资金的运用有各项贷款、黄金占款、外汇占款、财政借款及在国际金融机构中的资产等。

存款 企业、机关、团体或居民根据可以收回的原则，把货币资金存入银行或其他信用机构保管并取得一定利息的一种信用活动形式。根据存款对象的不同可划分为企业存款、财政存款、机关团体存款、基本建设存款、城镇储蓄存款、农村存款等科目。它是银行信贷资金的主要来源。

城乡居民储蓄存款余额 包括城镇居民储蓄存款和农民个人储蓄存款两部分。不包括居民的手存现金和工矿企业、部队、机关团体等集团存款。储蓄存款余额，是指城乡居民存入银行及农村信用社储蓄的时点数(存入数扣除取出数的余额)，如月末、季末或年末数额。

贷款 银行或其他信用机构根据必须归还的原则，按一定利率，为企业、个人等提供资金的一种信用活动形式。我国银行贷款分为流动资金贷款、固定资产贷款、城乡个体工商户贷款以及农业贷款等科目。

承保额 又叫保险金额。它是保险人对被保险人负担损失补偿或约定给付的金额。它是保险合同上的最高责任额，也是计算保费的依据。

保费 又叫保险费。是保险人根据保险合同的有关规定，为被保险人取得因约定危险事故发生所造成的经济损失补偿(或给付)权利，付给保险人的代价。包括财产险和人身险储金收入。

赔款 保险事故发生后，经查证确属保险责任范围以内的保险标的损失，保险人根据保险合同的规定履行赔偿义务，给予被保险人的款项叫做赔款。赔款可分为已决赔款和未决赔款两种。

中国统计出版社有限公司最新图书简目

（仅供参考，以实际出版为准）

统计资料

中国统计年鉴 中国统计摘要 中国第三产业统计年鉴
中国第三次全国农业普查综合资料 国际统计年鉴 金砖国家联合统计手册
中国-东盟国家统计手册 中国农村统计年鉴 中国县域统计年鉴
中国农产品价格调查年鉴 中国城市统计年鉴 中国价格统计年鉴
中国贸易外经统计年鉴 中国零售和餐饮连锁企业统计年鉴 中国商品交易市场统计年鉴
大中型批发零售和住宿餐饮企业统计年鉴 中国住户调查年鉴 中国工业统计年鉴
中国环境统计年鉴 中国能源统计年鉴 中国建筑业统计年鉴
中国房地产统计年鉴 中国投资领域统计年鉴 长江经济带发展统计年鉴
中国人口和就业统计年鉴 中国劳动统计年鉴 中国社会统计年鉴
中国科技统计年鉴 中国高技术产业统计年鉴 全国企业创新调查年鉴
中国文化及相关产业统计年鉴 中国妇女儿童状况统计资料 中国青年发展状况统计年鉴
中国基本单位统计年鉴 中国教育统计年鉴 中国教育经费统计年鉴
中国民族统计年鉴 中国残疾人事业统计年鉴 中国电力统计年鉴

省级综合统计年鉴系列

北京 天津 河北 山西 内蒙古 辽宁 吉林 黑龙江 上海 江苏 浙江 安徽 福建 江西 山东 河南 湖北 湖南
广东 广西 海南 重庆 四川 贵州 云南 西藏 陕西 甘肃 青海 宁夏 新疆 新疆生产建设兵团

市(县)级综合统计年鉴系列

滨海新区 石家庄 唐山 邯郸 邢台 保定 承德 沧州 衡水 太原 大同 晋城 晋中 长治 忻州 朔州 临汾 运城
阳泉 吕梁 呼和浩特 包头 鄂尔多斯 赤峰 大连 长春 四平 延吉 延边 哈尔滨 齐齐哈尔 黑龙江垦区 浦东新区
南京 无锡 徐州 常州 苏州 南通 淮安 盐城 扬州 镇江 宿迁 江阴 丹阳 海门 张家港 通州 如东 杭州 宁波
绍兴 台州 温州 金华 嘉兴 湖州 丽水 舟山 合肥 安庆 福州 厦门 漳州 宁德 龙岩 莆田 泉州 三明 南平 思明
南昌 上饶 抚州 赣州 九江 景德镇 宁都 济南 青岛 枣庄 潍坊 聊城 郑州 洛阳 三门峡 南阳 商丘 平顶山
信阳 济源 武汉 宜昌 十堰 荆州 荆门 咸宁 黄冈 长沙 广州 东莞 惠州 深圳 汕尾 珠海 南宁 桂林 柳州
防城港 贵港 梧州 玉林 钦州 海口 三亚 儋州 成都 贵阳 毕节 黔南 昆明 文山 德宏 西安 安康 延安 汉中
渭南 商洛 榆林 银川 兰州 庆阳 乌鲁木齐

调查年鉴系列

天津 内蒙古 上海 河南 湖北 湖南 广西 重庆 四川 云南 甘肃 宁夏 南宁 桂林 贵港 昆明

统计方法应用/实用手册

Python数据分析基础（第二版） 非参数统计（第五版） 现代金融投资统计分析（第四版）
国民经济核算初级教程（第二版） 国民经济核算教程（第五版） 概率统计基础
全国统计专业技术资格考试系列考试用书：统计业务知识（第四版修订版） 统计业务知识学习指导与习题
全国统计专业技术资格考试系列考试用书：统计相关知识（第四版） 统计相关知识学习指导与习题

统计通俗读物/统计科普图书

领导干部统计知识问答（第二版） 统计公文写作及会议办理实用手册 大数据在统计工作中的应用案例汇编
中国国民经济核算知识问答（修订版） 地区生产总值核算国际比较研究 新中国统计制度方法的发展与改革

重点图书

第七次全国人口普查年鉴 第四次全国经济普查地图集 中国经济普查年鉴2018
新编英汉汉英统计大词典 中国国民经济核算体系2016 国民经济行业分类注释
挑大学选专业2020—考研择校指南 挑大学选专业2020—高考志愿填报指南 中华医学统计百科全书

中国统计出版社有限公司最新图书简目

（仅供参考，以实际出版为准）

统计资料

中国统计年鉴　中国统计摘要　中国第三产业统计年鉴
中国第三次全国农业普查综合资料　国际统计年鉴　金砖国家联合统计手册
中国-东盟国家统计手册　中国农村统计年鉴　中国县域统计年鉴
中国农产品价格调查年鉴　中国城市统计年鉴　中国价格统计年鉴
中国贸易外经统计年鉴　中国零售和餐饮连锁企业统计年鉴　中国商品交易市场统计年鉴
大中型批发零售和住宿餐饮企业统计年鉴　中国住户调查年鉴　中国工业统计年鉴
中国环境统计年鉴　中国能源统计年鉴　中国建筑业统计年鉴
中国房地产统计年鉴　中国投资领域统计年鉴　长江经济带发展统计年鉴
中国人口和就业统计年鉴　中国劳动统计年鉴　中国社会统计年鉴
中国科技统计年鉴　中国高技术产业统计年鉴　全国企业创新调查年鉴
中国文化及相关产业统计年鉴　中国妇女儿童状况统计资料　中国青年发展状况统计年鉴
中国基本单位统计年鉴　中国教育统计年鉴　中国教育经费统计年鉴
中国民族统计年鉴　中国残疾人事业统计年鉴　中国电力统计年鉴

省级综合统计年鉴系列

北京 天津 河北 山西 内蒙古 辽宁 吉林 黑龙江 上海 江苏 浙江 安徽 福建 江西 山东 河南 湖北 湖南
广东 广西 海南 重庆 四川 贵州 云南 西藏 陕西 甘肃 青海 宁夏 新疆 新疆生产建设兵团

市(县)级综合统计年鉴系列

滨海新区 石家庄 唐山 邯郸 邢台 保定 承德 沧州 衡水 太原 大同 晋城 晋中 长治 忻州 朔州 临汾 运城
阳泉 吕梁 呼和浩特 包头 鄂尔多斯 赤峰 大连 长春 四平 延吉 延边 哈尔滨 齐齐哈尔 黑龙江垦区 浦东新区
南京 无锡 徐州 常州 苏州 南通 淮安 盐城 扬州 镇江 宿迁 江阴 丹阳 海门 张家港 通州 如东 杭州 宁波
绍兴 台州 温州 金华 嘉兴 湖州 丽水 舟山 合肥 安庆 福州 厦门 漳州 宁德 龙岩 莆田 泉州 三明 南平 思明
南昌 上饶 抚州 赣州 九江 景德镇 宁都 济南 青岛 枣庄 潍坊 聊城 郑州 洛阳 三门峡 南阳 商丘 平顶山
信阳 济源 武汉 宜昌 十堰 荆州 荆门 咸宁 黄冈 长沙 广州 东莞 惠州 深圳 汕尾 珠海 南宁 桂林 柳州
防城港 贵港 梧州 玉林 钦州 海口 三亚 儋州 成都 贵阳 毕节 黔南 昆明 文山 德宏 西安 安康 延安 汉中
渭南 商洛 榆林 银川 兰州 庆阳 乌鲁木齐

调查年鉴系列

天津 内蒙古 上海 河南 湖北 湖南 广西 重庆 四川 云南 甘肃 宁夏 南宁 桂林 贵港 昆明

统计方法应用/实用手册

Python数据分析基础（第二版）　非参数统计（第五版）　现代金融投资统计分析（第四版）
国民经济核算初级教程（第二版）　国民经济核算教程（第五版）　概率统计基础
全国统计专业技术资格考试系列考试用书：统计业务知识（第四版修订版）　统计业务知识学习指导与习题
全国统计专业技术资格考试系列考试用书：统计相关知识（第四版）　统计相关知识学习指导与习题

统计通俗读物/统计科普图书

领导干部统计知识问答（第二版）　统计公文写作及会议办理实用手册　大数据在统计工作中的应用案例汇编
中国国民经济核算知识问答（修订版）　地区生产总值核算国际比较研究　新中国统计制度方法的发展与改革

重点图书

第七次全国人口普查年鉴　第四次全国经济普查地图集　中国经济普查年鉴2018
新编英汉汉英统计大词典　中国国民经济核算体系2016　国民经济行业分类注释
挑大学选专业2020—考研择校指南　挑大学选专业2020—高考志愿填报指南　中华医学统计百科全书